Theorie zur Praxis

Sportiv

Basketball

Autoren:

Herbert Reim, Bad Windsheim
Werner Krüger, Uffenheim

Ernst Klett Schulbuchverlag Leipzig
Leipzig Stuttgart Düsseldorf

am Rande bemerkt Randbemerkungen geben Zusatzinformationen und Literaturhinweise.

informativ So werden im Buch die Info-Grafiken bezeichnet. Sie stehen meist in direktem Zusammenhang zum umgebenden Text und fassen wichtige Lerninhalte grafisch zusammen.

aktiv! Dieses Zeichen fordert auf, sich mit den Lerninhalten aktiv auseinanderzusetzen. Dazu zählen neben Verständnisfragen auch Anregungen zur Eigen- und Fremdbeobachtung sowie zur Gruppenarbeit.

Dieser Pfeil beschreibt Ballwege bei Taktikdarstellungen.

Dieser Pfeil beschreibt Laufwege bei Taktikdarstellungen.

In den Grafiken des Taktik-Teils steht

– das rote Spielersymbol für einen Angreifer

– das rote Spielersymbol mit Punkt für einen Angreifer mit Ball

– das grüne Spielersymbol für einen Verteidiger.

Wir möchten darauf hinweisen, daß Begriffe wie Lehrer, Schüler, Sportler usw. den weiblichen und männlichen Personenkreis gleichzeitig ansprechen.

1. Auflage 1 5 4 3 2 1 | 2000 99 98 97 96

Alle Drucke dieser Auflage können im Unterricht nebeneinander benutzt werden, sie sind untereinander unverändert. Die letzte Zahl bezeichnet das Jahr dieses Druckes.

Layout: Wolfram Fritz
Satz und Grafik: Ernst Klett Schulbuchverlag Leipzig GmbH;
Hans-Otto Pollähne, Braunschweig; Joachim Nusser, Sonneberg/Thüringen (Vorlage zur Umschlaggrafik)
Reproduktionen: Ernst Klett Schulbuchverlag Leipzig GmbH;
A-Z-Publishing, Leipzig
Druck: Appl, Wemding

ISBN 3-12-031810-8

Gedruckt auf Papier aus chlorfrei gebleichtem Zellstoff, säurefrei.

Das ist Sportiv-Basketball

Sportiv** Basketball – Theorie zur Praxis* – ist der erste Band einer neuen Schülerbuchreihe für den Sportunterricht in der Sekundarstufe II. ***Sportiv, ein Buch für die Hand des Schülers, soll helfen, sich Wissen über Grundlagen und Voraussetzungen für erfolgreiches sportliches Handeln in einer bestimmten Sportart anzueignen.

Um Basketball erfolgreich und mit Freude betreiben zu können, sind neben bestimmten körperlichen und geistigen Voraussetzungen auch sportartspezifische Fertigkeiten (Techniken), konditionelle und taktische Fähigkeiten erforderlich. Theoretische Kenntnisse über das Zustandekommen von Bewegungen, den Lernverlauf, die Reaktionen des Körpers auf Training, die richtige Ernährung, die Bedeutung von trainingsbegleitenden Maßnahmen, die Regeln u. a. m., sind die Voraussetzungen für sinnvolles Üben und Trainieren.

Sportiv** Basketball* erläutert in 8 Kapiteln die wichtigsten Bereiche des Basketballsports. Den zentralen Punkt stellt dabei die Bewegungshandlung dar. Ausgehend von psychischen, physischen, kognitiven und koordinativen Anforderungen, welche die Sportart Basketball an den Sportler stellt, werden die Bedingungsfaktoren für das Zustandekommen basketballspezifischer Bewegungshandlungen dargestellt und daraus Trainingsmaßnahmen abgeleitet. Im konditionellen Bereich sichern Hinweise auf die Reaktion des Körpers bei sportlicher Belastung die Verbindung zur Biologie. Daneben gibt ***Sportiv Einblicke in weitere Aspekte des Basketballsports wie z. B. dessen geschichtliche Entwicklung, Charakteristik, mögliche Sinnperspektiven, das Spannungsfeld Basketball und Umwelt, die gesundheitliche Bedeutung des Basketballsports, Training und Trainingsplanung und dem Basketball-Regelwerk. Auch die Basketball-Varianten (Minibasketball, Rollstuhlbasketball, Streetball) und dessen Regeln werden kurz und klar erläutert.

Sportiv – *Theorie zur Praxis* – ist ein Arbeitsbuch für den Unterricht und dessen Nachbearbeitung in Grund- und Leistungskursen Sport der Sekundarstufe II. Fragen und Arbeitshinweise sichern die aktive Mitarbeit der Schüler und geben Anregungen zur sportlichen Betätigung in der Freizeit.

1 Grundlagen

2 Handlungsbedingungen

3 Basketball-Technik

Kapitel 1

Grundlagen

Das Sportangebot in unserer Zeit ist vielfältig und wird ständig erweitert. Neben den traditionellen Individual- und Spielsportarten wie Gerätturnen, Leichtathletik, Schwimmen, Fußball, Basketball usw. gibt es eine ganze Palette neuer Sportarten und Fitneßangebote wie Surfen, Drachensegeln, Free climbing oder Aerobic.

Diese Entwicklung beeinflußt auch den Schulsport. Nach wie vor haben hier die traditionellen Sportarten Vorrang, bei denen die Verbesserung des sportlichen Könnens ein wichtiges Leitziel ist. Doch es werden auch Bewegungsangebote wie Zirkuskünste, moderne Tanzformen u. a. unterrichtet. Sie beziehen sich vordergründig auf die Vermittlung von Körperbewußtsein, Erlebnissen und Umweltsensibilität. Eine Verbindung beider Bereiche – von »traditionellem« und »neuzeitlichem« Sport – wird von Sportpädagogen als ideal angesehen.

Bewertung des Sporttreibens 1.1

Die verschiedenen sportlichen Betätigungen lassen sich mit unterschiedlichen Sinnrichtungen wie Leistung, Risiko, Gestaltung, Gesundheit und Geselligkeit verbinden und bieten dadurch eine Vielzahl von Erfahrungs- und Erlebnismöglichkeiten.

Positive und negative Erscheinungen beim Sport

Sport kann...	Zur Kritik fordern aber auf...
⊕ das Bedürfnis nach sozialen Kontakten, Individualität und Selbstverwirklichung decken	⊖ die Dominanz von Konkurrenz und Wettbewerb
⊕ Gelegenheit geben, etwas für die Gesundheit zu tun und so den negativen Folgen des Bewegungsmangels entgegenwirken	⊖ die Rangplatzzuweisungen in allen Bereichen des Sports
⊕ ein intensives Körpergefühl vermitteln	⊖ die Diskriminierung von Leistungsschwachen und Randgruppen
⊕ es ermöglichen, sich und sein Können zu erproben, Sieg und Niederlage faßbar zu machen	⊖ die aggressive Vermarktung des Sports
⊕ die Ästhetik von Körperbewegungen erfahren und erleben lassen	⊖ die Doping-Problematik
	⊖ das zunehmende Auftreten von Gewalt und Nationalismus

informativ 1.1

Auf Grund der negativen Erscheinungen hat der Sport in jüngster Zeit in der Gesellschaft etwas an Ansehen eingebüßt. Trotzdem ist die Faszination, die vom Sport in »alter und neuer Form« ausgeht, ungebrochen. Das in den letzten Jahren ständig gestiegene Interesse am Basketball ist ein gutes Beispiel dafür.

aktiv!

① Weshalb gewinnt der Sport für die Menschen zunehmend an Bedeutung?
② Was sind mögliche Ursachen für die zunehmenden negativen Erscheinungen im Sport?
③ Suchen Sie in Tageszeitungen nach Beiträgen zu diesem Thema!

am Rande bemerkt

Weitere Informationen in:
Grupe O. (Hrsg.): Kulturgut oder Körperkult. Sport und Sportwissenschaft im Wandel, Tübingen 1990.
Röthig, P. (Hrsg.): Sportliches Handeln. Kursbuch für die Sporttheorie in der Schule, Bad Homburg 1982.

Charakteristik des Basketballspiels 1.2

Basketball – ein Bewegungsspiel

Spielen – als anlagebedingtes Bedürfnis – gehört zu den Grundwerten der menschlichen Gemeinschaft, ist damit ein Bestandteil der Kultur. Der Spieltrieb hat im Laufe der menschlichen Entwicklung zu den unterschiedlichsten Spielformen geführt. Sie umfassen Nachahmungs-, Rollen-, Brett-, Karten-, viele Formen der Bewegungsspiele und in jüngster Zeit auch Computer- und Videospiele.

Spiele werden von allen Altersgruppen und mit unterschiedlichen Zielsetzungen betrieben. Man kann miteinander oder gegeneinander spielen. Es gibt Einzel-, Gruppen- und Mannschaftsspiele. Sie können ohne Regeln oder, wie es bei den Sportspielen der Fall ist, mit festem Regelwerk durchgeführt werden.

Kinder erleben ihre soziale und materielle Umwelt in erster Linie über das Spiel in der Gruppe oder auch alleine. Ihre Phantasie ist beim Finden neuer und dem Umgestalten alter Spiele nahezu unerschöpflich. **(3)**

Einteilung der Spiele

Die unterschiedlichen Spiele lassen sich nach verschiedenen Gesichtspunkten (z.B. nach Spieltypen oder nach Spielcharakter) einteilen:

informativ 1.2

Einteilung der Spiele nach Spieltypen

Spiele mit Objekten *»Spielen mit etwas«*	Darstellungsspiele *»Spielen als etwas«*	Regelspiele *»Spielen um etwas«*
Es findet ein Dialog zwischen einer Person und einem Gegenstand statt. Der Reiz des Spiels liegt darin, auszuprobieren, was man kann und was man noch nicht kann.	Über das Vertraute hinaus denkt sich der Spieler immer etwas Neues aus. Der Reiz des Spiels liegt darin, jemand sein zu können, der ganz anders ist als man selbst (Imitation).	Diese Spiele werden nach einem festen Regelwerk durchgeführt. Der Reiz des Spiels liegt in der ständigen Spannung, die durch die Ungewißheit des Ausgangs entsteht.
Charakteristisches Merkmal: Können und Nichtkönnen	**Charakteristisches Merkmal: Übernahme und Wechsel von Rollen**	**Charakteristisches Merkmal: Gewinnen und Verlieren**
Beispiele: Zu diesen Spielen gehören Geschicklichkeitsübungen mit verschiedenen Sportgeräten wie Bällen, Sprungseilen, Reifen, Skateboards u.a.	*Beispiele:* Zu diesen Spielen gehören Sing-, Tanz-, Rollen- und Zirkusspiele, bei denen Rollen als fiktive Personen, Artisten oder Tiere zu übernehmen sind.	*Beispiele:* Zu dieser Spielgruppe gehören alle Sportspiele und auch Kleine Spiele, die auf der Grundlage festgelegter Regeln durchgeführt werden.

informativ 1.3 →

Sportspiele lassen sich darüber hinaus auch nach der Spielidee unterscheiden, um die sich das Spiel entwickelt. So geht es beispielsweise im Fußball darum, im Wettstreit zweier Mannschaften den Ball mit dem Fuß ins gegnerische Tor zu schießen.

Die Spielidee im Basketball besteht darin, daß zwei Mannschaften auf einem Spielfeld versuchen, den Ball in den Korb des Gegners zu werfen und den eigenen Korb vor Gegenangriffen zu schützen.

aktiv!

① Welche weiteren Spiele fallen Ihnen zu den einzelnen Spielgruppen in informativ 1.2 und 1.3 ein?

② Erarbeiten Sie Einteilungsvarianten der Bewegungsspiele unter anderen Gesichtspunkten als bereits geschehen! Vergleichen Sie Ihre Ergebnisse mit denen Ihrer Mitschüler!

③ Welche Spielidee läßt sich bei den anderen Sportspielen zugrunde legen?

Einteilung der Sportspiele nach dem Spielcharakter

Spielgruppe	Beispiele
Tor-, Mal- und Korbspiele *Mannschaftsspiele*	Fußball, Handball, Hockey, Basketball
Rückschlagspiele *Einzel-, Doppel- und Mannschaftsspiele*	Badminton, Tennis, Volleyball
Schlagball- oder Abwurfspiele *Mannschaftsspiele*	Baseball, Schlagball, Cricket
Ziel- und Treibspiele *Einzelspiele*	Kegeln, Golf, Boccia, Billard

Geschichtliche Entwicklung des Basketballsports

Basketball hat seinen Ursprung im Kultischen. Alte mittel- und südamerikanische Kulturvölker (Azteken, Mayas, Inkas) kannten ein basketballähnliches Spiel mit senkrecht stehenden Ringen (Steißballspiele). Vergleichbares gab es auch bei den Normannen um etwa 1000 n. Chr. (»Soule-picarde«).

Das Basketballspiel der Neuzeit wurde in den Jahren 1891/92 am Springfield College Massachusetts von Prof. Dr. James Naismith erfunden. Die Absicht war, ein Spiel zu entwickeln, das während der Wintermonate in der Halle ausgeführt werden konnte. Als Körbe verwendete Prof. Naismith zunächst Pfirsichkörbe, die an einer Galerie befestigt waren. Um die Zuschauer am Mitspielen zu hindern, wurden dann 1895 Spielbretter angebracht, die den ursprünglichen Charakter des Spiels erheblich veränderten. Die Pfirsichkörbe wurden erst 1906 von Metallringen mit Netzen abgelöst.

Aus den Jahren 1891/92 stammen auch die Grundprinzipien und Grundregeln des Basketballspiels. Die entscheidenden Veränderungen im Gegensatz zu anderen bekannten Mannschaftsspielen waren zum einen das hochgelegene Ziel, das die Spieler zwang, in hohem Bogen zu werfen und zum anderen die Regel, daß nicht mit dem Ball in der Hand gelaufen werden durfte.

1898 wurde in den USA die erste Basketball-Profiliga gegründet. Ende des Ersten Weltkrieges brachten die Alliierten das Basketballspiel dann nach Europa.

Prof. Naismith **(4)**

Gründe für die Popularität des Basketballsports

informativ 1.4

Gründe für die Popularität des Basketballsports

Basketball benötigt wenig Raum (kleines Spielfeld mit hochgelegenem Ziel).

Basketball braucht keine teuren Geräte (zumindest nicht beim Streetball).

Basketball kann sowohl in der Halle als auch im Freien gespielt werden.

Basketball hat einen hohen Aufforderungscharakter.

Basketball ist zwar ein Mannschaftsspiel, läßt sich aber auch allein oder in Kleingruppen (1:1, 2:2) betreiben.

Basketball wird als Freizeitsport, als Leistungssport im Amateurbereich und als Berufssport mit hohen Verdienstmöglichkeiten gespielt.

Basketball hat strenge Foulregeln.

Basketball wird im Freizeitbereich koedukativ gespielt.

Basketball hat einen hohen Geselligkeitswert.

Basketball erfordert sowohl Einzelaktionen als auch das Zusammenspiel.

Basketball stellt vor allem im Leistungsbereich hohe Anforderungen an technische und taktische Fertigkeiten.

Basketball stellt im Wettkampfsport hohe Anforderungen an das konditionelle und technische Vermögen der Spieler.

Basketball eignet sich sehr gut als Ergänzungs- und Ausgleichssportart für andere sportliche Aktivitäten wie Leichtathletik, Tennis und Skisport.

Basketball hat im Behindertensport, besonders bei Querschnittsgelähmten (Rollstuhlfahrern), einen hohen Stellenwert.

aktiv!

① Vergleichen Sie informativ 1.4 zu den Gründen der Popularität des Basketballspiels mit anderen Spielsportarten, die Sie kennen!

② Ergänzen Sie gemeinsam mit Ihren Mitschülern die Aufzählung!

③ Warum eignet sich Basketball ganz besonders gut als Sportspiel für die Schule? Erstellen Sie eine Tabelle, in der Sie die Vor-, aber auch die Nachteile dieses Spiels für den Schulsport auflisten!

Gesellschaftliche Bedeutung des Basketballsports

informativ 1.5

Gesellschaftliche Bedeutung des Basketballsports

Basketball

Basketball gehört zu den bekanntesten Spielen der Welt. Dem internationalen Basketballverband gehören mehr als 190 Länder an.

Ca. 200 Millionen Menschen spielen weltweit aktiv Basketball.

Seine Popularität als Zuschauersportart nimmt ständig zu.

Basketball hat einen hohen Stellenwert im Schulsport.

Der Deutsche Basketball Bund (DBB) hat etwa 150 000 Mitglieder mit zunehmender Tendenz.

Basketball gehört zum Standardprogramm von »Jugend trainiert für Olympia«, dem Bundeswettbewerb der Schulen.

Basketball ist auf Grund seiner Verbreitung in der ganzen Welt zu einem erheblichen Wirtschaftsfaktor geworden. Profiligen schaffen Arbeitsmöglichkeiten für Sportler; Sportartikel- und Sportgerätehersteller bieten Spieleinrichtungen, Sportbekleidung und umfangreiches Zubehör an.

Der Behindertensportverband hat Basketball in sein Sportangebot für Rollstuhlfahrer aufgenommen.

Streetball ist in Deutschland nicht, wie in den USA, aus der Lebenswelt der Kinder entstanden, sondern gezielt von der Sportartikelindustrie eingeführt worden. Begünstigt wurde diese Entwicklung durch den hohen Stellenwert des Basketballsports und die Möglichkeit, über Satellit die Spiele der amerikanischen Ligen zu empfangen, wo Sport und Show geschickt miteinander verbunden werden. Inzwischen richten große Sportartikelhersteller Streetball-Turniere aus.

aktiv!

① Wie kam es zur weltweiten Verbreitung der Sportart Basketball?

② Worauf läßt sich Ihrer Meinung nach die große Popularität der Sportspielart Basketball zurückführen? Diskutieren Sie darüber mit Ihren Mitschülern!

③ Erkundigen Sie sich, was ein Basketball-Bundesliga-Spieler bzw. ein NBA-Spieler jährlich verdient!

am Rande bemerkt

Weitere Informationen in:

Cremer, L. u. a.: Faszination Basketball, Hagen 1991.

Hagedorn, G. u.a.: Basketball-Handbuch. Theorie – Methoden – Praxis, Reinbeck 1985.

Mögliche Sinnperspektiven im Basketball 1.3

Jeder Mensch sieht in seinem sportlichen Tun einen anderen Sinn. Sinnperspektiven können Leistung, Spannung, Wagnis, Risiko, das Miteinander und Gesundheit sein.

Dabei sind diese Sinnrichtungen nicht nur mit einzelnen Sportarten verbunden. Vielmehr ist es möglich, daß ein und derselben sportlichen Betätigung verschiedene Bedeutungen gegeben werden können. So kann beispielsweise Ausdauerlaufen unter den Aspekten Gesundheit, Fitneß und Wohlbefinden betrieben werden, man kann aber auch laufen aus Gründen des Bewegungsempfindens, der Selbsterfahrung und des Naturerlebnisses, um Geselligkeit oder die Einsamkeit zu suchen, aber auch unter den Gesichtspunkten Leistung und Wettkampf.

Die verschiedenen Sportarten decken dabei meist nicht alle Sinnperspektiven ab, sondern setzen unterschiedliche Schwerpunkte. So hat z.B. die Rhythmische Sportgymnastik einen sehr starken gestalterischen und ästhetischen Anteil, während in der Leichtathletik meist leistungsorientierte Aspekte im Vordergrund stehen. Veränderten Motiven und Erwartungen an eine Sportart können die sogenannten »Lifetime-Sportarten« am besten entsprechen. Beispiele hierfür sind Schwimmen, Skilaufen, Volleyball und Bergsteigen.

Wagnis und Risiko beim Kajakfahren **(5)**

informativ 1.6

Mögliche Sinnperspektiven im Basketball

Leistung – Wettkampf – Erfolg – Vergleich
Alle Formen des Basketballspiels können unter dem Aspekt der Leistung und des Vergleichs betrieben werden.

Miteinander – Füreinander
Beim Spiel ohne Schiedsrichter (Streetball!) bietet sich die Chance, partnerschaftliches Verhalten zu erproben. Geselliges Beisammensein nach Training und Spiel verbessert das Zusammengehörigkeitsgefühl.

Gesundheit – Fitneß – Wohlbefinden – Aussehen
Eine Wirkung auf die Fitneß im Sinne einer Ausdauer- und Kraftverbesserung allein durch das Spiel ist nicht möglich. Aber es bietet Ausgleich zu vorwiegend sitzenden Tätigkeiten und vielfältige Gelegenheiten zur Entspannung.

Ausdruck – Gestaltung – Ästhetik
Vielfältige Gestaltungsmöglichkeiten bieten sich beispielsweise bei spektakulären Wurfformen (Dunking, Tip-in) und faszinierenden Angriffskombinationen.

Spannung – Wagnis – Risiko
Basketball ist gekennzeichnet durch ein hohes Maß an Spannung, Wagnis und Risiko, beispielsweise wenn es darum geht, einen Wurf von der Dreipunktelinie auszuführen.

Bewegungsempfinden – Körpererfahrung
Glücksgefühle über einen nahtlos versenkten Ball, die Dynamik des Vergleichs Spieler gegen Spieler, das Gefühl der Müdigkeit nach einer harten Preßdeckungsphase usw. gehören hierzu.

aktiv!

① Welchen Sinn geben Sie den einzelnen, von Ihnen betriebenen sportlichen Betätigungen? Fertigen Sie dazu eine Liste an!

② Befragen Sie Ihre Mitschüler nach deren sportlichen Aktivitäten in ihrer Freizeit und nach ihren Motiven! Ergänzen Sie die Liste!

Gesundheit und Fitneß im Basketball 1.4

Bedeutung des Sports für die Gesundheit

informativ 1.7 →

In den letzten Jahren verzeichnet die Gesundheitssport- und Fitneßbewegung einen enormen Aufschwung. Das Angebot ist breit gefächert, z.B. Rückengymnastik, Gymnastikkurse gegen Streß oder Übergewicht und andere.

Dies hat zur Folge, daß Sporttreiben jeglicher Art vordergründig mit den Begriffen Gesundheit oder Fitneß verbunden wird. Gesundheit wird nach dem erweiterten Gesundheitsbegriff der Weltgesundheitsorganisation definiert als »Zustand vollkommenen körperlichen, geistigen und sozialen Wohlbefindens« und nicht nur – im engeren Sinne – als das »Freisein von Krankheit«.

Die drei Säulen des persönlichen Wohlbefindens

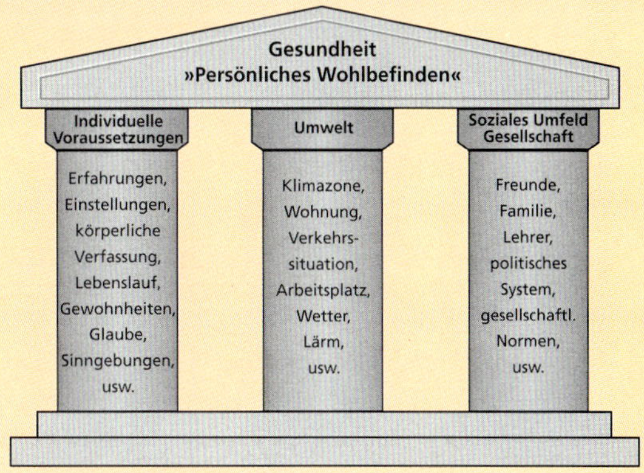

informativ 1.8 →

Fitneß umfaßt die Faktoren des Gesundheitsbegriffs, die durch Belastungs- und Beanspruchungsprozesse beeinflußbar sind. Es sind dies:

- die körperliche Leistungsfähigkeit in bezug auf Kraft, Ausdauer, Beweglichkeit und Koordination,
- die psychisch-physischen Eigenschaften wie Widerstandsfähigkeit und Vitalität,
- die psychischen Zustände wie Spaß und Freude, die in Verbindung mit körperlicher Aktivität auftreten können,
- die Körperstatur, die von Idealvorstellungen beeinflußt wird. Diesem Wunschbild entspricht zur Zeit der schlanke Mensch.

Fitneß

nach: BUSKIES/BOECKH-BEHRENS

Gesundheitsorientierte Fitneß

- Aerobe Ausdauer
- Kraftausdauer
- Optimale Beweglichkeit
- Psychische und physische Entspannungsfähigkeit
- Gesunde Ernährung, optimale Körperzusammensetzung
- Allgemeine Koordinationsfähigkeit

Sportorientierte Fitneß

- Anaerobe Ausdauer
- Schnellkraft, Explosivkraft, Maximalkraft, Reaktivkraft
- Schnelligkeit, Schnelligkeitsausdauer
- Maximale Beweglichkeit (Hyperflexibilität)
- Spezielle Koordinationsfähigkeit, sportartspezifische Techniken

Je nach Sinnorientierung lassen sich gesundheits- und sportorientierte Fitneßaspekte unterscheiden. Dabei halten sich Erwachsene mehr an den Gesundheitsaspekt, während Jugendliche das Fitneßtraining als Ergänzung zum »richtigen Sporttreiben« (Brehm, DSLV-Kongreß, 1995) ansehen. Die Sinnperspektiven *Verbesserung der Leistungsfähigkeit*, *Gesundheit* und *Idealfigur* motivieren aber meist nicht genügend, um lebenslang körperlich aktiv zu sein. Die Betätigungen müssen neben den genannten Fernzielen auch Nahziele haben, d.h. Spaß machen, Spannung vermitteln, Bewegungserlebnisse ermöglichen.

Der weiter gefaßte Gesundheitsbegriff in Verbindung mit den Fitneßaspekten stellt für das Sporttreiben in unserer Zeit eine besondere Herausforderung dar. Das Angebot muß offen sein für das gesamte Spektrum individueller Sinngebungen. Damit sind auch Sportarten gerechtfertigt, die auf Grund ihrer Belastungskomponenten die biologisch-funktionale Leistungsfähigkeit nicht wesentlich verbessern. Gerade diese sportlichen Aktivitäten sind es, die wegen ihres besonderen Charakters und ihrer Dynamik einfach Spaß machen (z.B. alpiner Skilauf, Drachensegeln). Vielfach motivieren sie zusätzlich zu begleitendem Fitneßtraining (z.B. Skigymnastik).

Mediziner empfehlen sportliche Aktivitäten, um dem Bewegungsmangel entgegenzuwirken. Dieser – in Verbindung mit Übergewicht – wird allgemein als eine Ursache der Herz-Kreislauf-Erkrankungen angesehen. Spezielle Gymnastikprogramme sollen den zunehmenden Haltungsverfall besonders bei Kindern und Jugendlichen verhindern helfen.

am Rande bemerkt

Voraussetzungen für gesundheits/fitneßorientierten Sport

Lebenslanges gesundheits/fitneßorientiertes und umweltberücksichtigendes Sporttreiben kann nur gesichert werden, wenn bestimmte Faktoren gegeben sind und wichtige Fähigkeiten, Fertigkeiten sowie Kenntnisse erworben werden, die sportliches Können als notwendige Voraussetzung für die Schaffung von Erlebniswerten und Freude beim Sport ermöglichen und ausbilden.

informativ 1.9

Bedeutung des Basketballspiels für die Gesundheit

Bewertet man die Sportart Basketball unter Heranziehung biologisch-funktionaler Gesichtspunkte und der Fitneßaspekte, so ergibt sich folgende Bilanz: Hinsichtlich aerober Ausdauer, Maximalkraft und Beweglichkeit zeigen sich keine wesentlichen Verbesserungen. Sie können sich nur entwickeln, wenn neben der Spiel- und Technikausbildung ein systematisches Ergänzungstraining durchgeführt wird. Schädigend können sich mögliche Verletzungen am Bewegungsapparat auswirken, ebenso psychische und physische Überlastungen durch den hohen Aufforderungscharakter des Spiels.

Positive Auswirkungen hat das Basketballspiel nur auf die allgemeine und sportartspezifische Koordinationsfähigkeit. Seine besonderen Werte liegen im emotionalen und psychisch-sozialen Bereich. Es können dies sein: Spannung, der Reiz des ungewissen Ausgangs, Risiko und Dramatik, Freude an einem erfolgreichen Fernwurf oder einer gemeinsam durchgeführten taktischen Angriffsaktion.

Von Laien wird vielfach die Wirkung sportlicher Betätigungen auf das Herz-Kreislauf-System überschätzt. Die im Freizeitsport, bei Nichtausdauersportarten (Basketball) oder im Schulsport auftretenden Belastungen sind meist zu gering, um die Herz-Kreislauf-Werte zu verbessern. Vergleicht man z. B. die Sauerstoffaufnahmekapazität von Untrainierten, ausdauertrainierten Breitensportlern und Basketballern, so wird man feststellen, daß die Kapazität des Basketballers nur geringfügig höher ist als die des Untrainierten.

am Rande bemerkt

aktiv!

① Befragen Sie Mitschüler verschiedener Klassen, weshalb sie Sport treiben – Eltern und Großeltern, weshalb Kinder und Jugendliche Sport treiben sollten! Achten Sie darauf, welche Gründe sie angeben und wie oft in diesem Zusammenhang der Begriff Gesundheit genannt wird!

② Überprüfen Sie, ob Ihre sportlichen Betätigungen im Laufe einer Woche geeignet sind, Ihre allgemeine Ausdauerfähigkeit zu verbessern! Besprechen Sie die Ergebnisse mit Ihrem Sportlehrer!

③ Nennen Sie Beispiele, wann Sie in Ihrem Leben ohne Rücksicht auf mögliche gesundheitliche Schäden (biologisch-funktional) Sport getrieben haben!

④ In welchen Schulsportarten sind Ihrer Meinung nach besondere Fertigkeiten erforderlich, um Erlebniswerte zu sichern?

Weitere Informationen in:
Küpper, D./Kottmann, L.: Sport und Gesundheit, Schorndorf 1991.
Buskies, W./Boeckh-Behrens, U.: Gesundheitsorientiertes Fitneßtraining, Bd. 1, 2, 3, Lüneburg 1995.

am Rande bemerkt

Basketball und Umwelt 1.5

Allgemeine Zusammenhänge zwischen Sport und Umwelt

Sport und Umwelt stehen in einem engen Bezug. Zum einen bietet der Sport die Möglichkeit, die natürliche, soziale und kulturelle Umwelt durch ein Zusammenwirken von Wahrnehmungen und Bewegungen bewußt zu erfahren und zu erleben. Zum anderen erzeugen die veränderten gesellschaftlichen Bedingungen, die jedem ein Mehr an Freizeit bescheren und damit zur Zunahme sporttreibender Menschen geführt haben, einen möglichen Konflikt zwischen Umwelt und Sport.

Gerade der Wunsch vieler Menschen, über den Sport die natürliche Umwelt zu erfahren, greift in den meisten Fällen verändernd oder gar zerstörend in die Natur ein. Auch das Bedürfnis nach sozialen Kontakten und kulturellen Ereignissen, das der Sport erfüllen kann (Besuch von Sportveranstaltungen, Teilnahme an Sportkursen und Sportfreizeiten), hat direkten und indirekten Einfluß auf die Umwelt. Flächen werden mit neuen Sportstätten, Wegen und Skiliften überbaut, Sporthallen und Schwimmbäder müssen beheizt, Sportler und Zuschauer zu den Sportstätten transportiert werden, und die für das Sporttreiben benötigten Geräte (Schuhe, Bälle, Skier usw.) können bei Herstellung und Entsorgung zu Umweltbelastungen führen.

Trotz der erwähnten negativen Einflüsse des Sports auf die Umwelt ist es aber nicht gerechtfertigt, den Sport als Ganzes in Frage zu stellen.

informativ 1.10

Gründe, die für den Sport sprechen

Sport bietet dem Menschen Gelegenheit, sein Bedürfnis nach vielseitiger Bewegungsbeanspruchung und nach Bewegungserlebnissen zu befriedigen.	Sport ermöglicht es dem Menschen, problemlos in Kontakt mit seiner sozialen Umwelt zu treten.	Sport ermöglicht es dem Menschen, die natürliche Umwelt zu erleben. Dabei kann er sich Umweltgegebenheiten anpassen, sie erschließen und gestalten.

*Radfahrer **(6)** belasten im Gegensatz zu Golfern **(Golfhotel; 7)** und Skiläufern **(8)** die Umwelt nur wenig **(Skiabfahrt im Sommer; 9)**. Verantwortlicher Umgang mit der Natur ist gefordert, damit auch in Zukunft beeindruckende Naturerlebnisse möglich sind.*

Basketball und Umwelt

Der Basketballspieler übt seine Sportart vorwiegend in Sporthallen und auf künstlich angelegten Freiflächen aus, nur in Ausnahmefällen – z.B. bei Waldläufen – in der freien Natur. Oberflächlich betrachtet könnte man daraus schließen, daß er beim Ausführen seiner Sportart wenig Möglichkeiten hat, Umwelterfahrungen zu gewinnen, aber auch nur wenig schädigenden Einfluß auf seine Umwelt nimmt.

Der Basketballspieler im Kontakt zu seiner Umwelt

Der Basketballspieler kann bei seiner sportlichen Betätigung Informationen über die ihn umgebende Umwelt aufnehmen. Dabei ist er beispielsweise in der Lage,

- die Beschaffenheit der unterschiedlichsten Sportböden zu erfahren und die entsprechenden Reaktionen des eigenen Körpers darauf zu erleben,
- die Wirkung verschiedener Schuhe auf unterschiedlichen Böden zu spüren und darauf zu reagieren,
- die Reaktion des Körpers auf angenehme und unangenehme Raumtemperaturen und Luftverhältnisse zu erfahren,
- die Auswirkungen unterschiedlicher Licht- und Akustikverhältnisse kennenzulernen,
- die Auswirkungen positiver und negativer sozialer Umweltverhältnisse (unfaires Verhalten von Zuschauern und Gegnern) einschätzen zu lernen,
- das Dribbel- und Fanggefühl bei unterschiedlichen Basketbällen kennenzulernen und sich darauf einzustellen,
- die Reaktionen des Basketballes auf verschiedene Bodenbeläge zu erfahren und Schlußfolgerungen daraus zu ziehen,
- die Wirkung unterschiedlicher Spielbretter einschätzen zu können.

Der Basketballspieler als Umweltbelaster

aktiv!

① Welche Eindrücke vermittelt Ihnen die Umwelt beim Sporttreiben? Tauschen Sie sich mit Ihren Mitschülern darüber aus!

② Erstellen Sie eine Liste, in der Sie alle Verstöße gegen die Umwelt im Sportbereich Ihrer Schule aufführen! Suchen Sie gemeinsam mit Mitschülern umweltfreundliche Lösungen!

③ Untersuchen Sie einen alten Sportschuh im Hinblick auf unterschiedliche und schwer trennbare Stoffe!

④ Erkundigen Sie sich bei der Müllverwertung, wie Sportschuhe oder Bälle entsorgt werden müssen!

⑤ Wie können Kosten und Umweltbelastungen bei Wettkampfreisen im Basketball reduziert werden?

informativ 1.11

Der Basketballspieler als Umweltbelaster

Umweltbelastung durch:

Erschließung von Flächen für den Bau von Sporthallen und Parkplätzen.
Entstehung von Abfall durch Verkauf und Verzehr von Nahrungsmitteln.

Herstellung, Verbrauch und Entsorgung von Bällen, Sportschuhen, Sportbekleidung und Halleneinrichtungen.

Beheizung von Sporthallen und Warmwasserverbrauch beim Duschen. Reinigung der Sporthallen (oft sind giftige Reinigungsmittel nötig).

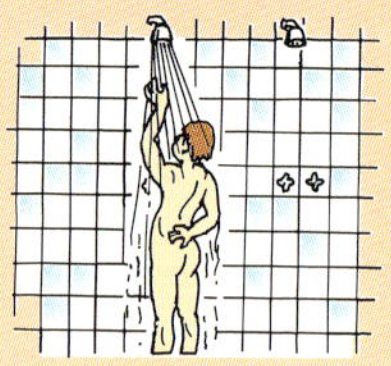

Lärmbelästigungen auf Freiplätzen, Nichtbeachtung sozialer Verhaltensweisen.

Kraftstoffverbrauch für Fahrten zum Training und zu Wettspielen mit dem Auto oder Motorrad.

Der Basketballspieler als Umweltentlaster

Umweltentlastung durch:

Anlegen und Pflege von Grünanlagen vor den Hallen und auf Parkplätzen,
Kauf von Mehrwegflaschen, Nutzung von Recyclingsystemen.

Pfleglichen Umgang mit Bällen, Sportschuhen und Halleneinrichtungen, Benutzung von abriebfesten Schuhen, ordnungsgemäße Entsorgung verbrauchter Sportartikel.

Drosselung der Hallentemperatur im Winter auf 18 °C (wärmende Trainingsbekleidung bietet Ausgleich), Schließen der Fenster nach Beendigung des Trainings, Reduzierung des Wasserverbrauchs.

Vermeidung von unnötigem Lärm, Schlichten von Auseinandersetzungen, »Fair play«.

Nutzung von öffentlichen Verkehrsmitteln oder Fahrrädern für Fahrten zum Training, Bildung von Fahrgemeinschaften.

Kapitel 2

Handlungsbedingungen

Um Bewegungshandlungen im Sport ausführen zu können, ist eine Fülle von Fähigkeiten, Eigenschaften und Fertigkeiten erforderlich.

Bewegungshandlungen können eine recht einfache Struktur haben, aber auch komplex sein, wie etwa eine Finte mit anschließendem Korbleger oder eine Angriffshandlung mit zwei oder mehr Spielern.

Aufbau einer Bewegungshandlung 2.1

informativ 2.1 →

Der Mensch setzt sich durch sein Handeln mit seiner Umwelt auseinander. Dabei verschmelzen Wahrnehmen und Bewegen zu einer Einheit, und es wird möglich, mit gezielten Handlungen auf die Umwelt zu reagieren bzw. auf sie einzuwirken und sie zu verändern.

> Bewegungshandlungen im Sport sind dadurch charakterisiert, daß sie zielgerichtet und von bestimmten Erwartungen gesteuert sind. Sie werden von psychischen Vorgängen ausgelöst, begleitet, bewertet und durch motorische Vorgänge realisiert.

Bewegungshandlungen im Sport lassen sich in Abschnitte zerlegen, die auf verschiedenen Ebenen ablaufen:

Im *Antriebsteil* wirken Motive, Einstellungen, Bedürfnisse und Interessen als handlungsauslösende und -regulierende Faktoren. Die Planung der Bewegungshandlung erfolgt im *Orientierungsteil* über Denkprozesse auf der Grundlage von Erfahrungen, Erkenntnissen und Informationen. Da dabei meist mehrere Alternativpläne erstellt werden, wird im *Entscheidungsteil* letztendlich entschieden, welcher Handlungsplan realisiert wird. Die *Ausführung* der Bewegungshandlung vollzieht sich gesteuert und geregelt über nervale Impulse auf der sensomotorischen Ebene. Bei langsam ablaufenden Bewegungen können über die Analysatoren (Sinne) Abweichungen vom geplanten Handlungsprogramm und veränderte Umweltgegebenheiten wahrgenommen und berücksichtigt werden. Die abschließende kognitive und emotionale Beurteilung des Handlungsverlaufs erfolgt im *Ergebnisteil*. Gewonnene Erfahrungen und Erkenntnisse werden im Gedächtnis gespeichert, um sie für nachfolgende Bewegungshandlungen verfügbar zu haben.

Emotionen begleiten den gesamten Handlungsverlauf und können die kognitiven und sensomotorischen Prozesse positiv beeinflussen. Umgekehrt wirken aber auch Denkprozesse während der Planung und Ausführung sowie rücklaufende Informationen während des Vollzugs zurück auf den Antrieb. Dies kann zu gleitenden Veränderungen des Handlungsprogramms oder zum Abbruch führen.

Aufbau der Bewegungshandlung

nach: BAUMANN/REIM

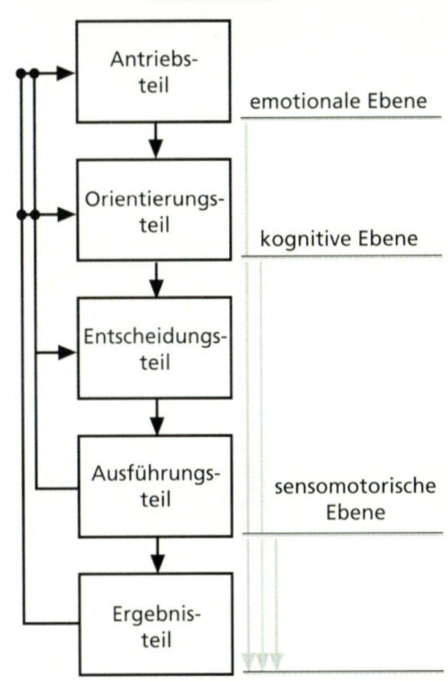

am Rande bemerkt

Emotionale Ebene: *Sie wird bestimmt von Gefühlen, Erregungen, Stimmungen usw.*

Kognitive Ebene: *Sie ist gekennzeichnet durch Denkprozesse, die auf Informationen, gespeicherten Erfahrungen und Kenntnissen aufbauen.*

Sensomotorische Ebene: *Hier vollzieht sich das Zusammenwirken von Nervensystem und Bewegungsapparat auf der Grundlage von Informationen.*

Voraussetzungen für Bewegungshandlungen im Basketball 2.2

informativ 2.2 →

Um Bewegungshandlungen im Sport planen, ausführen und bewerten zu können, sind verschiedene Fähigkeiten, sportartspezifische Fertigkeiten, Motive, Einstellungen und in bestimmten Sportarten auch spezielle konstitutionelle Voraussetzungen notwendig. Zusammen mit psychischen Einflußgrößen ergeben sie die sportartspezifische Handlungsfähigkeit, das sog. *Anforderungsprofil.*

Fähigkeiten sind anlagebedingt vorhanden, können aber durch den Handlungsvollzug verbessert werden. Daneben wirken auch noch andere Einflußgrößen und Bedingungsfaktoren auf die Bewegungshandlung ein (siehe informativ 2.2).

Jede Sportart stellt unterschiedliche Anforderungen an den Ausprägungsgrad der aufgezeigten Fähigkeiten. Dabei bedeutet das gleiche Bewegungsziel aber nicht, daß auch die gleichen Fähigkeiten gefordert sind. So möchten z. B. ein Hundertmeterläufer und ein Marathonläufer ihre Laufstrecke in möglichst kurzer Zeit zurücklegen. Zur Erreichung dieses Zieles müssen aber jeweils unterschiedliche psycho-physische Fähigkeiten anlagebedingt vorhanden sein und ausgebildet werden. Beim Kurzstreckenlauf sind es beispielsweise Startkraft, Aktionsschnelligkeit, Reaktions- und Konzentrationsfähigkeit. Der Marathonläufer benötigt dagegen ein optimales Maß an aerober Ausdauerfähigkeit, die Fähigkeit, hohe Laktatwerte zu ertragen, Beharrungsvermögen, Willensausdauer und eine gewisse Taktik zur Einteilung der Laufstrecke.

Tor- und Malspiele haben das Ziel der Trefferoptimierung, d. h. möglichst viele Tore bzw. Punkte zu erzielen. Auch hier werden – in Abhängigkeit von Spielidee, Regeln, Spielfeldgröße, Ballbeschaffenheit, Zielhöhe (Korb), Spieldauer – unterschiedliche Anforderungen an physische und psychische Fähigkeiten gestellt sowie konstitutionelle Faktoren vorausgesetzt. Selbst innerhalb einer Spielsportart erfordert die übernommene Position unterschiedliche Voraussetzungen (beispielsweise Center und Aufbauspieler im Basketball).

Psycho-physische Handlungsvoraussetzungen

Psychische Fähigkeiten

Entschlußkraft
Konzentrationsfähigkeit
Beharrungsvermögen
Willenskraft u. a.

Physische Fähigkeiten

- Konditionelle Fähigkeiten
  Kraft
  Ausdauer
  Schnelligkeit
- Koordinative Fähigkeiten
  Reaktionsfähigkeit
  Orientierungsfähigkeit
  Rhythmisierungsfähigkeit u. a.
- Beweglichkeit

Konstitution

Gewicht
Größe
Muskulatur
Nervensystem

Höchste Anforderungen an die Ausdauerfähigkeit der Aktiven werden unter anderem beim Marathonlauf gestellt. ***(1)***

Für Sportlehrer, Trainer und Sportler ist es wichtig, die objektiven Anforderungen, die eine bestimmte Sportart stellt, genau zu kennen, um die Trainingsmaßnahmen darauf abstimmen zu können.

aktiv!

① Mit welchen Zielen können sportliche Bewegungshandlungen noch ausgeführt werden?

② Erstellen Sie ein Anforderungsprofil für gesundheitsorientiertes Sporttreiben! Welche Fähigkeiten sollten in diesem Zusammenhang besonders ausgebildet werden?

③ Welche Voraussetzungen sollten vorhanden sein, um für ein leistungsorientiertes Training der Sportart Basketball geeignet zu sein?

am Rande bemerkt

Weitere Informationen in:
Schnabel, G. / Meinel, K.: Bewegungslehre, Berlin 1989.
Baumann, H. / Reim, H.: Bewegungslehre, Frankfurt / M. 1994.
Willimczik, K. / Roth, K.: Bewegungslehre, Reinbek 1985.

Motivationale und emotionale Voraussetzungen 2.3

Ohne entsprechende Motivation zum Sport ist es nicht möglich, Kinder und Jugendliche für Basketball zu gewinnen und lebenslange sportliche Betätigung zu sichern. Einstellungen und Motivationsprozesse können dabei emotional und kognitiv orientiert sein.

Bei Kindern herrschen emotional geprägte Motivationsprozesse (evtl. auch Handlungsantriebe) vor. Es sind dies vor allem Freude am Spiel, am Sieg, am Zusammensein. Zunehmend kommen aber auch kognitive Überlegungen dazu, die den Antrieb zum Sporttreiben begleiten oder sogar bestimmen, wie beispielsweise Prämien, Auszeichnungen, Reisen, die Verbesserung des sozialen Status, Anerkennung, Popularität, Gesundheit usw.

informativ 2.3

Maßnahmen zur Entwicklung von Motiven und Einstellungen

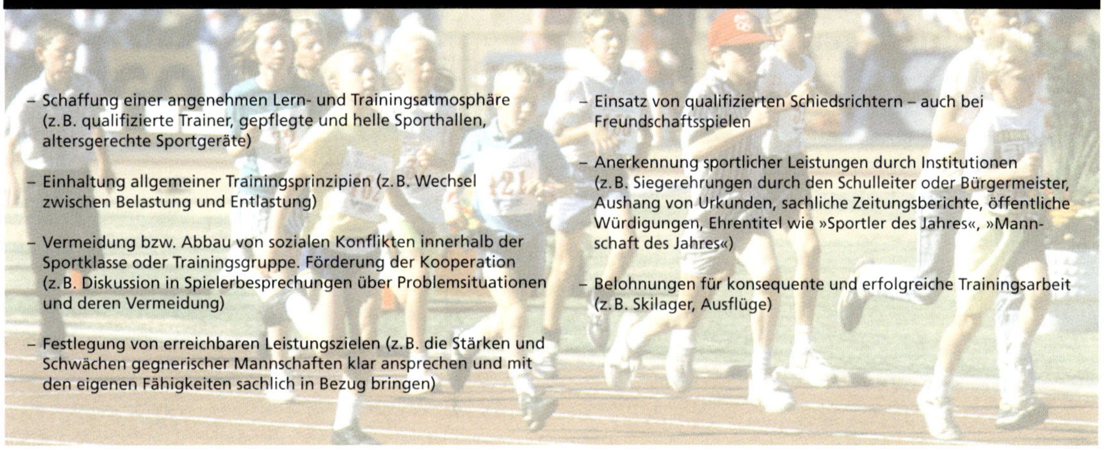

- Schaffung einer angenehmen Lern- und Trainingsatmosphäre (z. B. qualifizierte Trainer, gepflegte und helle Sporthallen, altersgerechte Sportgeräte)
- Einhaltung allgemeiner Trainingsprinzipien (z. B. Wechsel zwischen Belastung und Entlastung)
- Vermeidung bzw. Abbau von sozialen Konflikten innerhalb der Sportklasse oder Trainingsgruppe. Förderung der Kooperation (z. B. Diskussion in Spielerbesprechungen über Problemsituationen und deren Vermeidung)
- Festlegung von erreichbaren Leistungszielen (z. B. die Stärken und Schwächen gegnerischer Mannschaften klar ansprechen und mit den eigenen Fähigkeiten sachlich in Bezug bringen)
- Einsatz von qualifizierten Schiedsrichtern – auch bei Freundschaftsspielen
- Anerkennung sportlicher Leistungen durch Institutionen (z. B. Siegerehrungen durch den Schulleiter oder Bürgermeister, Aushang von Urkunden, sachliche Zeitungsberichte, öffentliche Würdigungen, Ehrentitel wie »Sportler des Jahres«, »Mannschaft des Jahres«)
- Belohnungen für konsequente und erfolgreiche Trainingsarbeit (z. B. Skilager, Ausflüge)

Kognitive Voraussetzungen 2.4

informativ 2.4 →

Kognitive Prozesse sind im Sport notwendig, um gegebene Situationen zu beurteilen und darauf aufbauend Strategien zur Bewältigung einer Bewegungsaufgabe zu entwickeln. Voraussetzungen für die Erstellung solcher Programme sind das Gedächtnis, die Bewegungsvorstellung und die Sprache. Begleitet werden sie von motivationalen und emotionalen Prozessen.

Dieser Zusammenhang wird verständlich, wenn wir den Vorgang beim Erlernen einer Technik betrachten. Zunächst demonstriert der Lehrer den Ablauf einer bestimmten Bewegung und gibt einige Erklärungen, um auf wichtige Abschnitte hinzuweisen. Diese optischen und akustischen Informationen werden vom Schüler im Gedächtnis bis zum eigentlichen Versuch als Bewegungsvorstellung gespeichert. Zu Beginn des Lernprozesses beruht die Vorstellung auf meist sehr ungenauen Eindrücken. Während des Übens werden sie zunehmend durch Bewegungsempfindungen ergänzt. Über die Sprache ist es dann möglich, im Orientierungs- und Ergebnisteil der Handlung die Vollzüge zu bewerten und zu planen.

Die Grundlage technischer und taktischer Handlungsfähigkeit in den Sportspielen sind Erfahrungen, die während des Trainings und bei Wettkämpfen gemacht werden.

Informationsverarbeitung

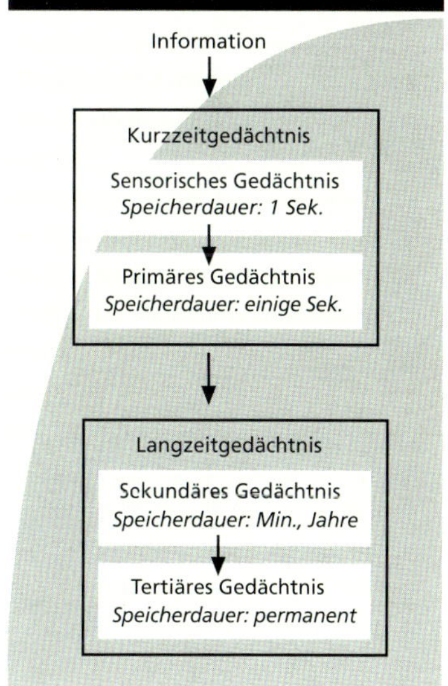

Handlungsplanung – Bewegungsantizipation

Die Handlungsplanung ist eine wichtige Voraussetzung für das Zustandekommen gezielter Bewegungen. Einfache Bewegungshandlungen – ohne Störungen aus der Umwelt – können fast schablonenhaft ablaufen. Bei langsamen Bewegungen ist es sogar möglich, den Handlungsplan während der Ausführung zu verändern. Diese Situation ist im Basketball beim Freiwurf gegeben.

Bewegungen unter Zeitdruck oder unter sich ständig verändernden Gegebenheiten erfordern über das Handlungsprogramm und Handlungsziel hinausgehende »vorausschauende« Handlungsplanungen. Im Basketball sind solche bei allen komplexen Spielsituationen notwendig.

Diese Bewegungsvorwegnahme bezeichnet man als *Bewegungsantizipation.* Sie ist abhängig von

- einer genauen Informationsaufnahme und -verarbeitung,
- der gedanklichen Vorausnahme der Handlungsbedingungen unter Einbeziehung der Sprache (z.B. mögliche Reaktion des Gegners oder Partners),
- der Erstellung eines Handlungsprogramms.

am Rande bemerkt

Bedeutung der Sprache: *Über das Wort-Signalsystem »Sprache« ist es u.a. möglich, Bewegungsausführungen gedanklich vorwegzunehmen und ohne realen Vollzug zu beschreiben und zu bewerten.*

Formen der Bewegungsantizipation

Bei der Bewegungsantizipation lassen sich verschiedene Ausprägungsformen unterscheiden.

Die Bewegungshandlung des Standwurfs ohne Gegnereinfluß läuft schablonenhaft ab. Sie ist eine sogenannte *geschlossene Handlung,* bei der weder Partner, Gegner noch Umweltsituationsveränderungen in der Handlungsplanung berücksichtigt werden müssen.

(Bildreihe links; ***2–4****)*
Im Basketball werden meist mehrere Fertigkeiten aneinandergereiht. Ist nach dem Fangen ein Paß geplant, so wird bereits beim Erhalten des Balles die nachfolgende Wurfbewegung antizipiert.

(Bildreihe rechts; ***5–8****)*
Bei Täuschungshandlungen (Finten), die in den Sportspielen sehr häufig vorkommen, werden mögliche Reaktionen des Gegners vorweggenommen und für die nächsten Aktionen mit eingeplant. Ein Angreifer setzt einen Wurf an, um den Verteidiger zu einer Reaktion zu veranlassen, bricht diesen jedoch ab und zieht am Gegner vorbei zum Korb. Wenn der Verteidiger die wahre Absicht erkennt, ist sein Handlungsprogramm bereits abgerufen. Er ist nun nicht mehr in der Lage, sich rechtzeitig auf den Durchbruch umzustellen.

informativ 2.5 →

Erfahrene Basketballer kalkulieren mögliche Finten des Angreifers ein und halten Auswahlprogramme in Bereitschaft »vorgebahnt«. Da der Verteidiger erst in Bruchteilen von Sekunden nach der Täuschung erkennt, in welche Richtung der Gegner durchbricht, kann er nur durch *Vorinnervation* der für das Auswahlprogramm notwendigen Muskelgruppen das situationsangepaßte Programm reflexartig abrufen. Solche Antizipationsvorgänge heißen »Feedforward-Mechanismen«.

Komplexe Handlungssituationen im Spiel sind durch die ständige Veränderung der Positionen von Mitspielern und Gegnern gekennzeichnet. So müssen z.B. bei einem »give and go«-Spiel Ballvorlage, eigene Laufwege und die des Mitspielers gedanklich vorweggenommen werden. Hierzu sind fortlaufende Antizipationsprozesse und gleitende Programmänderungen erforderlich. Bewegungsabläufe, die sich hinsichtlich des Handlungsziels und des Verlaufs ständig ändern, sind sogenannte *offene Handlungen.*

Fehler, die die Spielhandlung negativ beeinflussen:

- Ungenaue bzw. unzureichende Informationsaufnahme
- Das Übersehen wichtiger Sachverhalte
- Fehlende bzw. falsche Vorausnahme der Handlungsabsicht des Gegners
- Zu langes Zögern vor der Handlungsentscheidung
- Wahl eines falschen bzw. unzweckmäßigen Handlungsziels
- Fehlerhafte technische Ausführung
- Keine Reaktion auf veränderte Licht- und Bodenverhältnisse
- Keine oder zu späte Berücksichtigung von Ermüdungszuständen

Handlungsplanung im Basketball

Die Handlungsplanung im Basketball ist abhängig von der Fähigkeit
- das Handlungsziel und -programm zu antizipieren, d.h. in kürzester Zeit trotz großer physischer und psychischer Belastung die sich ständig verändernde Spielsituation (z.B. Verteidigungsformation des Gegners) wahrzunehmen bzw. wiederzuerkennen und sich selbst in Bezug zu Spielfeld, Gegner und Ball zu bringen,
- die Entscheidung für ein bestimmtes Handlungsprogramm zu treffen, d.h. aus einer Vielzahl von Handlungsalternativen eine situationsangepaßte Variante auszuwählen. Der Angriffsspieler kann z.B. wählen zwischen Ballabgabe, Dribbling, Fernwurf oder Finte mit Durchbruch,
- die Ausführung des ausgewählten Handlungsprogramms zu kontrollieren und gleitend zu beurteilen, d.h. den Handlungsvollzug hinsichtlich Kraft, Schnelligkeit und Bewegungsumfang zu variieren, um das Ziel auch unter starkem psychischen Druck zu erreichen.

Verbesserung kognitiver Fähigkeiten

informativ 2.6

Möglichkeiten zur Verbesserung kognitiver Fähigkeiten

- Klare Demonstration und Erläuterung des Bewegungsablaufes (z.B. Vormachen durch Lehrer mit begleitenden Erklärungen)
- Hinweise auf bewegungsbegleitende Empfindungen (z.B. daß der Mittelfinger beim Wurf dem Basketball den letzten Impuls gibt)
- Verbalisieren des geplanten Bewegungsablaufs (laut vorsprechend oder in Gedanken)
- Gegenseitiges Beobachten beim Ausführen von Techniken oder taktischen Abläufen mit dem Ziel, Fehler zu erkennen und zu verbessern
- Bewertung der eigenen Handlungsausführung über Video
- Einüben grundlegender taktischer Systeme (z.B. sofortiges Freilaufen nach dem Abspiel, Einnahme der Verteidigungsposition nach Ballverlust)
- Erarbeitung von Entscheidungsalternativen (z.B. gedankliches Durchspielen von möglichen Handlungsalternativen)
- Ausbildung und Verbesserung der Wahrnehmungsfähigkeit (z.B. Aufmerksamkeitslenkung auf besondere Eigenheiten von Gegenspielern, Erkennen und Bewerten von komplexen Spielsituationen über Standbildprojektionen von Videoaufzeichnungen

aktiv!

① Wählen Sie sich eine Ihnen bekannte und einfache Bewegungshandlung aus dem Sport aus! Spielen Sie diese gedanklich durch!
② Verbalisieren Sie Ihr Beispiel und halten Sie es schriftlich fest!
③ Nehmen Sie für Ihr Beispiel eine mögliche Abweichung an! Wie würden Sie auf die neue Situation reagieren? Notieren Sie Änderungen!

Koordinative Anforderungen 2.5

Bewegungskoordination

Im Ausführungsteil der Bewegungshandlung kommt es darauf an, über Steuerungs- und Regelungsprozesse des Nervensystems in Verbindung mit dem aktiven und passiven Bewegungsapparat den Ablauf von Bewegungshandlungen zu sichern. Man spricht in diesem Zusammenhang von Bewegungskoordination.

> Unter Koordination allgemein versteht man das Abstimmen und Zuordnen von Teilprozessen zu einem ganzheitlichen Prozeß, unter Bewegungskoordination das Zusammenfügen von Teilbewegungen zu einer Gesamtbewegung, das Abstimmen von Kraftimpulsen bzw. die Zuordnung von Nervenimpulsen zur Muskelarbeit.

Die Bewegungskoordination basiert auf dem
- Zusammenspiel eines funktionstüchtigen Zentralnervensystems mit den Analysatoren,
- Vorhandensein von koordinativen Grundmustern der Bewegung,
- Entwicklungsstand grundlegender motorischer Fertigkeiten, konditioneller und koordinativer Fähigkeiten.

Zentralnervensystem, Analysatoren

Bewegungssteuerung bzw. -regelung ist nur möglich, wenn das ZNS vor, während und nach dem Bewegungsablauf Informationen erhält. Fünf Analysatoren (informativ 2.7) übermitteln dem ZNS die notwendigen Informationen. Sie haben in jeder Sportart eine unterschiedlich große Bedeutung, bestimmen aber in ihrer Gesamtheit den Handlungsverlauf.

informativ 2.7

Die Bedeutung verschiedener Analysatoren im Basketball

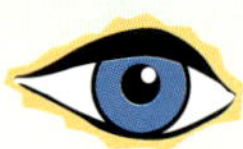

Der **optische Analysator** übermittelt mit Hilfe der Augen visuelle Informationen aus der Umwelt. Dem Basketballer vermittelt er Informationen z. B. über die Bewegungen der Mitspieler und Gegner oder über die Flugbahn und Position des Balles.

Der **taktile Analysator** bezieht von den Rezeptoren der Haut Informationen über die Beschaffenheit seiner Umgebung. Hierzu zählt beim Basketball etwa die Beschaffenheit des Balles, des Bodens oder auch die Lage des Balles in der Hand.

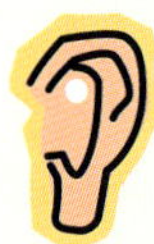

Der **akustische Analysator** vermittelt durch das Ohr Informationen über Geräusche, Töne und sprachliche Darstellungen. Dem Basketballer erschließen sich so beispielsweise eigene und fremde bewegungsbegleitende Geräusche beim Laufen, Dribbeln und Werfen.

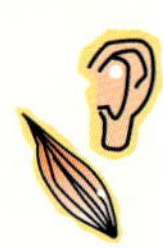

Der **statico-dynamische Analysator** bezieht von den Gleichgewichtsorganen des Innenohrs und den Dehnrezeptoren der Muskelspindeln Informationen über die Stellung des Körpers im Raum und über Beschleunigungsvorgänge . Der Basketballer ist mit ihm beispielsweise in der Lage, bei Würfen das Gleichgewicht zu halten.

Der **kinästhetische Analysator** erhält von den Rezeptoren in Muskeln und Sehnen Informationen über Spannungszustände der Muskeln, Gelenkstellungen und Lage der Körperteile zueinander. Der Basketballer kann mit seiner Hilfe z. B. Sprünge und Würfe empfinden.

Koordinative Grundmuster

Koordinative Grundmuster sind allgemeine motorische Fertigkeiten, die zur Bewältigung von Alltagssituationen notwendig sind. Es handelt sich dabei um Gehen, Laufen, Klettern, Greifen, Fangen usw. Sie entwickeln sich bereits im Kleinkindalter auf Grund von Anlagen und Anregungen aus der Umwelt (Eltern, Geschwister, Spielsachen, Natur).

am Rande bemerkt

Das Zentralnervensystem (ZNS) *ist das Steuerungs- und Regelungszentrum des Organismus. Das* ***Großhirn*** *ist das Zentrum der Wahrnehmung, des Bewußtseins, Denkens, Fühlens und Handelns. Das* ***Zwischenhirn*** *regelt u. a. Körpertemperatur und Wasserhaushalt. Der* ***Hirnstamm*** *kontrolliert die Stützmotorik. Das* ***Kleinhirn*** *speichert Bewegungsprogramme. Das* ***Rückenmark*** *leitet Befehle zur Peripherie und Informationen über den Bewegungsverlauf von dort zurück. Weiter ist es zuständig für Reflexbewegungen.*

aktiv!

① Stellen Sie einen Dribbelparcours auf (Länge 10 m, Abstand zwischen den Malstangen 2 m)! Durchdribbeln Sie den Slalom hin und zurück mit Zeitnahme
1. Ohne Einschränkung!
2. Einschränkung des optischen Analysators (Spezialbrille)!
3. Zusätzlich Einschränkung des akustischen Analysators (Gehörschutz)!
4. Zusätzlich Einschränkung des taktilen Analysators (Vereisung der Fingerkuppen)! (Vorsicht, nur mit Hilfe des Lehrers ausführen!)

② Vergleichen Sie die Zeiten, zählen Sie die Fehler und beobachten Sie Ihre Empfindungen bei den vier verschiedenen Durchläufen!

Koordinative Fähigkeiten

Aufbauend auf einem soliden Niveau koordinativer Grundmuster bilden sich vielfältige motorische Fertigkeiten in Verbindung mit allgemeinen koordinativen Fähigkeiten heraus. Sie sind die Voraussetzung für die Aneignung und Ausführung komplexer Bewegungshandlungen. Die für basketballspezifische Bewegungshandlungen notwendigen koordinativen Fähigkeiten sind die Reaktions-, Orientierungs-, Umstellungs-, Koppelungs-, Gleichgewichts-, Rhythmisierungs- und Differenzierungsfähigkeit. Die einzelnen Fähigkeiten sind charakterisiert durch ganz bestimmte *Bewegungsmerkmale*.

am Rande bemerkt

***Bewegungsmerkmale** sind notwendig, um den räumlichen, zeitlichen und dynamischen Ablauf einer Bewegung ansprechbar und beschreibbar zu machen (vgl. informativ 2.32).*

informativ 2.8

Koordinative Fähigkeiten – Charakteristische Bewegungsmerkmale

Reaktionsfähigkeit: Wegen der hohen Spielgeschwindigkeit und des begrenzten Raumes ist im Basketball eine ausgeprägte Reaktionsfähigkeit gefordert. Der Spieler muß rasch auf Bewegungen der Gegenspieler, des Balles und der Mitspieler reagieren. Dabei muß er auf ganze Signalkomplexe (z. B. Bewegung des Gegners bei gleichzeitiger Ausführung eines Wurfes) achten.	***Charakteristische Bewegungsmerkmale:*** Schnell und zweckmäßig eine motorische Aktion auf ein oder mehrere Signale hin einleiten. Dabei wird zwischen einfachen und komplexen Reaktionen unterschieden.
Orientierungsfähigkeit: Orientierungsfähigkeit ist gefordert, um die eigene Stellung in bezug auf Gegner und Mitspieler zu erfassen oder z. B. die Flugbahn des Balles zu erkennen und sich darauf einzustellen. Dazu ist es notwendig, Signale (Ball, Gegner, Mitspieler, taktische Konzeption) zu erkennen und zu unterscheiden (beispielsweise eine Finte rechtzeitig zu entlarven).	***Charakteristische Bewegungsmerkmale:*** Die Lage des eigenen Körpers in der Umgebung mit entsprechenden Orientierungspunkten bestimmen und zielgenau verändern.
Umstellungsfähigkeit: Die Umstellung geplanter Bewegungshandlungen wird im Basketball gefordert, wenn Täuschungshandlungen des Gegners erkannt werden oder gegnerische Aktionen falsch beurteilt wurden. Auch wenn sich Umweltbedingungen ändern (beispielsweise plötzlicher Sonneneinfall) oder Mitspieler unvorhergesehen reagieren, ist im Basketball Umstellungsfähigkeit gefordert.	***Charakteristische Bewegungsmerkmale:*** Während des Handlungsverlaufs auf Grund wahrgenommener Situationsveränderungen das geplante Handlungsprogramm umstellen.
Koppelungsfähigkeit: Der Basketballspieler muß in der Lage sein, die Teilkörperbewegungen von Beinen, Rumpf, Armen und Händen räumlich, zeitlich und dynamisch aufeinander abzustimmen. Der Rumpf spielt bei dieser Koppelung eine wichtige Rolle: Er kann Impulse von Armen und Beinen empfangen, aber auch solche von den Beinen auf die Arme, die Hand und den Ball übertragen.	***Charakteristische Bewegungsmerkmale:*** Teilkörperbewegungen zeitlich, räumlich und dynamisch so koppeln, daß dadurch eine bestimmte Bewegung zustandekommt.
Gleichgewichtsfähigkeit: Im Basketball ist beispielsweise für einen präzisen Standwurf ein sicherer Stand notwendig. Die Gleichgewichtsfähigkeit braucht der Basketballer aber auch, um nach Sprungbewegungen, bei Zusammenstößen und Stoppbewegungen das Gleichgewicht wiederzuerlangen. Der Organismus sichert das Gleichgewicht durch eine Vielzahl von Steuerimpulsen.	***Charakteristische Bewegungsmerkmale:*** Bestimmte Körperpositionen in labilem Gleichgewicht halten, Störungen des Gleichgewichts aktiv entgegenwirken.
Rhythmisierungsfähigkeit: Im Basketball ist der Spieler gefordert, den eigenen Spielrhythmus gegenüber dem des Gegners zu behaupten, bewußte Tempowechsel (Rhythmuswechsel) vorzunehmen, sich auf den Lauf- und Sprungrhythmus des Gegners einzustellen oder aber auch seine ganze Mannschaft in einem bestimmten Spielrhythmus zu halten. Freude am Spiel setzt das Empfinden von Rhythmen voraus.	***Charakteristische Bewegungsmerkmale:*** Bewegungen auf einen bestimmten Rhythmus abstimmen, der akustisch, visuell oder taktil vorgegeben ist, bzw. Rhythmen bewußt initiieren und variieren.
Differenzierungsfähigkeit: Im Basketball wird die Differenzierungsfähigkeit in vielfältiger Weise gefordert. Sie zählt deshalb zu den bedeutendsten Fähigkeiten. So muß der Basketballer beispielsweise in der Lage sein, die Entfernung zum Korb genau zu erkennen, um den Abwurfwinkel bzw. den Krafteinsatz darauf sehr differenziert einstellen zu können.	***Charakteristische Bewegungsmerkmale:*** Informationen differenziert aufnehmen und verarbeiten, um Steuerungsimpulse fein abstimmen zu können.

Prozeß der Koordinationsentwicklung

Der Vorgang der Entwicklung der Bewegungskoordination (z. B. beim Korbleger) durchläuft drei hierarchisch angeordnete Regelkreisebenen:

Die Ebene der bewußten Steuerung

Der Lernende hat eine grobe bildhafte Vorstellung vom Bewegungsablauf. Beim ersten Versuch wird er alle im Gedächtnis gespeicherten Teilbewegungen über die motorischen Zentren im Zentralnervensystem bewußt steuern. Er wird versuchen, den Auftaktschritt links mit dem Auftippen des Balles zu kombinieren, den Ball dann mit beiden Händen aufzunehmen und – nach weiteren zwei Fußkontakten rechts, links und Absprung – mit einer Hand indirekt in den Korb zu werfen. Voraussetzung ist, daß das Werfen mit einer Hand und das Dribbling wenigstens grob beherrscht werden. Während der Bewegung laufen Informationen von den Vollzugsorganen zum ZNS. Sie werden dem Ausführenden aber in diesem Regulationsstadium nur zum Teil bewußt. Auch nach dem Handlungsvollzug wird er nicht wissen, was er richtig und was er falsch gemacht hat. Er ist bei der Beurteilung des Bewegungsablaufes auf unterstützende Hilfen von außen angewiesen. So kann der Lehrer gravierende Fehler ansprechen, die Schrittfolge auf dem Boden markieren oder den Bewegungsrhythmus durch Klatschen oder Zuruf begleiten.

informativ 2.9 →

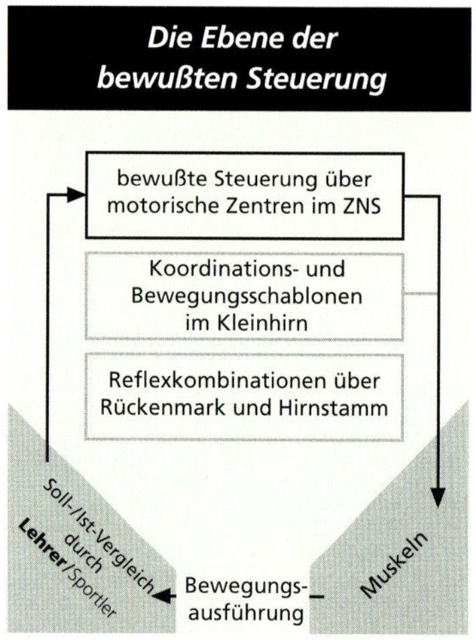

Ebene der Steuerung über Koordinationsschablonen

Wird der Ablauf unter ständiger Kontrolle und Verbesserung durch die Lehrkraft oder den Trainer oft wiederholt, so bilden sich sogenannte Koordinationsschablonen bzw. Bewegungsschablonen aus. Es handelt sich um Bewegungsprogramme, die unter Beteiligung des Kleinhirns gesteuert werden. Der Ablauf der Bewegungshandlung »einmaliges Dribbling mit anschließendem Korbleger« ist nun verfügbar und kann ohne bewußte Steuerung »nachgezeichnet« werden. Schwierigkeiten treten allerdings dann auf, wenn der Korbleger nun aus der Verbindung mit mehrmaligem Dribbling ausgeführt werden soll. In dieser Phase arbeiten die 1. und 2. Ebene zusammen. Da die Schrittfolge und der Wurf schon automatisiert sind, kann das Augenmerk bewußt auf den Übergang Dribbling – Zweierkontakt gelegt werden. Im Spiel können Störungen durch Gegner dazu führen, daß Schrittfehler auftreten oder der Korbleger mißlingt. Allerdings kann der Ausführende in dieser Koordinationsphase meist schon selbst durch verbesserte Rückinformationen erkennen, woran es gelegen hat.

informativ 2.10 →

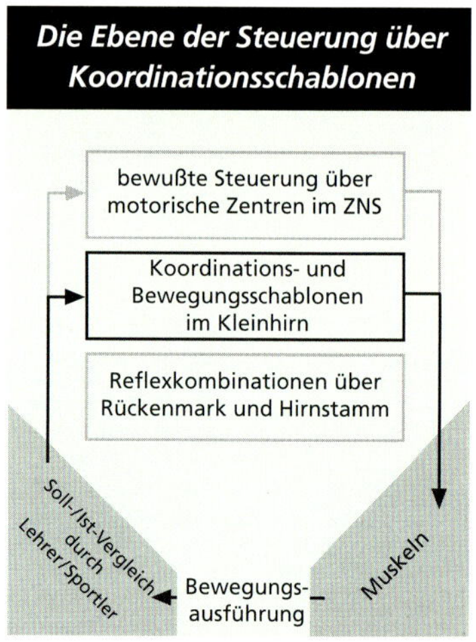

Regelung über untergeordnete Hirnbereiche

Ständiges Wiederholen des Bewegungsablaufes unter wechselnden Bedingungen führt dazu, daß der Korbleger nun auch unter dem Einfluß von Störungen sicher ablaufen kann, also variabel verfügbar ist. Es liegen sehr differenzierte Bewegungs- und Auswahlprogramme vor, die über das Rückenmark und den Hirnstamm gesteuert werden. Die Steuerungs- und Regelungsprozesse erfolgen auf der Grundlage genauer Informationen der verschiedenen Analysatoren, wobei die kinästhetischen und taktilen bestimmend sind (siehe informativ 2.7). Der Ausführende ist nicht mehr auf Informationen von außen angewiesen, sondern erkennt Abweichungen selbst.

Die Bewegungsausführung wird bei diesem Beispiel von der 2. und 3. Regelkreisebene bestimmt. Bei Bedarf kann aber auch die bewußte Steuerung zugeschaltet werden. Dies ist dann notwendig, wenn der Ausführende gezwungen ist, besondere Problemsituationen zu lösen oder einen Bewegungsabschnitt bei einer Demonstration zu betonen.

informativ 2.11 →

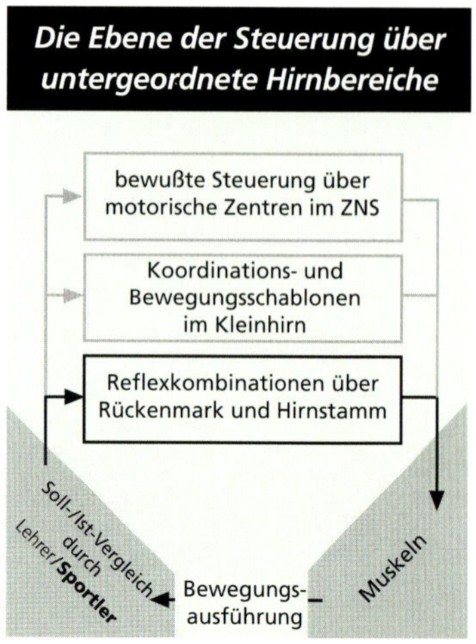

informativ 2.12 →

Die Verbesserung der Bewegungskoordination setzt also voraus, daß ständig Vergleiche zwischen dem angestrebten Bewegungsziel (Soll-Wert) und dem erreichten Ergebnis (Ist-Wert) stattfinden.

Dieser Vorgang läßt sich wie in informativ 2.12 vereinfacht darstellen. Von einer Kommandozentrale gehen Befehle aus, die von untergeordneten »Dienststellen« aufgenommen und gespeichert werden. Das heißt, eine Kopie des Befehls wird aufgehoben, das Original an die Ausführungsorgane weitergeleitet. Hier erfolgt die Ausführung (Efferenz). Der Bericht darüber (Reafferenz) wird an die untergeordnete »Dienststelle« zurückgemeldet und mit der Kopie des Ausführungsbefehls verglichen. Dieser Ablauf wird als *Feedback* bezeichnet. Kommt die Rückmeldung von den Ausführungsorganen selbst, spricht man von *intrinsischem Feedback,* kommt sie von außen – sprechen also Außenstehende wie Trainer oder Lehrer Abweichungen an – von *extrinsischem Feedback.* Die Informationen werden dann an höhere Instanzen weitergeleitet.

Auf der Grundlage der drei Regelkreisebenen läßt sich der Prozeß der Entwicklung einer Bewegungshandlung im Basketball in drei Lernphasen unterteilen (Dreiphasenmodell nach Schnabel/Meinel):
- Entwicklung der Grobkoordination,
- Entwicklung der Feinkoordination und
- Stabilisierung der Feinkoordination.

Sollwert-Istwert-Vergleich

nach: von HOLST/MITTELSTAEDT

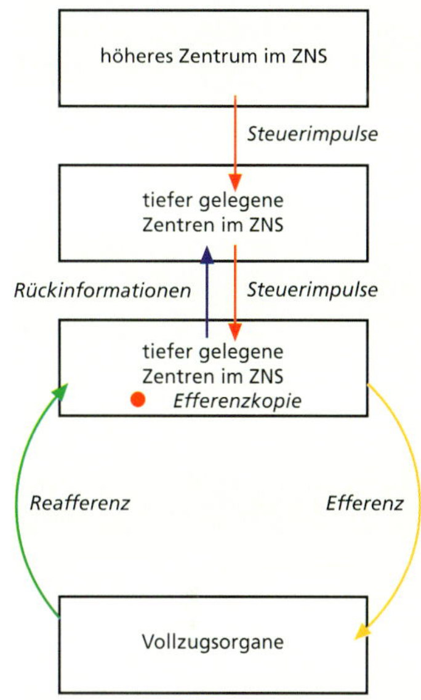

informativ 2.13

Lernphasenmodell bei der Aneignung einer Bewegungshandlung im Basketball

Lernphase 1 *Entwicklung der Grobkoordination*	– Fehlerhafte Bewegungsstärke durch falschen Krafteinsatz beim Wurf oder Paß – Unzweckmäßiger Bewegungsrhythmus und fehlende Anpassungsfähigkeit an Rhythmus d. Gegners – Ungenügende Koppelung der Teilbewegungen von Armen, Beinen und der Hand beim Wurf – Mangelnder Bewegungsfluß, unnötige Pausen im Bewegungsablauf – Zu weite oder zu geringe Ausholbewegung, z.B. bei Würfen oder Finten – Zu schnelle oder zu langsame Laufbewegungen, geringe Bewegungspräzision
Lernphase 2 *Entwicklung der Feinkoordination*	– Zweckmäßiger Kraftaufwand bei Wurf und Paß – Zielentsprechender Bewegungsrhythmus – Räumlich, zeitlich und kraftmäßig gut abgestimmte Bewegungskoppelung – Fließende Übergänge von einer Bewegungsphase zur anderen, keine Pausen zwischen Aushol- und Wurfbewegung – Hohe Bewegungsgenauigkeit und Bewegungskonstanz bei gleichbleibend günstigen Bedingungen
Lernphase 3 *Stabilisierung der Feinkoordination*	– Der Bewegungsablauf ist auch unter variierenden Bedingungen präzise, konstant und rhythmisch. – Die Bewegungshandlung ist für jede Situation im Spiel variabel verfügbar.

Entwicklung allgemeiner koordinativer Fähigkeiten

Wir wissen, daß koordinative Fähigkeiten anlagebedingt in jedem Menschen vorhanden sind, im Verlauf des Lebens aber durch Umwelteinflüsse eine unterschiedliche Ausprägung erfahren. Je intensiver dabei eine bestimmte Fähigkeit geschult wird, desto ausgeprägter wird sie zum Tragen kommen. Auf den Sport bezogen bedeutet dies, daß sehr gute Leistungen in einer Sportart abhängig sind von einem hohen allgemeinen koordinativen Fähigkeitsniveau.

Die Grundlage dazu muß im frühen Kindesalter gelegt werden. Hat das Kind in Elternhaus, Kindergarten, Schule und evtl. Sportverein die Möglichkeit, alle koordinativen Fähigkeiten in spielerischer Weise zu entwickeln, so wird es dann später keine Probleme haben, sich Techniken und taktische Verhaltensweisen in einer Sportart anzueignen.

Übungen zum Fangen und Werfen im Kindesalter ***(10)***

Entwicklung spezieller koordinativer Fähigkeiten

Aufbauend auf einem soliden Fundament koordinativer Fähigkeiten entwickelt sich der Prozeß der Aneignung von Fertigkeiten und Techniken im Basketball, der nach außen hin als Verlauf vom »Nichtkönnen« zum »Können« offensichtlich wird.

Der erste Kontakt zur Sportart Basketball erfolgt fast immer über die Ausbildung technischer Grundfertigkeiten wie Passen, Fangen und Werfen. Sie sind die Voraussetzungen für das Erreichen basketballspezifischer Handlungsziele, nämlich einen Ball allein oder zusammen mit anderen Spielern in den Korb zu plazieren. Man spricht bei diesen speziellen Fertigkeiten auch von *Techniken.*

> Die sportliche Technik ist ein meist aus der Praxis entstandenes motorisches Lösungsverfahren zur möglichst zweckmäßigen und ökonomischen Lösung einer Bewegungsaufgabe.

Im Kinder- und Jugendbereich ist in erster Linie der technische Könnensstand leistungsbestimmend.

Zwischen technischen Fertigkeiten, koordinativen und konditionellen Fähigkeiten bestehen enge Beziehungen. Ein guter Techniker kann auf Grund wirtschaftlicher Paß-, Wurf- und Lauftechniken Defizite im konditionellen Bereich ausgleichen. Auf das Basketballspiel bezogen bedeutet dies, daß beispielsweise eine technisch saubere Beinarbeit unnötige zusätzliche Laufarbeit erspart. Das heißt aber nicht, daß im Schulsport auf die konditionelle Ausbildung zugunsten des Techniktrainings verzichtet werden kann. Um sportarttypische Techniken sicher zu beherrschen, ist es notwendig, diese ständig zu wiederholen. Dazu benötigt der Spieler eine spezielle Art von Ausdauer, die er sich nicht allein über das Techniktraining erwerben kann. Zudem erfordert der Lernprozeß auch eine spezielle Beweglichkeit.

Deshalb ist zur Erreichung eines hohen Leistungsstandes im Basketball neben dem Training zum Erwerb einer Technik auch ein Technikergänzungstraining und ein Technikanwendungstraining unerläßlich.

informativ 2.14 →

Systematik des Techniktrainings

Technikerwerbstraining

Das Technikerwerbstraining läßt sich in folgende Abschnitte unterteilen:

- Erlernen der Grundlagen der sportartspezifischen Technik (Grobform)
- Herausbildung des technischen Optimums (Feinform)
- Stabilisierung der Technik, so daß sie auch unter veränderten Bedingungen sicher ablaufen kann (man spricht von variabler Verfügbarkeit)

Technikanwendungstraining

Das Technikanwendungstraining ist das Einbinden der Techniken in komplexe Spielhandlungen.
Die zu den Techniken gehörenden taktischen Fertigkeiten werden vielseitig gestaltet und unter wettkampfspezifischen Bedingungen trainiert.
So sind z.B. schnelle Reaktionen im Basketball nur über dauerndes Üben bestimmter Bewegungsabläufe zu erzielen.

Technikergänzungstraining

Das Technikergänzungstraining beinhaltet die Schulung eines allgemeinen Niveaus koordinativer und konditioneller Fähigkeiten und der Beweglichkeit.

aktiv!

① Untersuchen Sie die im Sportunterricht durchgeführten Übungsformen im Hinblick auf ihre Eignung zur Verbesserung bestimmter koordinativer Fähigkeiten! Sprechen Sie darüber mit Ihrem Sportlehrer!

② Vergleichen Sie die im Basketball besonders geforderten koordinativen Fähigkeiten mit denen in anderen Sportarten!

③ Ordnen Sie die in einer Basketball-Stunde durchgeführten Inhalte den in der Systematik (informativ 2.14) aufgeführten Techniktrainingsbereichen zu! Halten Sie schriftlich fest, welchen Anteil die verschiedenen Bereiche in der Gesamtunterrichtszeit einnehmen!

④ Bearbeiten Sie die Aufgabe ③ bezogen auf eine Individualsportart! Vergleichen Sie die Ergebnisse!

Ohne Technikergänzungstraining wären Spitzenleistungen im Sport, wie hier beim Stabhochsprung, nicht möglich. ***(11)***

am Rande bemerkt

Handlungsziele in anderen Sportarten sind beispielsweise:

- *einen Speer möglichst weit zu werfen,*
- *eine bestimmte Laufstrecke möglichst schnell zurückzulegen,*
- *einen Hang sicher mit Skiern zu befahren,*
- *eine Felswand zu durchklettern,*
- *ein Pferd erfolgreich durch einen Parcours zu reiten.*

Konditionelle Anforderungen 2.6

Die Ausführung von Bewegungshandlungen in einer Sportart ist nicht nur von emotionalen, kognitiven und koordinativen, sondern auch von konditionellen Faktoren wie Kraft-, Schnelligkeits-, Ausdauerfähigkeit und der Beweglichkeit abhängig.

Konditionelle Belastungen im Basketball

Obwohl das Spielfeld im Basketball relativ klein ist, sind die physischen Belastungen während eines Basketball-Wettspiels, aber auch während des Trainings, enorm hoch. Das Spiel ist gekennzeichnet durch Lauf-, Dribbel-, Wurf- und Sprungbewegungen.

informativ 2.15

Anforderungen im Basketball – Belastungsarten – Wirkungen der Belastungen

Spieldauer

Zweimal 20 Minuten reine Spielzeit. Die Belastungen für den einzelnen Spieler sind unterschiedlich lang, je nach Dauer des Einsatzes.

Pausen

Eine 10minütige Halbzeitpause, zwei 60 Sekunden lange Auszeiten pro Spielzeit und Mannschaft. Unbegrenzte Anzahl von Spielerwechseln.

Art und Länge der Wegstrecken

Pro Minute Spiel legt ein Spieler ca. 85–100 m zurück (oft schnelle Antritte).

Zahl der Dribblings

Pro Minute Spielzeit entfällt auf einen Spieler im Schnitt eine Dribbling-Aktion.

Zahl der Sprünge

Pro Minute Spielzeit entfallen auf einen Spieler im Schnitt etwa 2 Sprünge.

Kalorienverbrauch

Je nach Art des Spieles pro einstündigem Spiel zwischen 9 und 14 kcal/min

Herzfrequenz

Die Bandbreite reicht von 160 bis zu 200 Pulsschlägen pro Minute.

Gewichtsverlust

In der Bundesliga bei 40 Min. effektivem Spiel ca. 750 g (Damen) und 3 kg (Herren)

Energiebereitstellungsvorgänge

informativ 2.16 →

Der menschliche Organismus verbraucht für alle Lebensvorgänge ständig Energie. Bei körperlicher Arbeit oder sportlichen Bewegungen wird die chemische Energie der Nährstoffe (Kohlenhydrate, Fette, Eiweiße) in mechanische Arbeit (Muskelkontraktion) umgewandelt.

Der einzige Energieträger, den die Muskelzelle für die Kontraktion direkt verwenden kann, ist das Adenosin**tri**phosphat (ATP). Durch die Spaltung von ATP in Adenosin**di**phosphat (ADP) und Phosphat (P) wird die für die Kontraktion notwendige Energie bereitgestellt.

Da ATP im Muskel nur in sehr geringen Mengen vorhanden ist und auch aus anderen Bereichen nicht zugeführt werden kann, muß es ständig regeneriert werden. Die zur Wiederherstellung des ATP benötigte Energie wird kurzfristig aus Kreatinphosphat (KP) und aus der Nahrung gewonnen. Dazu werden vor allem Kohlenhydrate und Fette genutzt. Die Energiegewinnung in der Muskelzelle erfolgt aerob und anaerob.

Bei längeren Belastungen mit geringer Intensität vollzieht sich die Energiebereitstellung unter Zufuhr von Sauerstoff. Bei sehr kurzen, intensiven Belastungen (z. B. bei einem schnellen Gegenstoß) liegt die Belastung kurzzeitig im anaeroben Bereich. Die benötigte Energie kann in diesem Fall ohne Zufuhr von Sauerstoff und ohne Milchsäurebildung gewonnen werden. Die Speicher in der Muskulatur werden bei weniger belastendem Spiel und in den Pausen wieder aufgefüllt und stehen dann erneut zur Verfügung.

Bei häufigem Erreichen des anaeroben Bereichs (z. B. Preßdeckung über das ganze Spielfeld) nimmt die Ermüdung auf Grund der erhöhten Laktatbildung ständig zu. Dieser erhöhte Laktatspiegel kann zum Teil in den Pausen reduziert werden.

Energiebereitstellungsvorgänge

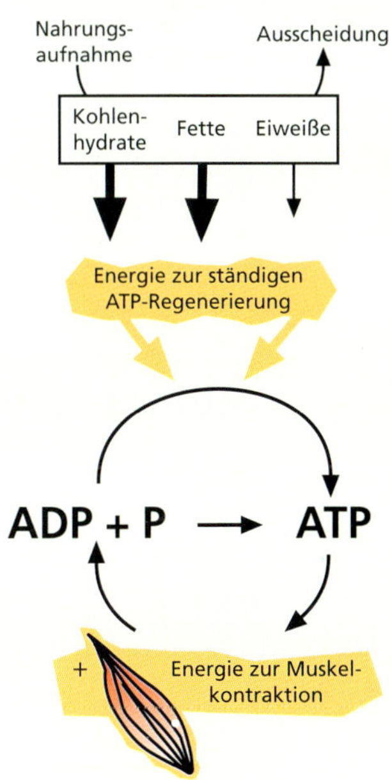

Ständige Spaltung und Regenerierung von ATP (tägl. ca. 2000mal pro ATP-Molekül)

informativ 2.17 →

> Für den Basketballer ist sowohl die aerobe als auch die anaerobe Kapazität für die Leistungsfähigkeit von Bedeutung. Beide müssen deshalb in allen Leistungsklassen verbessert werden.

Die erforderliche aerobe und anaerobe Leistungsfähigkeit im Basketball läßt sich über Technik- und Spieltraining allein nicht erwerben, da hierbei die Trainingsreize nicht systematisch genug gesetzt werden können. Eine Verbesserung ist nur möglich, wenn die Spieler bereit sind, unter Berücksichtigung der entsprechenden Trainingsprinzipien (vgl. Seite 63) ein gezieltes Technikergänzungstraining auf sich zu nehmen.

Ausdauerfähigkeit

> Ausdauerfähig sein bedeutet, der physischen und psychischen Ermüdung möglichst lange widerstehen zu können.

Die physische Ausdauer kann nach verschiedenen Gesichtspunkten erfaßt und strukturiert werden: nach der Arbeitsform, dem Umfang der aktivierten Muskulatur, der Dauer der Beanspruchung, der Trainingsmethode und der Art der Energiebereitstellung (vergleiche hierzu informativ 2.17).

Grundlagenausdauer

Der Basketballer muß die Fähigkeit erwerben, Ausdauerleistungen mittlerer Intensität (Belastungen bis zu Pulsfrequenzen von ca. 140 bis 180 Schlägen/Minute je nach Leistungsstand und Alter) sportartunabhängig über einen längeren Zeitraum ausführen zu können. Man spricht in diesem Fall von *allgemeiner aerober Ausdauer* oder *Grundlagenausdauer.* Die Grundlagenausdauer ist vor allem abhängig von der maximalen Sauerstoffaufnahmefähigkeit des Organismus und damit der Leistungsfähigkeit des Herz-Kreislauf-Systems.

Die aerob-anaerobe Schwelle (informativ 2.20) ist dabei ein wichtiger Indikator zur Beurteilung der Ausdauerleistungsfähigkeit, die umso größer ist, je später die aerobe Schwelle überschritten wird. Ein trainierter Sportler bildet später Laktat als der untrainierte, da er seine Leistungen mit höheren Anteilen des aeroben Stoffwechsels vollbringt.

> Will der Sportler seine Grundlagenausdauer erhöhen, so muß er mit einer Intensität knapp unterhalb der anaeroben Schwelle und unter dynamischem Einsatz von mehr als einem Sechstel der Gesamtmuskelmasse trainieren. Für Basketballer bieten sich besonders Laufen und Radfahren an.

informativ 2.18 →

Die Belastungsintensität kann über den Pulswert kontrolliert werden. Dieser läßt sich durch verschiedene Verfahren ermitteln (informativ 2.18). Im Leistungssport sind aufwendige Messungen notwendig. Für den Freizeit- und Breitensport gibt es auch einfachere Berechnungsverfahren zur groben Bestimmung der trainingswirksamen Pulsfrequenz.

Einteilungsmöglichkeiten der physischen Ausdauer

Einteilung nach der Arbeitsform der Muskulatur

- *Dynamische Ausdauer*
  Ständiger Wechsel von Anspannung und Entspannung
- *Statische Ausdauer*
  Längere Anspannung der Muskulatur (Haltearbeit)

Einteilung nach dem Umfang der aktiven Muskulatur

- *Lokale Ausdauer*
  Weniger als 1/6 der Gesamtmuskulatur wird beansprucht.
- *Allgemeine Ausdauer*
  Mehr als 1/6 der Gesamtmuskulatur wird beansprucht.

Einteilung nach der Dauer der Beanspruchung

- *Kurzzeitausdauer*
  Im Bereich von 35 Sek. bis 2 Min.
- *Mittelzeitausdauer*
  Im Bereich von 2 Min. bis 10 Min.
- *Langzeitausdauer*
  Im Bereich von 10 Min. bis 6 Std.

Einteilung nach der Art der Energiebereitstellung

- *Aerobe Ausdauer*
  Energie wird mit Hilfe von Sauerstoff gewonnen.
- *Anaerobe Ausdauer*
  Energie wird ohne Sauerstoff gewonnen.

Einteilung nach der Trainingsmethode

- *Grundlagenausdauer*
  Es geht darum, unabhängig von der jeweiligen Sportart Belastungen mittlerer Intensität lange ertragen zu können.
- *Spezielle Ausdauer*
  Es geht darum, die Belastungen innerhalb einer bestimmten Sportart lange ertragen zu können.

Verfahren zur Festlegung der trainingswirksamen Pulsfrequenz

untrainierte Schüler	Leistungssportler	ältere, untrainierte Personen
50–70 %*	**60–85 %***	**40–55 %***
1. Ruhepuls/min ist z. B. 80 ≙ 0 % 2. Mögliche Maximalpulsfrequenz ca. 200 ≙ 100 % 3. 50 % von der Differenz aus 200–80 (=120) ergeben 60 4. Damit ergibt sich der Trainingspuls von: 80+60=**140**	Genaue Festlegung der Trainingspulsfrequenz ist nur über Laktatmessung (also über eine Blutentnahme) zur Feststellung der anaeroben Schwelle möglich.	Als Trainingspulsfrequenz wird empfohlen: 180 minus Lebensalter in Jahren

* *Trainingswirksame Intensität der Belastung (in % der max. Leistungsfähigkeit)*

Verbesserung der Grundlagenausdauer

Zur Verbesserung der Grundlagenausdauer gibt es für die unterschiedlichen Leistungsklassen im Basketball verschiedene Trainingsmethoden.

Trainingsmethoden zur Verbesserung der Grundlagenausdauer

Untrainierte Schüler	Vereinsspieler/Schulwettkampfmannschaften	Vereinsspieler höherer Spielklassen
Wechselmethode. Ständiger Wechsel zwischen Laufen und Gehen. Läufe von 10–20 Min. effektiver Laufzeit.	**Wechselmethode.** Läufe mit vom Trainer festgelegten Tempowechseln. Dauer: 30–40 Min. Intensität: 130–180 Pulsschläge/min	
Fahrtspielmethode. Langläufe mit selbst festgelegten Tempowechseln oder Läufe im hügeligen Gelände. Dauer: 30–45 Min. Intensität: 130–170 Pulsschläge/min		**Extensive Intervallmethode.** 20 und mehr Läufe über eine Strecke von 100–200 m mit 60–80 % der Maximalleistung.
Kontinuierliche Dauermethode. Langläufe in der Ebene mit gleichbleibendem Tempo knapp unter der anaeroben Schwelle. Dauer: 10–60 Min. Intensität: 130–175 Pulsschläge/min		

informativ 2.19

Durch längeres Ausdauertraining paßt sich der Organismus an. Besonders im Herz-Kreislauf-System lassen sich Veränderungen feststellen. Der Sportler liegt dann auch bei höheren Belastungen noch im aeroben Bereich, da die anaerobe Schwelle gestiegen ist. Die verbesserte Ausdauerleistungsfähigkeit macht sich durch einen verringerten Ruhepuls und eine kürzere Erholungszeit bemerkbar. Er ist also im Vergleich zu Untrainierten in der Lage, bei niedrigeren Pulsfrequenzen höhere Leistungen zu erbringen. Eine weitere Verbesserung kann nur über die Steigerung des Umfangs und der Intensität des Grundlagenausdauertrainings erreicht werden. Deshalb ist es notwendig, im Trainingsverlauf über regelmäßige Ruhepulskontrollen die Belastungsgestaltung dem jeweiligen Leistungsstand anzupassen.

am Rande bemerkt

Berechnungsbeispiel für die extensive Intervallmethode:
Länge: 200 m, Bestzeit: 28 s
»60 % der maximalen Leistung« ergeben sich aus der Summe der Bestzeit und 40 % der Bestzeit, also 28 s + 11,2 s = 39,2 s. Zwischen jedem Lauf soll eine »lohnende Pause« eingehalten werden, d. h. der nächste Lauf ist bei einem Pulswert von 120 Pulsschlägen/min zu beginnen.

aktiv!

① Führen Sie auf, welche Bedeutung Grundlagenausdauertraining für Ihr Wohlbefinden und Ihre Gesundheit hat!

② Grundlagenausdauer können Sie nur in Sportarten trainieren, die Ihnen vertraut sind und überwiegend aerobe Ausdauer erfordern. Vergleichen Sie die Reaktionen Ihres Körpers und die Empfindungen beim Trainieren an der aerob-anaeroben Schwelle in unterschiedlichen Sportarten!

③ Diskutieren Sie mit Mitschülern, weshalb ein bestimmter Kenntnisstand Voraussetzung für effektives Grundlagenausdauertraining ist!

④ Inwiefern können Sportbekleidung, Geräte, Gelände und Wetter das Ausdauertraining positiv/negativ beeinflussen?

informativ 2.20 →

Pulsfrequenzen und Laktatwerte

Erreichen der aeroben Schwelle: Beginn der Laktatproduktion in anaerob arbeitenden Muskelzellen. Im aerob-anaeroben Bereich kann das Laktat sofort wieder abgebaut werden. Es herrscht Gleichgewicht zwischen Laktatproduktion und -abbau.

Erreichen der anaeroben Schwelle: Laktatkonzentration wird so hoch, daß sie nicht mehr vollständig abgebaut werden kann. Bei weiterer intensiver Belastung steigt der Laktatspiegel immer weiter an (anaerober Bereich).

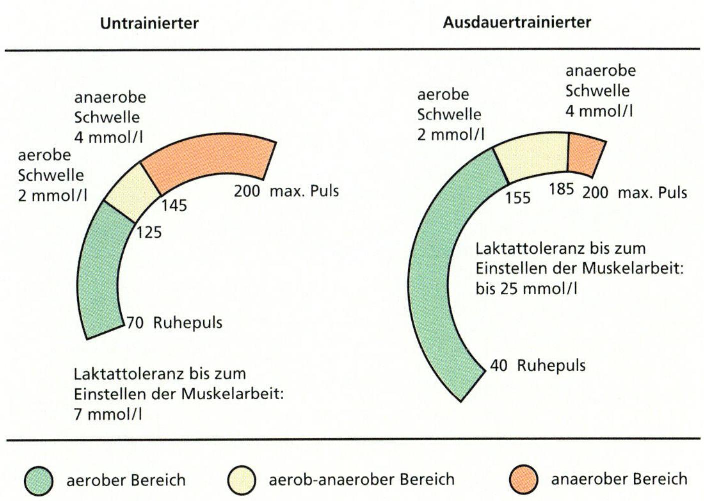

aktiv!

① Ermitteln Sie anhand der Vorgaben in informativ 2.20 Ihre individuelle anaerobe Schwelle, und vergleichen Sie diese mit den Ergebnissen Ihrer Mitschüler! Bringen Sie die Ergebnisse in Bezug zu den von Ihnen und von Ihren Mitschülern in der Freizeit betriebenen Sportarten!

② Versuchen Sie, im Bereich Ihrer anaeroben Schwelle zu laufen! Dazu müssen Sie die Intensität zunehmend steigern und immer wieder Pulsmessungen vornehmen, bis Sie ein Gefühl für die Belastung bekommen. Mit einer Pulsuhr, die bei Erreichen der ermittelten Grenze ein Signal gibt, kann man die Kontrolle erleichtern.

③ Nehmen Sie sich vor, in der Woche dreimal mindestens 10 Minuten zu laufen! Kontrollieren Sie regelmäßig die Ergebnisse! Stellen Sie Ihre Belastungen ständig auf die Anpassung des Organismus ein! Wenn Sie lange genug Grundlagenausdauer trainiert haben, werden Sie bestimmte Strecken leichter und in kürzerer Zeit zurücklegen. Entwickeln Sie beim Ausdauertraining keinen falschen Ehrgeiz! Legen Sie sich keine Zeitvorgaben auf; trainieren Sie immer so, daß Sie sich dabei wohlfühlen!

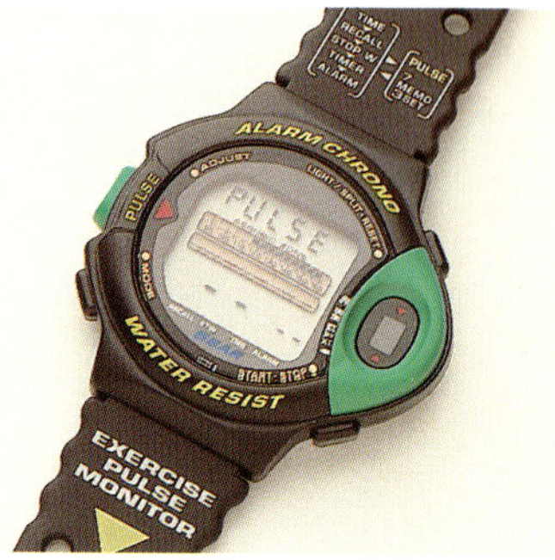

Armbanduhr zur Pulsmessung während der Belastung ***(13)***

Spezielle Ausdauer

Kennzeichnend für die *spezielle Ausdauer (allgemeine dynamische anaerobe Ausdauer im Basketball)* ist die Ermüdungswiderstandsfähigkeit in einer bestimmten Sportart. Aufbauend auf der Grundlagenausdauer benötigt der Basketballspieler für Belastungsspitzen (Zeitbereiche zwischen ca. 20 und 30 Sekunden) spezielle Ausdauerfähigkeit. Sie ist abhängig von der Fähigkeit, pro Zeiteinheit eine maximale anaerobe Energiemenge bereitzustellen und darüber hinaus willentlich eine Übersäuerung der Muskulatur zu ertragen.

Der Zeitpunkt, ab dem die anaerobe Schwelle bei intensiver Belastung in einer Sportart überschritten wird, kann durch Grundlagenausdauertraining hinausgezögert werden. Er hängt ab vom Prozentsatz der maximalen Sauerstoffausschöpfung aus der Atemluft und kann durch die Pulsfrequenz grob ermittelt werden (Atemnot).

Veränderungen im Herz-Kreislauf-System bei ausdauertrainierten Sportlern:
Herz: *Sportherz, Verdickung der Herzwand, Vergrößerung der Herzhöhlen.*
Kapillarisierung der Muskulatur: Vergrößerung der Zahl und des Querschnitts der Kapillaren.
Muskelzellen: *Anstieg der Größe und Zahl der Mitochondrien. Erhöhung der Konzentration von Enzymen, Myoglobin, Glykogen und energiereichen Phosphaten.*
Blut: *Zunahme der Zahl der roten Blutkörperchen und des Plasmavolumens.*
Atmung: *Erhöhung der Sauerstoffaufnahmefähigkeit durch verbesserte Atemtechnik.*

am Rande bemerkt

Verbesserung der speziellen Ausdauer

Trainingsmethoden zur Verbesserung der speziellen Ausdauerfähigkeit (im Hochleistungssport)

Intensives Intervalltraining. Läufe (100 – 400 m) mit submaximaler Geschwindigkeit.
Dauer: 15 – 60 Sek. und 10 Wiederholungen Intensität: 80 – 90 % Maximalleistung
Pausen: »Lohnende Pause« einhalten.

Wiederholungstraining. Läufe (100 – 400 m) mit maximaler Geschwindigkeit.
Dauer: 15 – 60 Sek. und 3–5 Wiederholungen Intensität: 100 % Maximalleistung
Pausen: So lange bis Ruhepuls wieder erreicht ist.

Diese Trainingsformen zur Verbesserung der speziellen Ausdauerfähigkeit finden nur im Basketball-Hochleistungssport Anwendung.
In den anderen Leistungsbereichen wird diese spezielle Ausdauerfähigkeit hauptsächlich über basketballspezifische Trainingsformen ausgebildet.
Als geeignete Organisationsform bietet sich in diesem Zusammenhang das Zirkeltraining an.

informativ 2.21

Zirkeltraining

Mit dem Zirkeltraining ist es möglich, alle für das Spiel notwendigen Muskelgruppen gleichmäßig im Wechsel sowie das Herz-Kreislauf-System und die Stoffwechselprozesse intervallartig zu belasten. Es kann aber auch während eines Durchganges nur eine bestimmte Muskelgruppe angesprochen werden. Wie im Wettkampf wechseln sich beim Zirkeltraining kurze intensive Belastungsphasen mit Ruhepausen ab.

Weitere Informationen unter anderen in:
Mühlfriedel, B.: Trainingslehre, Frankfurt/M. 1994.
Martin, D. (Red.)/Carl, K./Lehnertz, K.: Handbuch der Trainingslehre, Schorndorf 1991.

am Rande bemerkt

informativ 2.22

Basketballspezifisches Zirkeltraining

Beinstrecken auf Schrägbank

Aufrichten aus der Rückenlage

Bankdrücken aus der Rückenlage

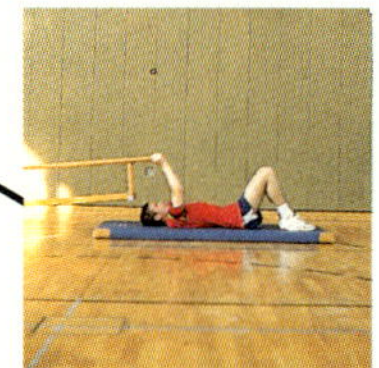

Auf- und Niedersprung an Kästen

Belastungszeit:
je nach Trainingszustand zwischen 20 und 40 Sekunden

Pausen:
je nach Trainingszustand doppelte, gleiche oder halbe Belastungszeit, passiv oder aktiv (z. B. leichtes Dehnen, Lockerung)

Dauer:
1–2 Durchgänge

Intensität:
Pulsfrequenz am Ende der Belastung 160–180 Pulsschläge/min

Slalomdribbling in 8er-Form mit Handwechsel

In Bauchlage auf Kasten Beine heben und senken

Sprungwurf mit Medizinball gegen die Wand

In Abwehrhaltung im Dreieck laufen (gleiten)

Die Intensität eines Zirkeltrainings ist über die Belastungszeit, die Wiederholungszahl, die Pausenlänge, das Niveau der Übungen und das Gewicht der eingesetzten Geräte steuerbar. Das Verhältnis der Belastungszeit zur Pausenzeit verändert sich mit zunehmendem Leistungsstand von 1 : 2 über 1 : 1 bis zu 2 : 1.

Neben dem Zirkeltraining eignen sich auch solche Technik- und Spielformen zur Verbesserung der speziellen Ausdauer, die – allein oder mit Partner – unter Berücksichtigung trainingswirksamer Belastungsintensitäten und Pausengestaltungen durchgeführt werden können.

Als brauchbar erweisen sich beispielsweise folgende Übungsformen:
- Der Trainer steht vor der Gruppe und gibt über optische Signale (Handzeichen) den Spielern die Richtung an, in die sie mit (Dribbling) oder ohne Ball laufen sollen.
- Abdribbeln von Spielfeldlinien, wobei an jedem Umkehrpunkt die Hand gewechselt werden soll.
- Reboundübungen für Center-Spieler.
- Schattenboxen: Zwei Spieler stehen sich gegenüber und versuchen sich gegenseitig auf die Unterschenkel/Knöchel zu tippen.
- Spiel 3 gegen 3 in der Hälfte eines Volleyball-Spielfeldes. Der Ball darf bei dieser Spielform nicht gedribbelt werden. Die Zahl der Pässe innerhalb einer Mannschaft wird gezählt.

aktiv!

① Führen Sie das Zirkeltraining im Unterricht durch!
Wärmen Sie sich vor Beginn der Übungen mindestens 10 Minuten auf, beziehen Sie auch Dehnübungen mit in Ihr Aufwärmprogramm ein! Führen Sie die Übungen technisch sauber aus! Achten Sie während des Übens und der Pausen auf gleichmäßige Atmung!
Dehnen Sie sich am Ende der Serien zur Entspannung!

am Rande bemerkt

Bedeutung der Muskulatur
An allen Lebensvorgängen des Menschen sind direkt oder indirekt Muskeln beteiligt.
Muskelarten:
Für Körperbewegungen ist die quergestreifte Muskulatur zuständig, in den Arterien, im Darm und in der Blase die glatte Muskulatur.
Muskelfasertypen:
Im Bereich der quergestreiften Muskulatur unterscheidet man zwischen schnellzuckenden FT-Fasern und langsamzuckenden ST-Fasern.
***FT-Fasern** (fast twist) werden für Muskelarbeiten mit hoher Intensität und geringem Umfang (Schnellkraft- und Maximalkraftleistungen) eingesetzt.*
***ST-Fasern** (slow twist) sind für Muskelarbeiten mit geringer Intensität und hohem Umfang (Ausdauerleistungen) von Bedeutung.*

Kraftfähigkeit

informativ 2.23 →

> Kraftfähig sein bedeutet, Spannungen in der Skelettmuskulatur gegen äußere Widerstände erzeugen zu können.

Sportliche Bewegungen setzen Kraft in unterschiedlicher Ausprägung voraus. Länger andauernde dynamische Bewegungen und Haltearbeiten erfordern *Kraftausdauer.* Für Aktionen, bei denen sehr hohe Widerstände überwunden bzw. gehalten werden müssen, ist *Maximalkraft* notwendig. Bewegungen mit hoher Kontraktionsgeschwindigkeit gegen einen Widerstand werden nur durch die *Schnellkraft* möglich.

Die Bedeutung der Kraftfähigkeit für den Sportler ist dabei in zweifacher Weise zu sehen: Kraft ist zum einen eine wichtige Voraussetzung zur Verbesserung der Leistungsfähigkeit, zum anderen hilft sie aber auch, gesundheitliche Schäden zu vermeiden, indem sie den passiven Bewegungsapparat stabilisiert.

Im Basketball dominieren Bewegungen mit hoher Beschleunigung und Geschwindigkeit, die über relativ kurze Zeiträume durchgeführt werden (z. B. kurze Sprints, Sprünge, Richtungswechsel, explosive Pässe).

Die äußeren Widerstände sind im Basketball gering, denn der Ball ist im Verhältnis leicht, und der eigene Körper muß ohne zusätzliche Belastungen bewegt werden. Oberflächlich betrachtet scheint deshalb Maximalkraft nicht zu den wesentlichen Voraussetzungen eines Basketballers zu gehören, wohl aber Schnellkraft und Kraftausdauer. Da aber die Schnellkraft in enger Wechselbeziehung zur Maximalkraft steht, ist die Leistungsfähigkeit eines Spielers auch von einem bestimmten Maximalkraftniveau abhängig. Gemeint ist beispielsweise die maximale Wurfkraft bei der Ausführung eines Passes.

Kraftfähigkeit

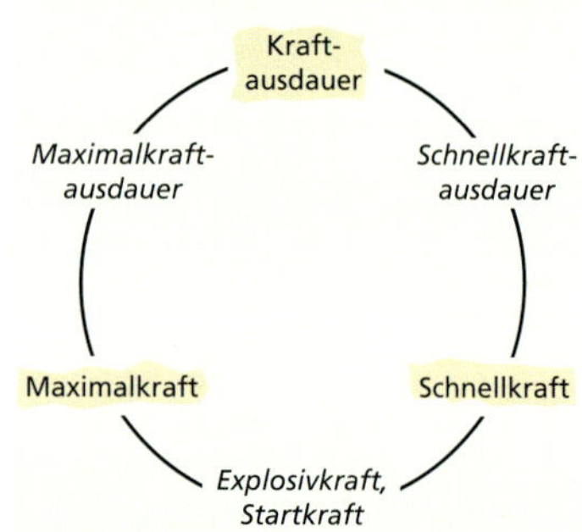

Beim Basketball dominieren Bewegungen mit hoher Beschleunigung und Geschwindigkeit, hier ein explosiver Dunking. ***(14)***

Verbesserung der Kraftfähigkeit

Die Verbesserung der speziellen Kraftfähigkeit im Basketball kann dadurch erreicht werden, daß beim Training das optimale Zusammenspiel der motorischen Einheiten (Nerv – Muskelfasern) im Vordergrund steht und nicht die Vergrößerung des Muskelquerschnittes.

> Beim Krafttraining des Basketballspielers haben Schnellkraft- und Kraftausdauertraining Vorrang.

Maximalkrafttraining

Reines Maximalkrafttraining ist nur dort notwendig, wo eine Muskelgrundlage geschaffen werden muß.

Basketballspezifische Maximalkraft kann mit Übungen gesteigert werden, die explosive maximale Krafteinsätze verlangen. Für den Basketball-Leistungssportler bedeutet das, für die jeweiligen Übungen die Zusatzgewichte so zu dimensionieren, daß sie noch schnell (explosiv) ausgeführt werden können (z. B. Pässe mit Medizinbällen).

Hinsichtlich der Formen des Krafttrainings unterscheidet man statisches und dynamisches Krafttraining. Das statische (isometrische) Krafttraining ist dadurch gekennzeichnet, daß Kraft gegen einen fixierten Widerstand ohne Gelenkwinkeländerung ausgeübt wird. Die Länge der kontrahierenden Muskeln bleibt während der Anspannung gleich. Beim dynamischen (auxotonischen) Krafttraining dagegen verkürzt sich die Muskulatur immer weiter mit Zunahme der Muskelspannung.
Im Basketballtraining dominieren dynamische Formen, da diese neben Kraftzunahme auch eine Koordinationsverbesserung sichern.

Ein rascher Maximalkraftzuwachs ist mit einem isometrischen Krafttraining einfach zu realisieren. Für diese Trainingsform benötigt man keine kostspieligen Geräte, sie ist zeitsparend und kann von jedem leicht zu Hause durchgeführt werden. Im Gegensatz zu anderen Methoden, bei denen die Belastung zunehmend gesteigert werden muß, erhöht sich hier die Spannung parallel zum Kraftgewinn. Einfach ausgedrückt, je mehr Kraft man hat, desto fester kann die Muskulatur angespannt werden, um eine weitere Kräftigung zu sichern.

aktiv!

informativ 2.24 →

① Probieren Sie diese Trainingsform selbst einmal aus: Drücken Sie dazu die Handflächen 6 bis 8 Sekunden lang mit äußerster Kraft gegeneinander! Fühlen Sie dabei, welche Muskelgruppen des Armes, des Rumpfes und des Schultergürtels daran beteiligt sind!
② Führen Sie das unter informativ 2.24 aufgeführte Programm nach einer kurzen Erwärmung durch!
③ Überlegen Sie sich, wie Sie andere Muskelgruppen Ihres Körpers auf diese Weise kräftigen können!

Kraftausdauertraining

Im Basketball sind über längere Zeit schnellkräftige Arm- und Beinbewegungen gefordert, die eine spezielle Form der Kraftausdauer voraussetzen, *die Schnellkraftausdauer.*

Zur Ausbildung und Verbesserung dieser Sonderform der Kraftausdauer sind Übungen mit mittleren Krafteinsätzen und hohen Wiederholungszahlen geeignet. Vergleichen Sie dazu die Übungsbeispiele zur Verbesserung der speziellen Ausdauer (s. S. 28/29).

Zur Verbesserung der Schnellkraft sind Trainingsformen wie Seilspringen, Schattenverteidigung oder Wurfsimulationen geeignet. Die Übungen müssen dabei mit explosiven Krafteinsätzen durchgeführt werden.

am Rande bemerkt

Anpassung des passiven Bewegungsapparates:
- *vermehrte Mineralisierung des Knochens*
- *Dickenwachstum der Knochenrinde*
- *Verstärkung der Knochenbälkchenstruktur*
- *Verstärkung der Anhaftstellen für Sehnen und Knochen*
- *Verdickung des Knorpelüberzugs an den Gelenkflächen*

Bei Überbelastungen können aber auch Schäden am Skelettsystem auftreten.

am Rande bemerkt

Anpassung der Muskulatur:
Die Muskulatur gehört zu den Organsystemen, die am schnellsten auf Reize reagieren. Die Anpassung hängt wesentlich vom Umfang und der Intensität der Belastungen ab. Lange Belastungen mit geringer Intensität führen zu einer Verbesserung der Stoffwechselvorgänge im Muskel, was sich positiv auf die Ausdauerleistung auswirkt. Auf kurze Belastungen mit großer Intensität reagiert der Muskel mit Dickenzunahme. In Folge verbessern sich Maximalkraft und Schnellkraft.

Isometrisches Krafttraining

1	Bauchlage, Arme seitlich wegstrecken, dann Unterarme 90° anwinkeln und gegen den Boden drücken.
2	An einen Tisch setzen, eine Handfläche auf, die andere unter die Tischplatte legen und gegeneinander drücken.
3	Zwischen die Pfosten einer Tür setzen und mit angewinkelten Beinen gegen einen Pfosten drücken.
4	Auf den Boden vor einen Stuhl setzen und mit gestreckten Beinen die Stuhlbeine von außen zusammen- oder von innen auseinanderdrücken.
5	In Rückenlage mit dem Kopf voran bis zur Schulter unter einen Tisch und die Unterschenkel auf einen Stuhl legen. Die Beine sind dabei 90° angewinkelt. Dann die Arme gegen den Tisch strecken, den Oberkörper aufrichten und gegen den Tisch drücken.

Täglich üben! Vorher 5 Minuten aufwärmen!
Pro Übung 3–5mal 6–8 Sek. lang anspannen!

Schnelligkeitsfähigkeit

informativ 2.25 →

> Schnell zu sein ist abhängig von der Fähigkeit, Bewegungen in möglichst kurzer Zeit ausführen zu können.

Man unterscheidet im Sport zwischen zyklischer und azyklischer Schnelligkeit. Von *zyklischer Schnelligkeit* wird gesprochen, wenn gleichartige motorische Aktionen in schneller Folge hintereinander ablaufen, wie es z.B. beim Laufen und Dribbeln im Basketball der Fall ist. Die azyklische Schnelligkeit bezieht sich auf die Fähigkeit, Einzelbewegungen, wie beispielsweise einen Paß, möglichst schnell ausführen zu können. Im Basketball sind beide Schnelligkeitsformen gleichermaßen von Bedeutung.

Sowohl zyklische als auch azyklische Schnelligkeit sind abhängig von schnellen Muskelkontraktionen. Informativ 2.25 zeigt, wodurch diese beeinflußt werden. Die dort aufgeführten Faktoren sind weitgehend anlagebedingt und nur zum Teil trainierbar.

Im Basketball ist darüber hinaus noch die *Reaktionsschnelligkeit* von Bedeutung, die über die Reaktionszeit gemessen werden kann. Man versteht darunter das schnelle Einleiten einer Aktion auf ein bestimmtes Signal hin. Signale im Basketball können sein: optische Signale (Mitspieler, Gegner, Bälle, Aufstellungsformationen), akustische Signale (Zurufe von Mitspielern, Gegnern), taktile Signale (Berührungen durch Gegner).

Faktoren, die die Muskelkontraktion beeinflussen

- Schnelligkeit, mit der Nervenleitprozesse ablaufen und Muskelkontraktionen eingeleitet werden
- Größe des ATP-Gehalts in der Muskulatur
- Dynamische Kraft der eingesetzten Muskulatur
- Kontraktionsgeschwindigkeit in Abhängigkeit vom Anteil der schnell und langsam zuckenden Muskelfasern
- Reibungskräfte im Muskel (Viskosität)
- Körpergröße und Hebelverhältnisse

am Rande bemerkt

Da die Reaktionsschnelligkeit u. a. abhängig ist von der Deutlichkeit des Signals, ist es wichtig, daß sich im Basketball die eigene Spielkleidung deutlich von der des Gegners abhebt.
Die Reaktionsschnelligkeit wird außerdem von psycho-physischen Einflüssen mitbestimmt. Durch Müdigkeit und Lustlosigkeit kann sich die Reaktionszeit verlängern, durch Lust und Freude verkürzen.

Verbesserung der Schnelligkeitsfähigkeit

Um die Schnelligkeitsleistungen zu erhöhen, gibt es eine Reihe von Einflußmöglichkeiten, die bei Training und Wettkampf zu beachten sind:
- Durch intensives Aufwärmen und Warmhalten in Pausen wird eine erhöhte Körpertemperatur erreicht, wodurch die Geschwindigkeit der nervalen Impulse und die Empfindlichkeit der Rezeptoren steigen.
- Durch eine ständige Verbesserung der Bewegungskoordination (Technik) können die Aktionen schneller ablaufen.
- Müdigkeit, Ängste, Streß und Lustlosigkeit hemmen die Bewegungsschnelligkeit und müssen daher reduziert werden.
- Die Steigerung der Schnelligkeitsausdauer wirkt einer raschen Ermüdung entgegen.
- Eine Steigerung der dynamischen Kraftfähigkeit der beanspruchten Muskulatur sichert ein günstiges Last-Kraft-Verhältnis.

Beweglichkeit

> Beweglichkeit ist die Fähigkeit, die Bewegungsmöglichkeiten der Gelenke nach allen Seiten hin optimal ausnutzen zu können.

Voraussetzung für die Ausführung von Bewegungen ist ein bestimmter Grad an Beweglichkeit. Im Alltag kommt man dabei mit einer sog. allgemeinen Beweglichkeit aus. In den Sportarten dagegen ist für die Qualität technischer Fertigkeiten eine spezielle Beweglichkeit notwendig. Die Ausbildung einer über das normale Maß hinausgehenden Beweglichkeit läßt sich sowohl gesundheitlich als auch sportlich begründen.

Beweglichkeitstraining hat das Ziel, die Dehnfähigkeit der Muskeln zu verbessern. Die dadurch erreichte höhere Mobilität der Gelenke erfordert jedoch eine Kräftigung der Muskulatur zur Stabilisierung des entsprechenden Gelenks, um Verletzungen vorzubeugen. Dehnung und Kräftigung sind deshalb immer parallel durchzuführen.

Ein besonderes Maß an Beweglichkeit ist bei Artisten nötig. ***(15)***

informativ 2.26

Basketball-Beweglichkeitstrainings-Programm

Rebound

Überstreckung der Bauchmuskulatur

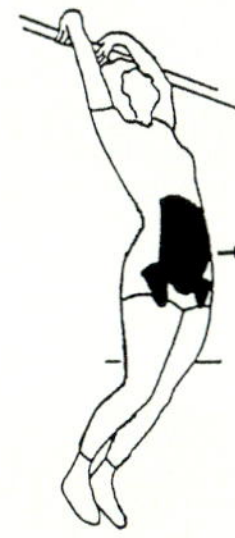

Dehnübung

An der Sprossenwand festhalten und die Hüfte weit nach vorn schieben, bis eine Spannung spürbar ist.

Rebound

Überstreckung der Seitenmuskulatur

Dehnübung

In Schrittstellung den Oberkörper seitlich abbeugen. Ein Arm drückt in Bewegungsrichtung nach (Oberkörper nicht verdrehen).

Ausfallschritt beim Vorbeigehen am Gegner nach einer Finte

Beanspruchung der Muskulatur der Oberschenkeloberseite

Dehnübung

Einen weiten Ausfallschritt nach vorn machen und die Hüfte dabei nach vorn schieben (Oberkörper bleibt aufrecht).

Seitlicher Ausfallschritt bei der Verteidigung

Beanspruchung der Adduktoren (Innenseite der Oberschenkel)

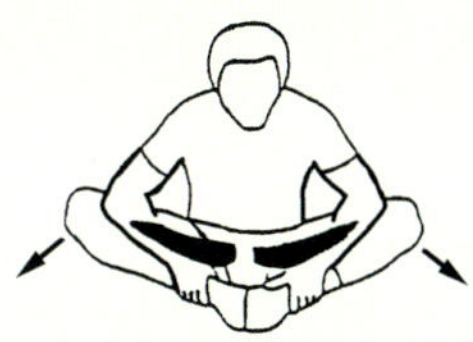

Dehnübung

Im »Schneidersitz« die Fersen aneinanderpressen und mit Hilfe der Ellenbogen die Knie zum Boden drücken.

Werfen über Kopf

Beanspruchung der Muskulatur der Unterseite des Unterarms

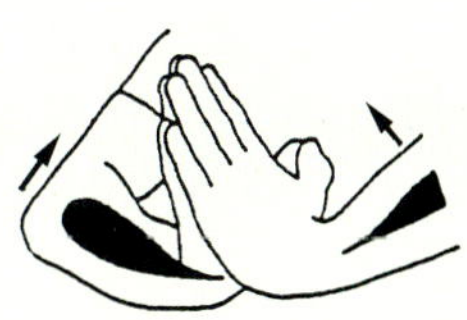

Dehnübung

Handinnenflächen in Brusthöhe aneinanderpressen und die Ellenbogen nach oben bringen.

Grafiken aus: Sölveborn, S. A.: Boken om Stretching, Yast Schweden 1982.

Verbesserung der Beweglichkeit

Den Vorgang der Beweglichkeitsschulung bezeichnet man als *Dehnen* oder *Stretchen.* Zur Verbesserung der Beweglichkeit können unterschiedliche Dehnmethoden angewendet werden:

informativ 2.27

Dehnmethoden	
Methode der wiederholten Dehnung	Langsame Bewegungen im Bereich der betreffenden Gelenke. Wippende und federnde Bewegungen unbedingt vermeiden, da durch sie Muskelschutzreflexe ausgelöst werden, welche die zu dehnenden Muskeln verkürzen und anspannen.
Methode der sanften Dauerdehnung	Muskel dehnen, bis leichtes Dehnungsziehen spürbar (nicht bis zur Schmerzgrenze!). 15–30 Sekunden in dieser Stellung verharren, dabei läßt das Spannungsgefühl nach. Anschließend weiter dehnen, bis Dehnungsziehen wieder spürbar (15–30 Sekunden halten).
Methode der Anspannung und Entspannung	Dehnen, bis Dehnungsziehen spürbar. Anschließend Muskel mit maximaler Kraft ca. 10 Sekunden isometrisch anspannen. Anschließend Muskel ca. 3 Sekunden völlig entspannen. Daran anschließend wieder 10–30 Sekunden über die ursprüngliche Dehnungslage hinaus dehnen.
Methode der Synergistendehnung durch Antagonistenanspannung	Zur Dehnung eines bestimmten Muskels wird dessen Gegenspieler (Antagonist) zur Kontraktion gebracht. Dadurch kommt es zu einer reflektorischen Entspannung des zu dehnenden Muskels, der dadurch anschließend optimal gedehnt werden kann (10–20 Sekunden halten).

informativ 2.28 →

Die vorgestellten Methoden zur Verbesserung der Beweglichkeit können zu unterschiedlichen Zeiten und mit unterschiedlichen Absichten angewandt werden. Dabei sollte man darauf achten, die Dehnübungen immer in Verbindung mit Kräftigungsübungen auszuführen, um Einseitigkeiten zu vermeiden.

informativ 2.29

Wann welche Methoden anwenden?	
Vor dem Training	Ziel der Übungen ist hier die Verbesserung der allgemeinen und speziellen Beweglichkeit. Es bieten sich die Methode der An- und Entspannung genauso an, wie die Methode der Synergistendehnung.
Vor dem Wettkampf	Ziel der Übungen ist hier die Vorbereitung auf die Wettkampfanforderungen. Es bieten sich die Methode der sanften Dauerdehnung und die Methode der wiederholten Dehnung an.
Nach Wettkampf und Training	Entspannung und Beruhigung ist hier das Ziel der Übungen. Daher bietet sich insbesondere die Methode der sanften Dauerdehnung an.
Zu Hause	Alle vorgestellten Dehnmethoden dienen hier der Verbesserung der speziellen und allgemeinen Beweglichkeit.

aktiv!

① Gestalten Sie ein abwechslungsreiches Programm zur Verbesserung Ihrer Beweglichkeit! Überlegen Sie sich dabei, welche Muskeln Sie mit den einzelnen Übungen dehnen möchten! Kräftigen Sie den Gegenspieler des gedehnten Muskels!

② Erwärmen Sie sich vor dem Dehnen mind. 10 Minuten! Halten Sie sich während der Übungen warm! Führen Sie Übungen im Sitzen oder Liegen auf einer wärmenden Unterlage durch!

③ Erfühlen Sie bei der Methode der Anspannung und Entspannung den Unterschied! Achten Sie während der Übungen auf eine ruhige und gleichmäßige Atmung!

am Rande bemerkt

Mechanische Eigenschaften der Muskulatur:
Der Muskel setzt sich aus plastischen und elastischen Bestandteilen zusammen. Die Myofibrillen (kontraktile Einheiten der Muskelfaser) haben plastische Eigenschaften, d.h. sie kehren nach der Dehnung nicht selbständig in die Ausgangslage zurück. Die Bindegewebsanteile (Fascien, Sehnen) haben elastische Eigenschaften, die eine Rückkehr in die Ausgangslage erwirken.

Gründe für das Beweglichkeitstraining

- Muskuläre Dysbalancen werden ausgeglichen.
- Regeneration nach Anstrengungen und Verletzungen wird beschleunigt.
- Entspannungsfähigkeit wird vermittelt und erlebbar.
- Verletzungen bei Extrembelastungen werden reduziert.
- Sportliche Techniken können einfacher erlernt werden.
- Die Feinabstimmung von Bewegungen wird erleichtert.
- Ein optimaler Krafteinsatz ist durch weite Ausholbewegungen möglich.
- Die Bewegungsschnelligkeit wird erhöht, da die Antagonisten weniger Widerstand entgegensetzen.

Dehnungsübungen am Ende einer intensiven Trainingseinheit sind wichtig, um Dysbalancen der Muskulatur vorzubeugen. ***(16)***

Persönlichkeitseigenschaften und Konstitution 2.7

Persönlichkeitseigenschaften

informativ 2.30 →

Als Voraussetzung für das erfolgreiche Betreiben einer Sportart werden allgemein neben konditionellen und koordinativen Fähigkeiten auch psychische Persönlichkeitsmerkmale angesehen.

Es sind dies z. B. Entschlußkraft, Willensausdauer, Beharrlichkeit, Kontaktfreudigkeit, Funktionslust, Mut, Risikobereitschaft, Aufgeschlossenheit, Hilfsbereitschaft, Fairneß und Selbstbeherrschung.

Bei der Erstellung von Anforderungsprofilen für bestimmte Sportarten werden auch ausgewählte psychische Eigenschaften als leistungsbestimmende Faktoren aufgeführt. Für die Bewertung der Persönlichkeitseigenschaften gibt es unterschiedliche Ansätze, und auch die diagnostischen Verfahren zur Erforschung der Sportlerpersönlichkeit sind noch unbefriedigend. Sie basieren meist auf Beobachtungen von Spitzentrainern und der Selbsteinschätzung von Leistungssportlern.

Viele Trainer und Sportlehrer sind noch immer der Auffassung, daß eine hohe Leistungsfähigkeit in speziellen Sportarten das Vorhandensein ganz bestimmter Persönlichkeitseigenschaften voraussetzt – risikoreiche Sportarten andere als Ausdauer- oder Mannschaftssportarten. Man nimmt auch an, daß sich durch Sporttreiben charakterliche Anlagen beeinflussen lassen, die dann auf andere Lebensbereiche übertragbar sind. Diese Ansicht wird vielfach auch heute noch dazu herangezogen, um die gesellschaftliche Bedeutung des Sports in bezug auf eine persönlichkeitsbildende Wirkung besonders hervorzuheben.

Die Persönlichkeitseigenschaften erfolgreicher Athleten einer Sportart sind nach einschlägigen Untersuchungen aber sehr unterschiedlich. Wissenschaftlichen Untersuchungen ist es weder gelungen, das für eine Sportart notwendige Persönlichkeitsprofil zu erstellen, noch einen nachhaltigen Einfluß des Sports auf den Charakter nachzuweisen.

Persönlichkeitsattribute

Positive Persönlichkeitsattribute

- herzlich
- anpassungsfähig
- vertrauensvoll
- gewissenhaft
- ausdauernd
- abstrakt denkend
- realistisch
- ruhig
- selbstsicher
- unabhängig
- optimistisch
- verantwortungsbewußt
- etc.

Negative Persönlichkeitsattribute

- mißtrauisch
- verschlossen
- aggresiv
- oft aufgebend
- einfach denkend
- sprunghaft
- abhängig
- pessimistisch
- unnatürlich
- teilnahmslos
- egoistisch
- etc.

In der Freizeit und im Schulsport spielt die Körpergröße eine geringere Rolle. **(17)**

Konstitution

Anthropometrische Gegebenheiten wie Körperhöhe, Gewicht, Proportionen, aber auch Besonderheiten der Organfunktionen sind in manchen Sportarten Voraussetzungen für Spitzenleistungen.

Im Basketball haben Spieler mit großer Körperlänge besonders beim Korbwurf und Rebound Vorteile. Im Leistungsbereich liegt die durchschnittliche Körperhöhe bei Männern zwischen 1,95 und 2,05 m, bei Frauen zwischen 1,75 und 1,85 m. Im Basketballunterricht ist eine besondere Körperhöhe von geringerer Bedeutung, da diese von kleineren Spielern meist durch größere Schnelligkeit und bessere Beweglichkeit ausgeglichen wird. Aber schon im Wettkampfbereich sind die Sportlehrer bemüht, möglichst große Schüler in die Mannschaft aufzunehmen.

Höheres Körpergewicht kann sich auf das Durchsetzungsvermögen positiv auswirken. Aber auch der anlagebedingte Anteil schnell oder langsam zuckender Muskelfasern bestimmt die Leistungsfähigkeit in bezug auf Schnellkraft und Ausdauer. Außerdem haben fast alle Basketballer im Leistungssportbereich einen athletischen Körperbau.

Für Spitzenleistungen in einigen Sportarten sind ganz bestimmte konstitutionelle Voraussetzungen erforderlich **(18, 19)**:
Turnen: geringe Größe, athletischer Körperbau; Galopprennen: äußerst geringes Körpergewicht

Analyse von Bewegungshandlungen 2.8

Bewegungsanalysen im Sport können von verschiedenen Interessengruppen mit unterschiedlichen Absichten und Erwartungen betrieben und angewandt werden.

Mit informativ 2.31 soll deutlich werden, daß die äußerlich sichtbare Bewegung das Produkt eines sehr komplexen Handlungsgeschehens ist und von vielfältigen Faktoren und Einflußgrößen abhängt. Die Analyse kann sich sowohl auf die Erfassung des äußeren Erscheinungsbildes als auch auf das der Bewegung zugrundeliegende Handlungsgefüge (Fähigkeiten, Fertigkeiten, Eigenschaften usw.) beziehen.

am Rande bemerkt

Gründe für Bewegungsanalysen:

- *Technikverläufe beobachten, um Fehler zu erkennen,*
- *Beziehung zwischen der Technik und Kraft analysieren, um entsprechende Trainingsprogramme zu erstellen,*
- *Gegneranalyse, um sich im Wettkampf darauf einstellen zu können usw.*

informativ 2.31

Analyse sportlicher Bewegungen

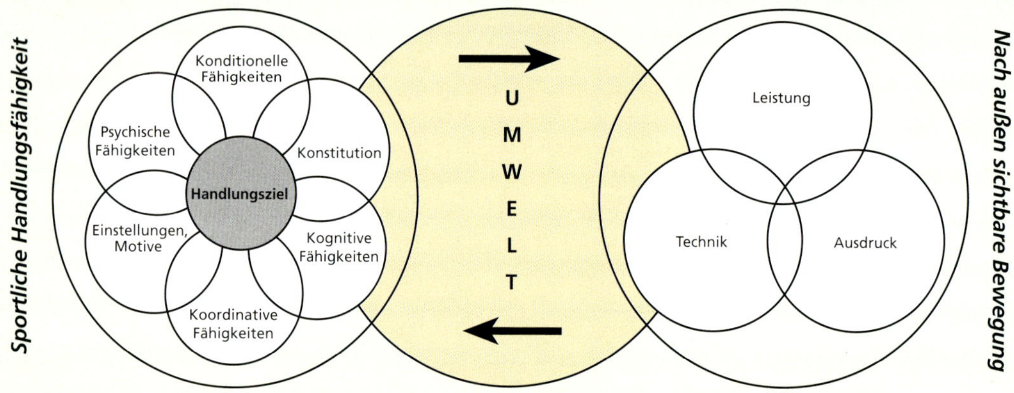

Art der Analyse:	Analyse der inneren Funktionalität einer Bewegung	Analyse funktionaler Zusammenhänge beim Bewegungsablauf	Analyse nach Merkmalen der Bewegungskoordination
Methode:	Erfassung von Verhaltensmerkmalen mittels Datenerhebungsverfahren	Erfassung von Verhaltensmerkmalen mittels Datenerhebungsverfahren	Erfassung und Beurteilung von Bewegungsquantität und Bewegungsqualität

In der Sportpraxis geht es vor allen Dingen darum, reale Bewegungen zu betrachten und zum Zwecke des Lehrens und Lernens in funktional zusammengehörende Bewegungsabschnitte und Bewegungsaktionen zu zerlegen.

In der Unterrichtspraxis haben sich die Bewegungsanalyse nach den Merkmalen der Bewegungskoordination und die Analyse funktionaler Zusammenhänge beim Bewegungsablauf bewährt.

Das äußere Erscheinungsbild eines Bewegungsablaufes kann aber auch als Basis für das Erkennen und die Beurteilung innerer Bedingungsfaktoren dienen (z. B. Angstzustände, Ermüdung, Aggressivität).

am Rande bemerkt

Der Wissenschaftsbereich, der sich mit den inneren Bedingungsfaktoren des menschlichen Verhaltens befaßt, ist die Psychologie. Ihre Methoden zur Erfassung von Daten sind Fremd- und Selbstbeobachtung, motorischer Test, Experiment und Befragung.

aktiv!

① Stellen Sie schriftlich zusammen, mit welchen Absichten folgende Personengruppen Sportbewegungen analysieren könnten:
Sportler, Trainer, Schiedsrichter, Biomechaniker, Sportphysiologen und Sportpsychologen!

② Suchen Sie Beispiele außerhalb des Sports, bei denen ebenfalls Bewegungsanalysen durchgeführt werden!

am Rande bemerkt

Weitere Informationen in:

Baumann, H./Reim, H.: Bewegungslehre, Frankfurt/M. 1994.
Schnabel, G./Meinel, K.: Bewegungslehre, Berlin 1989.
Willimchyk, K./Roth, K.: Bewegungslehre, Reinbek 1985.

Analyse nach Merkmalen der Bewegungskoordination

Die Analyse von Bewegungshandlungen nach Merkmalen der Bewegungskoordination eignet sich gut zur Beschreibung und zum Vergleich gleichartiger Bewegungen (z. B. zur Fehleridentifikation bei der Kampfrichtertätigkeit im Kunstturnen und Wasserspringen). Zur Beurteilung können *qualitative* und *quantitative Merkmale* herangezogen werden.

informativ 2.32

Merkmale bei der Bewegungsanalyse

Qualitative Merkmale

- Phasenstruktur
- Bewegungsrhythmus
- Bewegungskoppelung
- Bewegungsfluß
- Bewegungstempo
- Bewegungsstärke
- Bewegungspräzision
- Bewegungskonstanz

Quantitative Merkmale

Kinematische Bewegungsstruktur

- Längenmerkmale
- Zeitmerkmale
- Wegmerkmale
- Geschwindigkeits- und
- Beschleunigungsmerkmale

Dynamische Bewegungsstruktur

- Kraftmomente
- Kraftstöße

Eine Trainerin nimmt Trainingssequenzen mit einem einfachen Camcorder auf, um anschließend die Übung mit den Sportlerinnen auszuwerten. Für genauere Analysen werden aber auch Kameras verwendet, die mit High-Speed-Shutter ausgerüstet sind. Sie erlauben bis zu 2000 Bilder je Sekunde und ermöglichen so eine sehr exakte Auswertung am Monitor. ***(20)***

Dabei erfassen die *qualitativen Merkmale* das äußere Erscheinungsbild des jeweiligen Bewegungsablaufs über die optische, akustische und gefühlsmäßige Wahrnehmung (Empfinden – Erleben).

Das heißt, der Trainer, Sportlehrer oder Aktive sieht sich den Bewegungsablauf an, registriert gegebenenfalls die damit verbundenen Geräusche und nimmt durch Miterleben der Bewegung sogar Spannungszustände in den daran beteiligten Muskelgruppen wahr. Da besonders die optischen Eindrücke sehr flüchtig sind, bedient man sich vielfach Film- und Videoaufzeichnungen. Der Beobachtungsvorgang wird dadurch wiederholbar und läßt über die Zeitlupe Einzelheiten erkennen.

Die *quantitativen Merkmale,* die sich auf Längen-, Zeit-, Weg- und Geschwindigkeitsmerkmale beziehen, lassen sich leicht erfassen. Man mißt beispielsweise Zeiten bzw. Sprunghöhen und -weiten, zählt Schrittfrequenzen oder hält Winkelstellungen der Gelenke durch Reihenbildaufnahmen fest. Komplizierter wird es allerdings dann, wenn es darum geht, Kraftstöße, Beschleunigungswerte und Verlaufskurven von Körperpunkten (z. B. Sprunggelenk, Knie, Hüfte) auf bestimmte Zeitwerte bezogen, zu ermitteln. Hierzu sind z. T. komplizierte Geräte notwendig.

Qualitative Merkmale der Bewegungskoordination

Phasenstruktur

Bewegungen im Basketball lassen sich in verschiedene Abschnitte untergliedern. Dabei können grob drei Phasen unterschieden werden: die *Vorbereitungsphase,* die *Hauptphase* und die *Endphase.* Alle haben für das Gelingen der Gesamtbewegung jeweils eine bestimmte Bedeutung.

informativ 2.33

Vorbereitungsphase, Hauptphase, Endphase

Vorbereitungsphase	Hauptphase	Endphase
Sie schafft für die Hauptphase optimale Voraussetzungen, umfaßt Anlauf-, Aushol- und Anschwungbewegung. Durch sie werden günstige Arbeitswinkel der Gelenke und eine Vordehnung der Muskulatur erreicht. Dies ermöglicht eine Verlängerung des Beschleunigungsweges und die Maximierung der Anfangskraft.	In dieser Phase wird die Bewegungsaufgabe vollzogen. Im Basketball wird hier über Gliederketten (Beine, Rumpf, Arme, Hände) der Ball oder/und der ganze Körper beschleunigt. Ein Optimum kann dabei nur über eine ideale zeitliche und räumliche Koppelung der Teilimpulse erreicht werden!	Der Gesamtkörper oder Körperteile werden in die Ausgangslage zurückgebracht. Im Basketball besteht diese Phase meist aus bremsenden Bewegungen. Der Körper muß (z.B. vor und nach Würfen) zum sicheren Stand gebracht werden.

informativ 2.34 →

Bei Wurf- und Paßbewegungen im Basketball läßt sich eine Dreiteilung klar erkennen. Der Spieler holt aus, wirft und bringt anschließend den Körper in die Normallage zurück. Man spricht in diesem Zusammenhang von einer *azyklischen Bewegung*.

Phasenstruktur zyklischer und azyklischer Bewegungen

Phasenstruktur einer azyklischen Bewegung:

Vorbereitungsphase – Hauptphase – Endphase

Phasenstruktur einer zyklischen Bewegung:

Zwischenphase – Hauptphase – Zwischenphase

Bewegungsabläufe im Basketball, bei denen der Bewegungszweck nur erreicht werden kann, wenn mehrere Hauptteile gleicher Grundstruktur aneinandergereiht werden, sind sogenannte *zyklische Bewegungen*. Beispiele dafür sind sich wiederholende Fortbewegungen wie Laufen und Dribbeln.

*Beispiel einer azyklischen Bewegung im Basketball: das Passen aus dem Lauf (Bildreihe links; **21–23**).*

Charakteristisch an diesen Bewegungsfolgen ist, daß die jeweilige Endphase und Vorbereitungsphase für die nächstfolgende Hauptphase so miteinander verschmelzen, daß oberflächlich betrachtet nur eine zweiphasige Bewegungsstruktur erkennbar wird.

Im Basketball gibt es aber auch komplexe Bewegungsabläufe wie das Dribbeln mit abschließendem Korbleger. In diesem Fall sind zyklische und azyklische Bewegungen miteinander verbunden, d.h. die Endphase der letzten Dribbelbewegung geht in die Vorbereitungsphase des abschließenden Wurfs über. Diese Form kann als Bewegungskombination bezeichnet werden. Weiterhin findet man Bewegungsabläufe, bei denen Ausholbewegungen zum Zweck der Täuschung des Gegners bewußt unterdrückt werden, z.B. bei ansatzlosen Pässen. Bei anderen Finten wird beispielsweise die Vorbereitungsphase zum Fernwurf nicht mit dem Wurf, sondern mit einem Paß, also einer anderen Hauptphase, abgeschlossen. Es gibt Verbindungen, bei denen zyklische Bewegungen der Beine mit azyklischen Bewegungen der Arme kombiniert sind, wie das Laufen mit gleichzeitigem Paß.

*Beispiel einer zyklischen Bewegung im Basketball: das Dribbling (Bildreihe unten; **24–26**).*

Bewegungsrhythmus

Der Bewegungsrhythmus wird sichtbar durch einen optimalen dynamischen Wechsel von Spannung und Entspannung in einem Bewegungsablauf. Im Basketball tritt dieses Merkmal in Erscheinung, wenn Spieler das Dribbeln des Balles auf die Bewegungen der Beine abstimmen, Höhe und Frequenz des Dribbelns gezielt variieren oder Verteidiger sich dem Lauf- bzw. Sprungrhythmus eines Angreifers anpassen. In den Sportspielen kann ein bestimmter Spielrhythmus von einer ganzen Mannschaft getragen werden.

Bewegungskoppelung

Bewegungskoppelung ist gekennzeichnet durch das zweckmäßige Zusammenspiel von Teilbewegungen. Gleichzeitig (simultan) und nacheinander (sukzessiv) ablaufende Koppelungsvorgänge zwischen Bein-, Rumpf-, Arm- und Handbewegungen sind verantwortlich für Wurfweite und -genauigkeit, Koppelungen von Bein-, Rumpf- und Armimpulsen für das Erreichen der optimalen Sprunghöhe. Der fehlende Beineinsatz bei 3-Punkte-Würfen führt meist dazu, daß der Korb nicht erreicht wird.

Bewegungsfluß

Der Bewegungsfluß wird deutlich durch runde, fließende Übergänge zwischen einzelnen Bewegungsabschnitten. Beim Basketball ist dieser dann gefordert, wenn während des Laufens gepaßt, aus dem Dribbling ein Korbleger eingeleitet wird, oder während eines Angriffs taktische Konzeptionen erfolgreich abgeschlossen werden sollen. Schnelle Übergänge vom Angriff zur Verteidigung oder der schnelle Vortrag eines Angriffs mit der gesamten Mannschaft werden als Spielfluß bezeichnet.

Bewegungsumfang

Der Bewegungsumfang beschreibt die räumliche Ausdehnung von Bewegungsabläufen und ist in den Sportspielen von der Zweckmäßigkeit geprägt. So wird z. B. ein Durchbruchsdribbling in der Zone einen geringeren Umfang haben als das Dribbeln bei einem Steilangriff. Eine Fintenbewegung muß gerade so groß sein, daß der Gegner sie erkennt. Ausholbewegungen bei Sprüngen sind abhängig vom Sprungziel.

Bewegungstempo

Bewegungstempo ist das Maß für die Geschwindigkeit von Einzelbewegungen und komplexen Spielhandlungen. Alle Bewegungen im Basketball sind gekennzeichnet durch ein hohes Bewegungstempo. Schnelle Bewegungen sind gefordert beim Dribbeln, beim Abwehren von Bällen und beim Reagieren auf optische, akustische und taktile Signale. Gute Mannschaften zeichnen sich durch ein hohes Spieltempo aus.

Bewegungsstärke

Bewegungsstärke drückt den Krafteinsatz beim Bewegungsvollzug aus. Im Basketball orientiert sich diese nicht am Maximum wie z. B. beim Kugelstoß. Der Krafteinsatz wird beim Werfen und Passen von der Entfernung zum Korb bzw. Partner bestimmt. Übertriebene Bewegungsstärke wirkt sich oft negativ aus. So kann ein zu scharfer Ball nicht gefangen werden oder springt von der Korbanlage ins Feld zurück.

Bewegungspräzision

Bewegungspräzision zeigt sich in der Genauigkeit einer Bewegungsausführung. Im Basketball entspricht das Optimum an Präzision einer hohen Trefferzahl. Sie ist aber auch gefordert beim zielgenauen Passen und dem reaktionsschnellen Wegschlagen von Bällen.

Bewegungsstil

Im Zusammenhang mit der Bewegungsqualität ist auch auf den Bewegungsstil einzugehen. Beobachten wir Hochleistungssportler bei der Ausführung der gleichen Bewegungshandlung, wird deutlich, daß jede Verlaufsform einen individuellen, persönlichkeitsgeprägten Charakter hat. Die Ausführung einer Bewegung ist also nicht nur von einer rational-ökonomischen Handlungsplanung abhängig, sondern wird von Körpermerkmalen wie z. B. Größe, Gewicht, Temperament, Ausdruckskraft, Alter und Geschlecht mitbestimmt. Die Qualität eines technischen Ablaufes als Stil zu bezeichnen, wäre jedoch falsch.

Quantitative Merkmale der Bewegungskoordination

Kinematische Bewegungsmerkmale

Kinematische Merkmale sind Orts- und Lageveränderungen des gesamten Bewegungssystems und seiner Teile. Im Basketball geht es vordergründig darum, Längen- und Wegmerkmale zu erfassen. Bei den Längenmerkmalen werden Sprunghöhen gemessen. Die Untersuchung von Wegmerkmalen zielt darauf ab, die Stellung von Gelenkwinkeln zu objektivieren (z. B. Stellungen der verschiedenen Körperachsen zueinander – Füße, Knie, Hüfte, Schulter – beim Wurf).

informativ 2.35 →

Methoden zur Untersuchung quantitativer Merkmale

Kinematische Untersuchungsmethoden

Beispiele für kinematische Untersuchungsmethoden zur Analyse der Orts- und Lageveränderungen des gesamten Bewegungssystems:

- Bei einer **Kurzzeitmessung** wird mit Hilfe von Lichtschranken die mittlere Geschwindigkeit auf einer kurzen Strecke ermittelt, beispielsweise um Zwischengeschwindigkeiten bei einer Bobfahrt anzugeben.
- Bei einer **Chronozyklographie** wird ein Bewegungsablauf mit einer fest installierten Kamera durch häufiges und kurzzeitiges Belichten eines Negatives aufgenommen.
  Für eine solche Fotografie sind ein dunkler Hintergrund und ein helles Objekt Voraussetzung.
  (vgl. Abbildung)

- Bei **Film- und Videoaufnahmen** mit bis zu 2000 Bildern pro Sekunde können Bewegungshandlungen in jeder Phase genauestens aufgezeichnet werden.

Dynamische Untersuchungsmethoden

Beispiel für dynamische Untersuchungsmethoden zur Analyse der Ursachen für die Orts- und Lageveränderungen des gesamten Bewegungssystems:

Mit Hilfe von **Dynamometern (Kraftmessern)** werden Kräfte gemessen, z. B. die Absprungkraft eines Weitspringers.

Dynamische Bewegungsmerkmale

Dynamische Merkmale beschreiben die Ursachen für die Orts- und Lageveränderungen des Körpers, bestimmter Körperteile und Geräte. Es sind dies Kraftimpulse, Impulsübertragungen, Drehmomente, Winkelbeschleunigungen u.v.a. Da es in den Sportspielen nicht um die Maximierung, sondern um die Optimierung von Lauf-, Sprung- und Wurfleistungen geht, ist die Untersuchung dieser Merkmale nicht so entscheidend.

Die genannten quantitativen Merkmale stehen in einem sehr engen Zusammenhang zu den aufgezeigten qualitativen Merkmalen. So läßt z.B. der Vergleich von Zeit-, Weg- und Kraftmerkmalen Rückschlüsse auf den Ausprägungsgrad der Bewegungsphasen, des Bewegungsumfangs und der Bewegungskoppelung zu.

Analyse funktionaler Zusammenhänge beim Bewegungsablauf

Nach dieser Methode werden Bewegungen ebenfalls in verschiedene Abschnitte unterteilt und die einzelnen Phasen und Aktionen zusätzlich hinsichtlich ihrer Funktion für die Gesamtbewegung untersucht. Die Hauptphase, in der die eigentliche Aufgabe bewältigt wird, bezeichnet man als *Hauptfunktionsphase,* die Vorbereitungsphase als *Hilfsfunktionsphase* mit unterschiedlicher Bedeutung für die Hauptphase. Die Endphase heißt *Übergangsphase*, da sie zu anderen Bewegungen überleitet. Daneben werden auch Aktionen hinsichtlich vorbereitender, unterstützender und überleitender Bedeutung für nachfolgende oder gleichzeitig ablaufende Teilbewegungen untersucht. Dazu werden biomechanische, physiologische und anatomische Aspekte herangezogen.

informativ 2.36

Hilfsfunktionsphase 2. Ordnung 1

Hilfsfunktionsphase 1. Ordnung 2

Hauptfunktionsphase 3

Übergangsphase 4

Funktionsanalyse einer Teilbewegung des einhändigen Standwurfs

Morphologische Beschreibung: Das Anheben des Balles über Kopf wird fortgesetzt. Der Ellenbogen des Wurfarmes ist zum Korb gerichtet. Die Wurfhand rückt unter den Ball und wird abgeknickt, dadurch verkleinert sich der Winkel zwischen Unter- und Oberarm. Während der Aktion stützt die linke Hand den Ball von der Seite. Die Finger sind leicht gespreizt.

Physiologische Funktion: Die Muskeln der Finger, des Armes und des Schulterbereichs werden vorgedehnt.

Biomechanische Funktion: Elastische Elemente in der Muskulatur dienen als potentielle Energieträger für die nachfolgende Wurfbewegung. Durch die abbremsende Bewegung entgegen der eigentlichen Wurfbewegung wird die Voraussetzung für eine maximale Anfangskraft geschaffen. Die Bewegung von Hand und Arm schafft einen günstigen Arbeitswinkel der Gelenke und bietet somit eine günstige Ausgangsbasis für die Koordination der Teilimpulse beim nachfolgenden Wurf.

aktiv!

① Erstellen Sie zusammen mit anderen Kursteilnehmern eine Videoaufzeichnung verschiedener Bewegungen im Basketball und suchen Sie von der Norm abweichende Bewegungsmerkmale!

② Vergleichen Sie dieselbe Technik bei verschiedenen Spielern unter Berücksichtigung der »Analyse nach Bewegungsmerkmalen«!

③ Welche quantitativen Merkmale sind im Basketball erfaßbar?

④ Analysieren Sie eine Basketballtechnik unter Berücksichtigung anatomisch-physiologischer und biomechanischer Faktoren!

Kapitel 3

Basketball-Technik

Unter Bewegungstechnik versteht man allgemein ein motorisches Lösungsverfahren zur Erreichung eines Handlungsziels im Sport. Die Techniken im Basketball sind sowohl von konditionellen und koordinativen Fähigkeiten als auch von den verwendeten Geräten, der Spielidee, den mechanischen Gesetzmäßigkeiten, den biomechanischen Prinzipien und dem individuellen Bewegungsstil der Spieler abhängig. Dadurch entwickeln sich sportartspezifische charakteristische Bewegungsabläufe (Technikformen).

Geräte für das Basketballspiel 3.1

Korbanlage, Bälle

Voraussetzung für die Ausübung einer Sportart ist leistungs- und altersangemessenes Gerät (z. B. im Skilauf für den Anfänger A-Ski, für den sehr guten Skiläufer S-Ski, im Tennis für Anfänger Schläger mit großer und weicher Trefferfläche, für den Turnierspieler Schläger mit besonders harter Bespannung). Im Basketball trifft dies nur eingeschränkt zu, da es für die Beschaffenheit der Bälle genaue Vorschriften gibt. Auch Korbhöhe und Ringdurchmesser sind über die Regeln (siehe Kapitel 8) festgelegt. Nur im Kinderbereich (Minibasketball) empfiehlt es sich, kleinere Bälle und in der Höhe verstellbare Spielbretter zu verwenden, um den Jüngsten mehr Erfolgserlebnisse zu verschaffen und damit die Freude am Spiel zu erhalten.

Hinsichtlich der Sprungeigenschaften der Bälle sollten aber weder im Freizeit- noch im Schulsportbereich Kompromisse eingegangen werden, da das besondere Sprungverhalten und das Gewicht des genormten Basketballs mitverantwortlich sind für die spieltypischen Wurf- und Dribbeltechniken.

Basketballkorb für die Schule ***(1)***

Sportbekleidung

An die Sportbekleidung im Basketballtraining werden keine besonderen Anforderungen gestellt. Es empfiehlt sich allerdings, eine Bekleidung zu wählen, die den Spieler in seiner Bewegungsfreiheit nicht einschränkt, Schweiß aufnehmen kann und leicht zu reinigen ist. Beim Spielen sollte darauf geachtet werden, daß sich die Mannschaften zur besseren Orientierung optisch gut voneinander abheben.

Besonders wichtig sind die Sportschuhe. Grundsätzlich sollte nur mit Hallenschuhen gespielt werden, die dämpfen und rutschsicher sind, trotzdem aber Drehungen zulassen. Ungeeignet sind Joggingschuhe, die auf Grund ihrer Konstruktion ein Umknicken fördern. Durch ihre guten Hafteigenschaften wird der Fuß bei Drehungen und schnellen Richtungswechseln fixiert, was dann zu Verletzungen führen kann. Bild ***(2)*** zeigt im Vordergrund die Sohle eines Laufschuhes und dahinter typische Sohlenprofile von Basketballstiefeln, die auch Drehbewegungen der Füße zulassen.

Verschiedene Sohlenprofile ***(2)***

informativ 3.1

Geräte für das Basketballspiel	
Schulsport und Streetball	Leistungssport
Holzbretter mit orangefarbenen Metallringen mit weißem Netz, beim Streetball besonders stabile Ringe und Netze.	Sicherheitsglasbretter mit orangefarbenen Metallringen mit weißem Netz und Kippvorrichtung.
Von der FIBA zugelassene Kunststoffbälle. Für Streetball mit besonders abriebfestem Überzug.	Von der FIBA zugelassene Kunststoffbälle mit Lederüberzug. Er erhöht die Griffigkeit der Bälle.
Saugfähige Bekleidung, Trainingsanzug zum Aufwärmen. Hallenschuhe mit Drehzonen im Ballenbereich. Für Streetball gut dämpfende, halbhohe Schuhe.	Saugfähige Bekleidung, Trainingsanzug zum Aufwärmen. Basketball-Spezialschuhe mit sehr hohen Dämpf- und Stützwerten.
Stoppuhren und Klappkarten zur Registrierung von Spielzeit und -stand.	Elektronische Anzeigetafeln mit integrierter Zeit- und Spielstandangabe.

Typischer Profi-Basketballkorb mit Kippvorrichtung. Sie verhindert die Zerstörung des Glasbrettes, wenn sich Spieler nach einem Dunking am Ring festhalten oder hängenbleiben. ***(3)***

aktiv!

① Lesen Sie in Sportartikelkatalogen nach, welche Schuhe, Bekleidung, Bälle und sonstiges Zubehör für den Basketballsport angeboten werden und was in den Begleittexten dazu versprochen wird!

② Beobachten Sie eine Sportklasse und stellen Sie fest, mit welchen Sportschuhen Basketball gespielt wird!

③ Untersuchen Sie die unterschiedlichen Sprungeigenschaften von Basketbällen verschiedener Hersteller und Qualitäten!

④ Weshalb werden im Leistungsbasketball Glasbretter verwendet?

⑤ Fragen Sie in einem Sportgeschäft nach spezieller Streetballbekleidung! Wodurch sind diese Kleidungsstücke gekennzeichnet?

Profi-Basketballkorb zu ④ ***(4)***

Entwicklung sportlicher Techniken im Basketball 3.2

Der Spieler wird durch die Grundprinzipien und Grundregeln des Basketballsports gezwungen, Handlungsweisen (Techniken) zu entwickeln, die es ihm ermöglichen, das Handlungsziel – den Ball in den Korb zu werfen bzw. zu verhindern, daß der Ball vom Gegner in den Korb geworfen wird – zu erreichen.

am Rande bemerkt

Die Grundregeln und Grundprinzipien des Basketballspiels finden Sie in Kapitel 8.

informativ 3.2

Entwicklung sportlicher Techniken im Basketball

Bedingungen/Grundregeln	Technikentwicklung
Der Ball ist rund, groß und schwer.	Beidhändiges Halten, Passen und Fangen
Nach Ballaufnahme sind nur 2 Bodenkontakte möglich.	Zweierkontakt beim Korbleger, bei Ballannahme und -abgabe
Das Laufen mit dem Ball ist nicht gestattet.	Befreiung vom Gegner durch Sternschritt
Das Dribbeln des Balles beim Laufen wird erlaubt.	Entwicklung verschiedener Dribbel- und Abwehrtechniken
Das Ziel (Korb) liegt sehr hoch und ist klein.	Hohe Bogenzielwürfe – nicht flach und scharf!
Das Spielfeld ist klein – die Zahl der Spieler relativ groß.	Beidhändiges Zuspiel über Kopf und von unten, Bodenpässe
Hinter dem Korb wird ein Spielbrett angebracht.	Möglichkeit indirekter Würfe – Reboundtechnik
Bei Verstößen gegen die Foulregeln drohen harte Sanktionen.	Weitgehend körperloses Spiel

Diese Beispiele machen deutlich, daß alle Technikformen auf die jeweiligen Spielsituationen bezogen sind und damit auch in einem engen Zusammenhang mit der Taktik stehen.

Technik in Abhängigkeit von biomechanischen Gesetzen 3.3

informativ 3.3 →

Jede *sportliche Technik* wird von den Grundgesetzen der Mechanik in Abhängigkeit von biologischen Gegebenheiten des menschlichen Körpers bestimmt (= biomechanische Lösungsverfahren).

Auf Grund individueller Unterschiede (z.B. der Kraft, der Beweglichkeit, der Größe) werden aber immer wieder Abweichungen von einem biomechanischen Optimum erkennbar sein.

Zusätzlich lassen sich durch eine spezielle Konstruktion von Geräten und Ausrüstungen (Bälle, Hallenböden, Schuhe) Leistungs- bzw. Technikverbesserungen erzielen.

Kräfte als Voraussetzungen für Bewegungen im Basketball

Alle Bewegungen von Körpern sind von Kräften abhängig. Sportliche Bewegungen entstehen durch das Zusammenwirken innerer und äußerer aktiver und passiver Kräfte (vgl. informativ 3.3).

Standfestigkeit und Körperschwerpunkt

Neben den Kräften ist die Standfestigkeit im Basketball ein technikbestimmender Faktor. Sie ist abhängig von der Lage des Körperschwerpunktes und der Größe der Unterstützungsfläche. Der sichere Stand steht auch in einem engen Zusammenhang mit der Gleichgewichtsfähigkeit.

Im Stand und in der Fortbewegung sollte sich der Basketballer bemühen, durch Absenken des Körperschwerpunktes in Verbindung mit einer weiten Beinstellung eine stabile Gleichgewichtslage zu schaffen. Grundstellung und Gleitschritt sind Technikformen, mit denen dieser Zustand erreicht und erhalten werden kann.

Biomechanische Prinzipien

Unter biomechanischen Prinzipien im Sport versteht man die allgemeinen Erkenntnisse über die günstige Ausnutzung mechanischer Gesetze (z.B. Trägheitsgesetz, Beschleunigungsgesetz und Gegenwirkungsgesetz) bei sportlichen Bewegungen.

Im Basketball sind besonders die biomechanischen Prinzipien *optimaler Beschleunigungsweg, maximale Anfangskraft, Koordination der Teilimpulse* und das *Prinzip der Gegenwirkung* technik- und damit leistungsbestimmend (vgl. informativ 3.4).

Sportliche Techniken haben sich aber nur selten auf Grund von biomechanischen Überlegungen entwickelt, sondern ergaben sich meist zufällig und wurden erst nachträglich analysiert und eventuell verbessert. Bei der Entwicklung von Geräten und der Sportlerausrüstung geht man zielstrebiger vor. Hier werden spezielle Wünsche des Athleten und der Trainer unter Anwendung modernster Forschungstechniken und Herstellungsverfahren von der Sportartikelindustrie verwirklicht.

Kräfte als Voraussetzungen für Bewegungen im Basketball

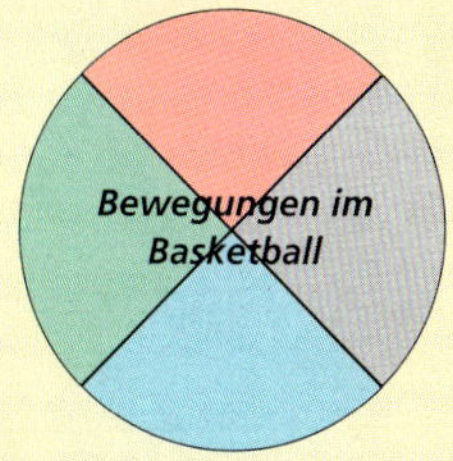

Aktive innere Kräfte

Muskelkräfte bewegen Gesamtkörper, einzelne Körperteile und Geräte.

Aktive äußere Kräfte

Schwerkraft bestimmt die Flugbahn des Balles. Windkraft beeinflußt den Flug des Balles im Freien.

Passive innere Kräfte

Elastizitäts- und Reibungskräfte der Muskulatur hemmen Bewegungen. Durch Aufwärmen werden sie reduziert.

Passive äußere Kräfte

Bodenwiderstandskraft ermöglicht das Abdrücken vom Boden. Elastizitätskräfte gestatten das Dribbeln des Balles.

Weitere Informationen in:

Baumann, H. / Reim, H.: Bewegungslehre, Frankfurt / M. 1994.
Donskoi, D.: Biomechanik der Körperübungen, Berlin 1975.
Hochmuth, G.: Biomechanik sportlicher Bewegungen, Berlin 1975.
Schnabel, G. / Meinel, K.: Bewegungslehre, Berlin 1989.

am Rande bemerkt

informativ 3.4

Biomechanische Prinzipien im Basketball

Optimaler Beschleunigungsweg

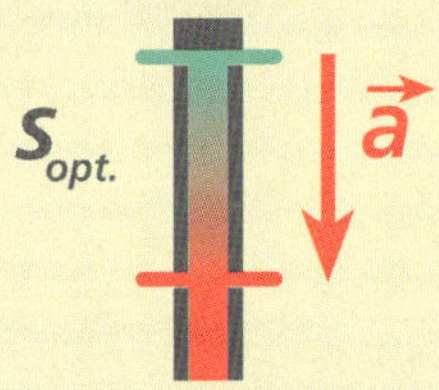

Um vor allem bei Weitwürfen dem Ball eine hohe Endgeschwindigkeit zu geben, sollte der Beschleunigungsweg entsprechend den anatomischen Gegebenheiten eine optimale Länge haben und möglichst geradlinig sein. Dies kann durch größere Ausholbewegungen der Arme oder tieferes Beugen der Knie und durch möglichst langes Einwirken auf den Ball erreicht werden.

Maximale Anfangskraft

Um bei Paß-, Wurf- und Sprungbewegungen einen möglichst hohen Krafteinsatz zu erreichen, müssen Ausholbewegungen vorgeschaltet werden. Diese sollten eine optimale Länge haben, entgegengesetzt gerichtet sein und in Verbindung mit einem zeitlich optimal begrenzten Kraftstoß (Bremskraftstoß) stehen. Zusätzlich werden die beteiligten Muskelgruppen vorgedehnt, was einen maximalen Krafteinsatz sichert.

Koordination der Teilimpulse

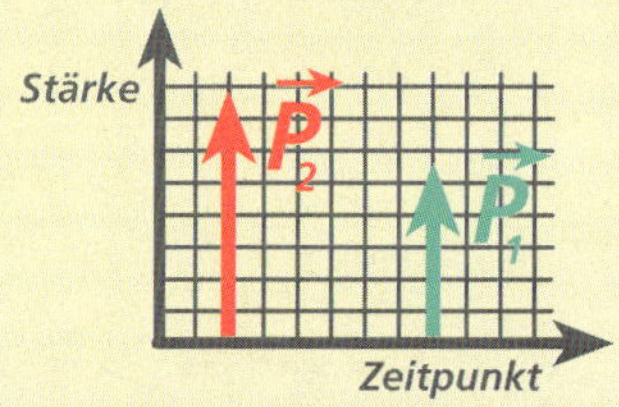

Um im Basketball bei Paß-, Wurf- und Sprungbewegungen eine möglichst hohe Endgeschwindigkeit zu erreichen, müssen die Teilimpulse von Beinen, Rumpf, Schulter, Arm und Hand so koordiniert werden, daß ihre Geschwindigkeiten gleichzeitig ihr Maximum erreichen und möglichst alle in die beabsichtigte Richtung wirken.

Das Prinzip der Gegenwirkung

Um in der Luft zweckmäßige Körperhaltungen (z.B. beim Rebound und vor der Landung) zu erreichen, bewegen sich Körperteile nach dem Prinzip »actio et reactio« (z.B. Rumpf nach unten – Beine nach oben). Besteht Bodenkontakt (bei allen Lauf-, Dribbel-, Sprungbewegungen), nimmt dieser die Aktionskräfte auf und bringt Reaktionskräfte hervor (z.B. Kraftwirkung der Beine nach unten, Gesamtkörper bewegt sich nach oben).

aktiv!

① Welche technischen Probleme wurden im Basketball durch die Entwicklung bestimmter Materialien und Geräte gelöst?

② Auf welche Weise kommen Bewegungen unter Berücksichtigung des Wechselspiels der Kräfte in anderen Sportarten zustande?

③ Überlegen Sie sich, in welchen Sportarten sich in jüngster Zeit neue, spektakuläre Techniken entwickelt haben!

④ Vergegenwärtigen Sie sich die Grundstellung im Basketball! Lesen Sie sich dazu auf Seite 46 die Technikbeschreibung genau durch! In welchen Sportarten werden vergleichbare Positionen zur Vergrößerung der Standfestigkeit eingenommen?

⑤ Stellen Sie sich so mit dem Rücken an eine Hallenwand, daß keine Ausholbewegung des Armes mehr möglich ist und versuchen Sie, einen Basketball möglichst weit zu werfen. Treten Sie nun einen Schritt nach vorn und wiederholen Sie den Wurf! Vergleichen Sie die Wurfergebnisse und begründen Sie diese mit Hilfe der oben behandelten biomechanischen Prinzipien!

⑥ Führen Sie einen »Jump-and-reach-Test« ohne Ausholbewegung mit leicht gebeugten Beinen durch, einen aus der tiefen Hocke und einen aus dem Stand mit Tiefgehen und anschließendem Absprung! Vergleichen Sie die Sprungleistungen! Welches biomechanische Prinzip kommt hier zum Tragen? Bei welchen Bewegungen im Basketball kommt dieses Prinzip ebenso zur Wirkung?

⑦ Versuchen Sie, einen Sprung auf einer Weichbodenmatte auszuführen, mit Socken auf dem glatten Hallenboden zu starten oder einen Ball auf einer Niedersprungmatte zu dribbeln! Erklären Sie die gemachten Erfahrungen mit dem Gegenwirkungsgesetz!

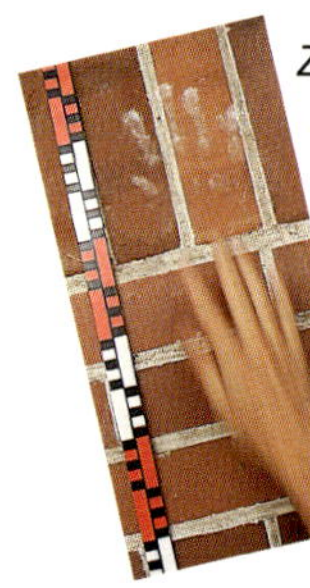

Zu ⑥: Beim »Jump-and-reach-Test« wird die Sprungleistung ermittelt, indem die Sprunghöhe mit der mit Kreide bestrichenen Hand an der Wand markiert wird. ***(6, 7)***

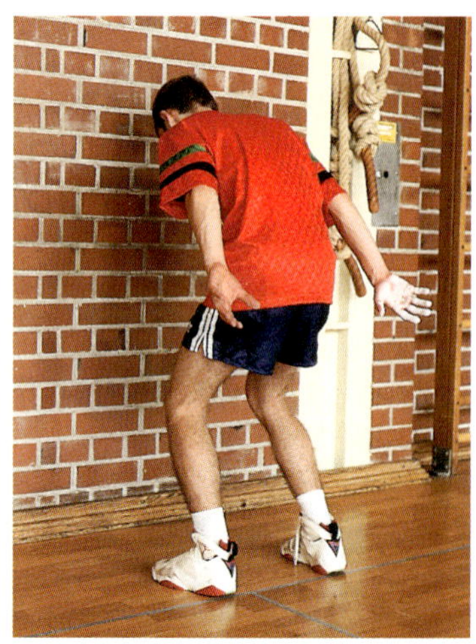

Einteilung der Techniken im Basketball 3.4

Durch das Techniktraining soll einem Bewegungsideal möglichst nahe gekommen werden, wobei individuelle Ausprägungen (persönlicher Stil) möglich sind. Das Techniktraining zielt darauf ab, bewährte Bewegungen zu erlernen oder bereits gekonnte zu verbessern und zu vervollkommnen.

In der folgenden Übersicht sind die wesentlichen Angriffs- und Abwehrtechniken einander gegenübergestellt:

am Rande bemerkt

Die Basketballtechnik wird in Angriffs- und Abwehrtechniken unterteilt, die in einer individuellen Taktik Anwendung finden. Bei den Angriffstechniken müssen wir außerdem Techniken mit und ohne Ball unterscheiden.

informativ 3.5

Basketballtechnik als Individualtaktik

Techniken der Angriffshandlungen		Techniken der Verteidigungshandlungen
– ohne Ball: Grundstellung, Lauf, Stopp, Antritt, Sprung, Tempo- und Richtungswechsel – mit Ball: Schrittstopp, Sprungstopp, Sternschritt	**Fußarbeit**	– Grundstellung – Gleitschritt – Laufen, Sprinten – Tempo- und Richtungswechsel
Ein- oder beidhändiges Fangen – im Stand, im Lauf, im Sprung – kniehoch, brusthoch oder über Kopf	**Ballannahme**	Verhindern der Ballannahme durch – Abfangen des Balles – Ablenken des Balles Erschweren der Ballannahme durch Stören oder Bedrängen des Gegners
Ein- oder beidhändiges Passen – Boden-, Brust- oder Überkopfpaß als Druck-, Schlag- oder Schockwurf oder Übergeben – Ausführungsvarianten im Stand, Lauf, Sprung	**Zuspiel**	Verhindern des Zuspiels durch – Erfassen, Herausreißen des Balles – Blockieren des Gegners Erschweren des Zuspiels durch – Bedrängen, Ablenken des Gegners
Hohes Dribbling – Aufbau- oder Schnelligkeitsdribbling Tiefes Dribbling (in Verteidigernähe) – im Stand, Gehen oder Laufen	**Dribbling**	Verhindern des Dribblings durch – Erfassen, Wegschlagen des Balles Erschweren des Dribblings durch – Stören oder Bedrängen des Gegners
Korbwurf in Form eines – Korblegers als Druckwurf-, Unterhand-, Drehkorbleger oder Dunking – ein- oder beidhändiger Positionswurf – Sprungwurf, Hakenwurf	**Korbwurf**	Verhindern des Korbwurfs durch – Blocken, Ablenken, Herausschlagen des Balles Erschweren des Korbwurfs durch – Stören, Bedrängen des Gegners
Angriffsrebound, Tippen	**Rebound**	Verteidigungsrebound
– ohne Ball: Grundstellung, Lauf, Stopp, Antritt, Sprung, Tempo- und Richtungswechsel – mit Ball: Schrittstopp, Sprungstopp, Sternschritt	**Finten**	Verhindern der Finten durch – Ausweichen zum Zeitgewinn – Erkämpfen des Balles Erschweren der Finten durch – Sicherheitsabstand – Öffnen von Schein-Paßwegen – Stören des Gegners

Beschreibung der Grundtechniken 3.5

Die folgende stichpunktartige Beschreibung der Basketballtechniken beschränkt sich auf solche, die erfahrungsgemäß am häufigsten vorkommen bzw. von Schülern und Spielern mittlerer Leistungsklassen bevorzugt gebraucht werden:

Grundstellung bei Verteidigung gegen Dribbling… **(8)**

Die Grundstellung

Die Grundstellung in Angriff und Verteidigung ist die Ausgangsposition für alle Aktionen im Basketball.

Kurzbeschreibung Grundstellung

- Ausgangsposition: parallele Fuß- oder Schrittstellung, etwa schulterbreit, Gewicht bei paralleler Fußstellung gleichmäßig verteilt, bei Schrittstellung stärkere Belastung auf hinterem Fuß
- Knie und Hüfte in Bereitschaftsstellung leicht, in Verteidigungsstellung etwas stärker gebeugt
- Arme in der Bereitschaftsstellung leicht vom Körper abgespreizt, in der Verteidigungsstellung eine Hand zur Abwehr tiefer Bälle nach unten gestreckt, eine zur Abwehr hoher Bälle nach oben
- Handflächen offen zum Gegner gerichtet

…und im wurfgefährlichen Raum. **(9)**

Fangen und Passen

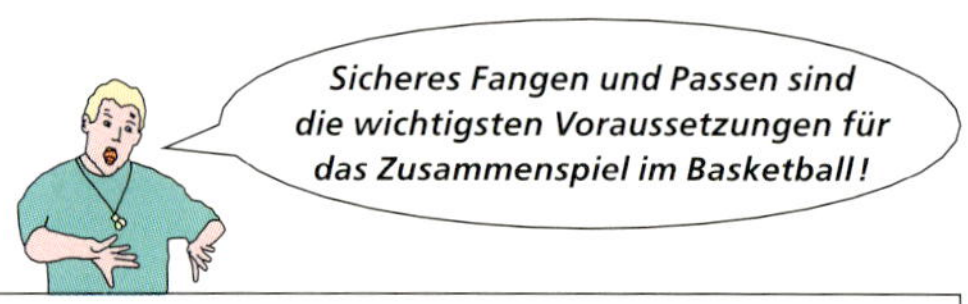

Zweck des Fangens ist die sichere Annahme des Balles als Voraussetzung für weitere Aktionen. Beim Passen geht es um das schnelle Zuspiel innerhalb der eigenen Mannschaft.

Kurzbeschreibung Fangen

- Ausgangsposition: Grundstellung oder Lauf
- Arme sind dem Partner entgegengestreckt
- Hände sind geöffnet, Daumen und Zeigefinger zu einem »W« geformt, die übrigen Finger locker nach oben gespreizt, die Handflächen zum Ball gerichtet, bei tiefen Bällen nach unten gestreckt
- Annahme des Balles erfolgt durch »Ansaugen« mit den Händen und nachfolgendem Beugen der Arme
- Sicherung des Balles durch Halten mit beiden Händen in Körpermitte bei verstärkter Hüftbeugung
- Fangen eines tiefen Balles (vgl. Abbildung ***(9)***): Die Daumen zeigen nach oben, die Beine werden tief gebeugt. Nach dem Fangen wird sofort wieder die Grundstellung eingenommen.

Beim Fangen eines tiefen Balles ist neben der richtigen Handhaltung vor allem das tiefe Einbeugen der Beine notwendig, um den Ball sicher annehmen zu können. Nach dem Sichern des Balles muß schnell wieder eine stabile Grundstellung eingenommen werden. ***(10)***

Es kann ein- oder beidhändig, geradlinig, über den Boden oder als Lob gepaßt werden. Beim Lob wird der Ball in einem hohen Bogen zum Mitspieler geworfen.

Es gibt Brust- und Überkopfpässe; beide können aus dem Stand oder während des Laufens erfolgen.

Der beidhändige Brustpaß soll nachfolgend als Beispiel für das Passen aus dem Stand beschrieben werden:

Kurzbeschreibung Brustpaß

- Ausgangsposition: Grundstellung, Lauf
- Halten des Balles mit beiden Händen etwas über Hüfthöhe
- Ellbogen nahe am Körper
- Hände seitlich am Ball
- Finger gespreizt, Daumen hinter dem Ball und nach oben gerichtet
- Streckung der Arme in Verbindung mit Nachuntenklappen des Handgelenks und Nachdrücken der Finger nach außen
- Verstärkung der Paßbewegung durch Schritt nach vorn
- Brustpaß im Laufen: Annahme und Abgabe des Balles innerhalb von zwei Bodenkontakten der Füße

Der beidhändige Brustpaß wird auch als »Standardpaß« bezeichnet. ***(11)***

Der Brustpaß aus dem Lauf wird meist als Zuspiel für einen mitlaufenden Angreifer genutzt. ***(12)***

Dribbling

Das Dribbling dient in erster Linie der Fortbewegung des Spielers mit dem Ball. Eingesetzt wird es, um sich aus einer engen Deckung zu lösen (tiefes Dribbling), zur Einleitung eines Korblegers, als Durchbruch oder Steilangriff und zum Spielaufbau (hohes Dribbling).

Kurzbeschreibung Vorwärtsdribbling

- Ausgangsposition: Stand
- Prellen des Balles im Stand und im Lauf unter Einsatz des Gesamtkörpers (Beine, Rumpf, Arm, Hand und Finger)
- Beine gebeugt, Oberkörper leicht nach vorn geneigt, dribbelnder Arm angewinkelt, sichernder Arm in Richtung Verteidiger gestreckt
- Blick vom Ball gelöst, gerichtet auf Verteidiger und freilaufenden Mitspieler
- Arm drückt mit beweglichem Handgelenk und leicht gespreizten Fingern den Ball Richtung Boden und »saugt« den zurückspringenden Ball mit entgegengesetzter Bewegung wieder an.
- Beine und Rumpf begleiten beim Dribbling im Stand rhythmisch die Bewegungen des springenden Balles.
- Dribbelrichtungen: im Stand gerade nach unten, im Lauf schräg nach vorn

Kurzbeschreibung Rückwärtsdribbling

- Ausgangsposition: Stand mit Rücken in Laufrichtung (nach Drehung aus dem Vorwärtsdribbling)
- Körperhaltung vergleichbar mit der beim Vorwärtsdribbling
- Blick beim Dribbling mit der rechten Hand über die linke Schulter nach hinten gerichtet
- Beinbewegung als Gleit-Nachstellschritt kombiniert mit der Dribbelbewegung (rechte Hand – linker Fuß, linke Hand – rechter Fuß)

Hohes Dribbling beim Spielaufbau ohne Bedrängnis ***(13)***
Tiefes Dribbling zum Umspielen eines eng gedeckten Verteidigers ***(14)***

Abstoppen

Abstoppen ist notwendig, um nach einem Dribbling in eine sichere Ausgangsposition für weitere Aktionen zu kommen. Auch nach einem Zuspiel im Lauf und vor einem Wurf oder Paß aus der Bewegung sind Abstoppaktionen erforderlich.

Kurzbeschreibung Schrittstopp

- Ausgangsposition: Lauf, Dribbling
- Füße setzen zeitlich nacheinander (Rechtsdribbler erst rechts, dann links) mit leicht gegrätschten Beinen auf, hinterer Fuß etwas nach außen gestellt.
- Knie und Hüfte werden in Abhängigkeit von Lauf- bzw. Dribbelgeschwindigkeit wenig bzw. stark gebeugt.
- Stand auf hinterem Bein, vorderes Spielbein frei für möglichen Sternschritt

Nach dem Aufsetzen des linken Beines ist der Schrittstopp abgeschlossen. Jetzt kann der Spieler entweder einen Sternschritt anschließen oder den Ball direkt zu einem Mitspieler passen. **(15)**

Kurzbeschreibung Sprungstopp

- Ausgangsposition: Lauf, Dribbling
- Füße setzen gleichzeitig, parallel in Schulterbreite auf, Fußspitzen sind leicht nach innen gedreht.
- Knie und Hüfte werden in Abhängigkeit von Lauf- bzw. Dribbelgeschwindigkeit leicht bzw. stark gebeugt.
- Körpergewicht wird gleichmäßig auf beide Füße verteilt.
- Stand- und Spielbeinfestlegung erfolgt durch Spieler selbst, ein Wechsel ist beim Sternschritt nicht möglich.

Sternschritt (Pivot)

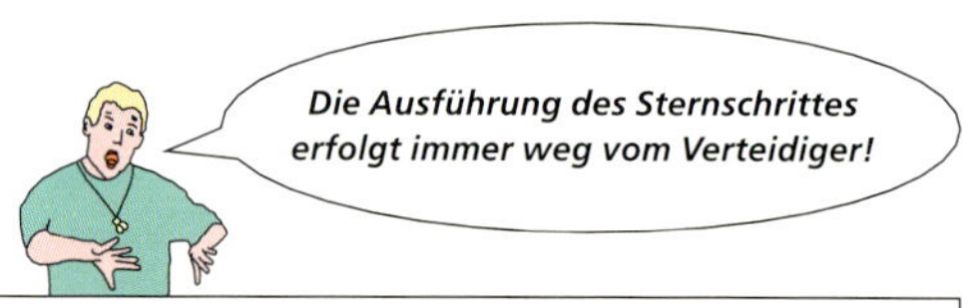

Der Sternschritt dient der Sicherung des Balles bei enger Deckung und zur Täuschung des Gegners vor einer Wurf-, Dribbel- oder Freilaufaktion. Er eignet sich auch zum Wegblocken des Gegners und bietet die Möglichkeit, sich zu orientieren.

Kurzbeschreibung Sternschritt (Pivot)

- Ausgangsposition: Grundstellung nach dem Fangen, Parallelstopp oder Schrittstopp nach Dribbling
- Schrittbewegung sternartig vorwärts oder rückwärts um den sich am Boden drehenden Standfuß
- Gewichtsverlagerung durch Abdruck vom Spielbein mit nachfolgender Belastung des Standbeins, Knie und Hüfte werden gebeugt.
- Ellbogen leicht vom Körper abgespreizt
- Ball wird im Hüftbereich mit beiden Händen gesichert.
- Blick ist auf den Verteidiger bzw. Mitspieler gerichtet.
- Nach Beendigung des Sternschritts gleichmäßige Gewichtsverteilung auf beide Beine in der Grundstellung

Kurzbeschreibung Sternschritt-Finte

- Antäuschen eines Passes mit Sternschritt zur einen Seite
- Rückführen und Sichern des Balles in Verbindung mit einem »schneidenden« Sternschritt zur anderen Seite
- Durchbruchsdribbling zum Korb oder Paß

Sternschritt zur Täuschung des Gegners **(16, 17)**

Korbleger

Beim Korbleger soll der Ball möglichst sicher aus kurzer Entfernung nach einer Ballannahme aus dem Lauf oder nach einem Dribbling im Zweierkontakt-Rhythmus in den Korb befördert werden. Er findet Anwendung beim »Ziehen zum Korb« oder am Ende eines Schnellangriffs und ist der wichtigste Wurf für den Anfänger.

Kurzbeschreibung Druckwurf-Korbleger

- Ausgangsposition: Dribbling (①), Lauf (von der rechten Seite)
- Aufnahme des Balles mit beiden Händen aus dem Dribbling oder Lauf, wenn beide Füße nach Absprung vom linken Bein (beim Rechtswerfer) vom Boden abgehoben werden (②)
- Aufsetzen der Füße in der Reihenfolge rechts (③) (= erster Bodenkontakt), links (④) (= zweiter Bodenkontakt)
  Beim Werfen von der linken Seite umgekehrt
- Halten des Balles nach Ballaufnahme mit beiden Händen vor dem Körper in Hüftnähe, Blick auf den Korb gerichtet
- Wurfvorbereitung durch Hochführen des Balles nahe am Körper
- Drehung der Wurfhand unter den Ball, Streckbewegung von Körper und Arm (⑤), indirekter Wurf in Richtung Zielviereck (etwas innerhalb der nahen oberen Ecke) (⑥)
- Stabilisierung des Körpergleichgewichts während des Flugs zur Landungsvorbereitung (⑥)
- Landung auf beiden Füßen, Beine leicht gegrätscht, Blick weiter auf den Ball gerichtet

Neben dem oben beschriebenen Druckwurf-Korbleger gibt es als Varianten für Fortgeschrittene noch den Unterhand-Korbleger, den Drehkorbleger und das sog. »Dunking« (Abb. links; ***24***).

Beim *Unterhand-Korbleger* wird die Wurfhand vor dem Abwurf unter den Ball gebracht, die Finger zeigen zum Korb, der Ball verläßt die Hand weit vor dem Körper.

Der *Drehkorbleger* erfolgt nach Unterlaufen des Korbes auf die andere Seite. Der Ball wird mit einer Drehung aus dem Handgelenk nach innen oder außen indirekt in den Korb geworfen.

Beim *Dunking* wird der Ball von oben direkt in den Korb »gestopft«. Es fordert vom Spieler neben einer überdurchschnittlichen Körpergröße auch eine besonders gute Sprungkraft.

Ein- und beidhändiger Standwurf

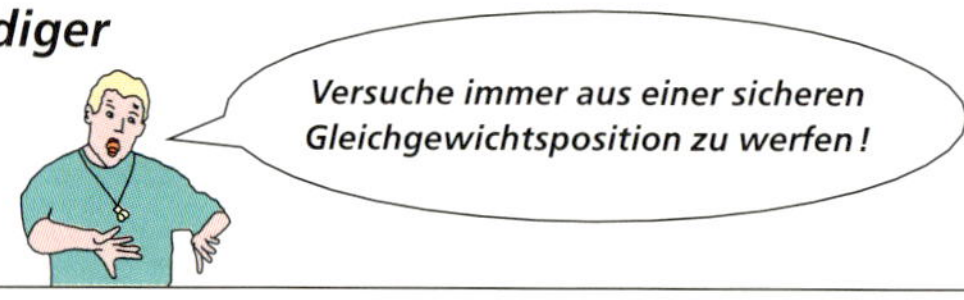

Der Standwurf dient dazu, den Ball aus einer bestimmten Position aus dem sicheren Stand in einem Wurfbogen in den Korb zu werfen. Er wird aus größerer Entfernung (ab ca. 4m) bei nicht zu enger Verteidigung und als Freiwurf eingesetzt.
Der beidhändige Standwurf ist ein typischer »Anfängerwurf«; er wird aber auch im Leistungssport als Wurf über große Entfernungen (z.B. in der Schlußsekunde) angewendet.

Kurzbeschreibung einhändiger Standwurf

- Ausgangsposition: leichte Schrittstellung, Knie in Abhängigkeit von der Wurfweite mehr oder weniger stark gebeugt
- Blick auf den hinteren Rand des Ringes gerichtet
- Fuß der Wurfhand geringfügig vorgestellt, in Richtung Korb zeigend, hinterer Fuß leicht seitgestellt
- Hochführen des Balles nah am Körper bis über Kopfhöhe
- Wurfhand dreht unter den Ball, Handgelenk überstreckt nach hinten, andere Hand stützt und schützt den Ball seitlich.
- Heben des Ellbogens bis Schulterhöhe in Richtung Korb
- Abwurf durch Strecken der Beine und des Wurfarms, Vorklappen des Handgelenks, Nachdrücken der Finger (»Kobrastellung«)
- Rückkehr des Gesamtkörpers in die Grundstellung

Kurzbeschreibung beidhändiger Standwurf

- Ausgangsposition: Schrittstellung, Rechtshänder in der Regel linken Fuß vorgesetzt, Linkshänder rechten Fuß vorgesetzt
- Blick auf den hinteren Rand des Ringes gerichtet
- Knie und Hüfte entsprechend der Wurfweite gebeugt
- Halten des Balles mit beiden Händen und gespreizten Fingern vor der Brust
- Hochführen des Balles mit beiden Händen, Handgelenke nach hinten gebeugt, Finger seitlich unter dem Ball liegend
- Abwurf durch Strecken der Beine und Arme
- Nachdrücken der Finger und weiteres Strecken des gesamten Körpers
- Rückkehr des Gesamtkörpers in die Grundstellung

informativ 3.6

Bei Standwürfen sollte versucht werden, den Ball direkt ohne Brettberührung in den Korb zu plazieren. Durch das Nachdrücken der Finger wird dem Ball ein Rückwärtsdrall gegeben, der verhindert, daß er bei der Ringberührung im hinteren Bereich wieder herausspringt. Die Flugbahn (informativ 3.6) sollte weder übermäßig steil noch flach sein. Bei zu steiler Flugkurve leidet die Wurfgenauigkeit, bei zu flachem Wurfbogen prellt der Ball meist vom vorderen Ringrand ab.

Ausgangs- und Endposition beim einhändigen Standwurf. Gut erkennbar die »Kobrastellung« der Wurfhand. ***(25, 26)***

Ausgangs- und Endposition beim beidhändigen Standwurf. Im Gegensatz zum einhändigen Standwurf drücken die Hände seitlich nach außen. ***(27, 28)***

Sprungwurf

Ziel des Sprungwurfs ist es, den Ball aus einer bestimmten Position in einem Bogen in den Korb zu werfen. Er ist die wirkungsvollste Angriffswaffe, da er sehr schwer abzuwehren ist. Der Sprungwurf kann fast in jeder Spielsituation und von verschiedenen Entfernungen aus (0–8 m vom Korb) angewandt werden.

Kurzbeschreibung Sprungwurf

- Ausgangsposition: Füße hüftbreit auseinander, Schultern frontal zum Korb, Blick auf den Ring gerichtet
- Absprung beidbeinig aus paralleler Fußstellung oder leichter Schrittstellung, Rechtswerfer rechten Fuß vorgesetzt
- Absprung kräftig und möglichst senkrecht nach oben zur Aufrechterhaltung des Gleichgewichts
- Beim Absprung Hochführen des Balles mit beiden Händen eng vor dem Körper bis knapp über Stirnhöhe
- Wurfhand dreht unter den Ball, Führungshand stabilisiert und schützt den Ball seitlich, Ellbogen zeigt zum Korb
- Abwurf des Balles am höchsten Punkt des Sprungs mit kurzer Verzögerung (»Stehen« in der Luft zur Stabilisierung des Körpers und zum sicheren Zielen) durch Streckung des Wurfarms mit kräftigem Nachklappen der Hand und Nachdrücken der Finger
- Landung beidbeinig an der Absprungstelle, Knie gebeugt

Häufig wird der Sprungwurf auch aus dem Dribbling nach einem Stopp angewandt. Aus der Bewegung heraus ist ein kraftvoller Absprung leicht möglich, und der Verteidiger wird überrascht, so daß sein Abwehrversuch meist zu spät kommt.

Hakenwurf

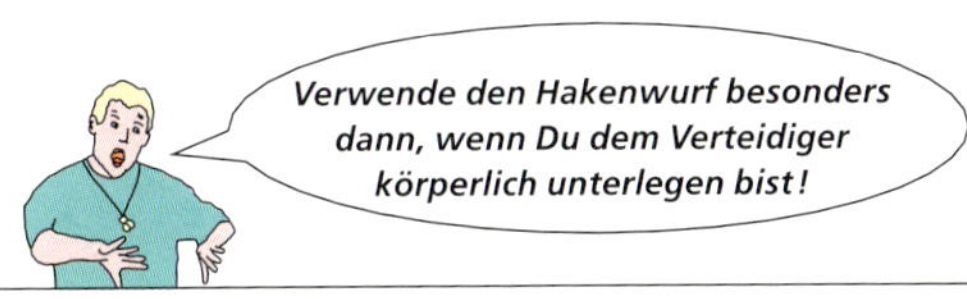

Eingesetzt wird der Hakenwurf bei besonders aggressiver und überlegener Verteidigung bis zu 4 Meter vom Korb entfernt. Der Hakenwurf ist ein typischer Centerwurf.

Kurzbeschreibung Hakenwurf

- Ausgangsposition: Rücken zum Korb, parallele Fußstellung, dadurch Täuschungsmöglichkeiten nach beiden Seiten
- Täuschung durch Kopf- und Schulterbewegung ohne Veränderung der Fußstellung
- Beim Wurf mit der rechten Hand kräftiger Ausfall- und Stemmschritt mit dem linken Bein vom Verteidiger weg
- Blick zum Brett, Drehung der Schulterachse senkrecht zum Korb
- Arme führen bei Wurfvorbereitung Ball aus Hüfthöhe schwungvoll über Schulter und Kopf, Wurfhand rückt dabei unter den Ball.
- Linke Hand verläßt etwa in Schulterhöhe den Ball, Abwinkeln des linken Ellenbogens zum Schutz gegen Verteidiger.
- Abwurf mit fast gestrecktem Arm, Nachklappen der Hand, Nachdrücken der Finger

Hakenwürfe werden seitlich mit Brett, von der Mitte direkt geworfen.

Ein kräftiger Absprung ist Voraussetzung für einen erfolgreichen Sprungwurf. Gut zu erkennen ist das »Stehen« in der Luft zur Stabilisierung des Körpers – eine wichtige Voraussetzung für sicheres Zielen. **(29–31)**

Rebound

Der Rebound wird eingesetzt, um nach einem Fehlwurf den vom Brett oder Ring abspringenden Ball unter Kontrolle zu bringen. Beim Angreifer wird diese Aktion als Offensiv-Rebound, beim Verteidiger als Defensiv-Rebound bezeichnet.

Kurzbeschreibung Rebound

- Aussperren des nachsetzenden Angreifers durch halbe Drehung zum Korb zur Verhinderung einer günstigen Reboundposition
- Oberarme zur Seite gestreckt, Ellbogen leicht angewinkelt
- Knie gebeugt, Gesäß etwas herausgestreckt, beidbeiniger Absprung, Streckung der Arme zum Ball, beidhändiges Fangen
- Sicherung im Hüftbereich nach der Landung, Ellbogen nach außen gestreckt, Lösen vom Angreifer mittels Sternschritt
- Vermeidung des Aussperrens durch Lauffinte des Angreifers, einbeiniger Absprung beim »Tip in« oder neuer Angriffsaufbau

Bei diesem Defensivrebound wird das Aussperren der Angreifer durch die Verteidiger gut umgesetzt. Nun muß es dem Verteidiger nur noch gelingen, den Ball auch zu fangen und für seine Mannschaft zu sichern. ***(32)***

Offensivrebounds, wie hier im Spiel EUN – CHN bei den Olympischen Spielen in Barcelona 1992, zählen zu den Highlights jeder Basketball-Begegnung. Die Angriffsspielerin versucht hier nach einem mißglückten Wurf den Ball wieder zu fangen, um diesen in den eigenen Reihen zu halten und nachzusetzen. ***(33)***

Finten

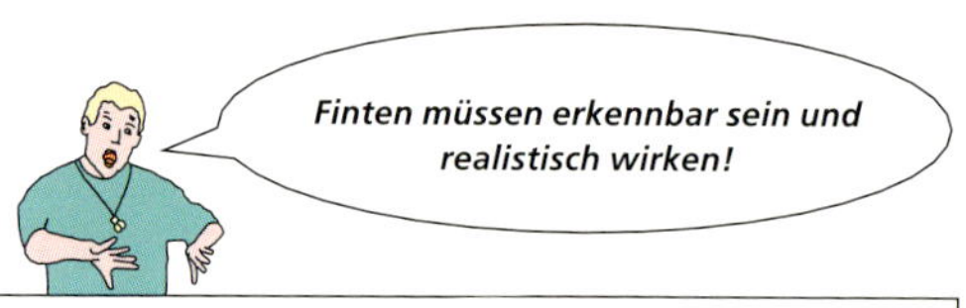

Finten sind Täuschungshandlungen. Sie werden angewendet, um den Gegner zu falschen Reaktionen (Antizipation) zu veranlassen und so den eigenen Handlungsplan relativ ungehindert ausführen zu können. Man unterscheidet *Zuspiel-*, *Wurf-*, *Umspiel-* (Sternschritt-, Dribbel- und Durchbruchfinten) und *Lauffinten*.

Bei den Finten werden entweder Ausholbewegungen unterdrückt oder solche ausgeführt, die nicht zur beabsichtigten Hauptaktion gehören. Dabei ist folgendes zu beachten:

- Finten müssen »echt« wirken und vom Gegner wahrnehmbar sein.
- Nachfolgehandlungen schließen sich unmittelbar an die Finte an.
- Die Anwendung muß taktisch begründet und sinnvoll erscheinen.
- Finten sollen variabel sein und in verschiedene Richtungen gehen.

informativ 3.7 →

Beispiele für Finten

Finte	Folgehandlung
Zuspiel (rechts)	– Zuspiel links – Korbwurf – Durchbruch links
Korbwurf	– Zuspiel – verzögerter Wurf – Durchbruch
Sternschritt	– Zurücksetzen, Zuspiel – Zurücksetzen, Korbwurf – Umspielen
Dribbling langsam	– Dribbling schnell (Umspielen)

Die Bedeutung der Seitigkeit beim Basketball 3.6

Beobachtet man Spieler in den Sportspielen, so wird man als aufmerksamer Zuschauer sehr bald erkennen, daß ein Teil der Akteure bevorzugt mit der rechten Hand bzw. dem rechten Fuß, andere aber mit der linken Hand bzw. dem linken Fuß spielen.

Auch im Alltagsleben begegnen wir Rechts- und Linkshändern. Dies ist darauf zurückzuführen, daß der Mensch *seitig angelegt* ist, d.h., daß seine motorischen Funktionen, sein Tast- und Gehörsinn auf einer Körperhälfte kontrollierter ablaufen können als auf der anderen.

Die Wissenschaft ist sich noch nicht einig, wie diese Seitigkeit beim Menschen entsteht. Die Experten sehen die Ursachen dafür entweder in den umweltbedingten Lernprozessen oder den genetischen Veranlagungen des Menschen. Als gesichert kann angesehen werden, daß die Bevorzugung einer Seite davon abhängt, ob die linke oder rechte Hirnhälfte dominant ist. Auf Grund der Kreuzung der Nervenleitungen im Hirnstamm hat demnach der Rechtshänder eine linke, der Linkshänder eine rechte *Hemisphärendominanz* (=Vorherrschung einer Hirnhälfte). Das heißt aber nicht, daß die andere Gehirnhälfte *keine* Funktionen hat. Es ist allgemein bekannt, daß man Bewegungen, die man nur mit der dominanten Hand gelernt hat, mit etwas Überlegung und Konzentration auch mit der nichtdominanten Hand ausführen kann. Diese Fähigkeit hängt damit zusammen, daß beim Lernen von Fertigkeiten die andere Körperhälfte ebenfalls mitlernt.

Im Basketball ist es auf Grund des kleinen Spielfelds, der Schnelligkeit und der ständig wechselnden Aufgaben erforderlich, beide Seiten gleichermaßen auszubilden. Um im Basketball etwa Gleichwertigkeit zwischen dominanter und nichtdominanter Gehirnhälfte herzustellen, sollte mit der schwächeren Seite häufiger geübt werden als mit der starken. Das bezieht sich insbesondere auf die Fertigkeiten Dribbeln, Passen und Werfen aus dem Nahbereich. Nicht notwendig dagegen ist das beidhändige Üben von Fernwürfen und Freiwürfen, da der dazu notwendige Zeitaufwand in keiner Relation zum Nutzen steht.

Trotz der gleichmäßigen Schulung beider Seiten wird von den Spielern immer dann auf die dominante Seite zurückgegriffen, wenn sie ungehindert zum Korb ziehen können.

Die Fähigkeit, mit gleicher Qualität beidseitig zu werfen, ist im Freizeit- und im Schulsport selten zu beobachten. Bei diesem Sportler ist die rechte Seite eindeutig die dominante. ***(34, 35)***

In jüngster Zeit wird auch die Ansicht vertreten, daß es für den Lernprozeß einer Technik in den Sportspielen günstig ist, den Bewegungsablauf zuerst auf der nichtdominanten Seite zu erlernen. Durch den größeren kognitiven Aufwand beim Lernen käme es zur Übertragung auf die dominante Seite, und der Lernvorgang würde dadurch insgesamt verkürzt.

am Rande bemerkt

aktiv!

① Analysieren Sie die einzelnen Technikbeschreibungen in Kapitel 3.5 unter funktionalen Gesichtspunkten! Nutzen Sie dazu die Inhalte in Kapitel 2!

② Beobachten Sie einen Mitschüler beim Üben verschiedener Basketballtechniken! Auf welche Weise weicht er von der idealtypischen Technikausführung ab? Werten Sie Ihre Erkenntnisse mit diesem Mitschüler gemeinsam aus!

③ Vergleichen Sie die Technik von Bundesligaspielern anhand von Videoaufzeichnungen mit dem Bewegungsverhalten Ihrer Mitschüler! Diskutieren Sie darüber in der Gruppe!

④ Überlegen Sie, in welchen Bereichen die Lateralität (Seitigkeit) im Basketball besondere Bedeutung hat, und vergleichen Sie ihren Einfluß auf die Leistungsfähigkeit in anderen Sportarten! In welchen Sportarten kann die Linksseitigkeit sogar Vorteile bringen?

⑤ Welche zusätzlichen Probleme können durch die Seitigkeit in manchen Sportarten auftreten?

Weitere Informationen in:
Hagedorn, G. u.a.: Basketball-Handbuch, Theorie – Methoden – Praxis, Reinbeck 1985.
Hagedorn, G.: Basketball-Technik, Reinbeck 1991.
Neumann, H.: Richtig Basketballspielen, München 1994.
Stiehler, G./Konzag, I./Döbler, H. (Hrsg.): Sportspiele, Berlin 1988.
Fetz, F.: Bewegungslehre der Leibesübungen, Wien 1989.

am Rande bemerkt

Kapitel 4

Basketball-Taktik

Taktik ist ein Begriff, der in vielen Lebensbereichen – der Wirtschaft, der Politik oder auch im Sport – Anwendung findet.

Immer geht es dabei um die Entwicklung einer Strategie oder eines Plans zur Erreichung eines Zieles. In den Sportspielen haben sich mannschaftstaktische Konzepte sowohl für den Angriff als auch für die Verteidigung entwickelt. Sie setzen vielfältiges individual- und gruppentaktisches Verhalten voraus.

Entwicklung und Einteilung der Taktik im Basketball 4.1

Entwicklung der Taktik im Basketball

Im Basketball besteht das Handlungsziel darin, daß jede Mannschaft versucht, den Ball möglichst oft in den gegnerischen Korb zu plazieren und gleichzeitig bemüht ist, den Gegner am Korbwurf zu hindern.

Der Weg zu diesem Ziel wird durch Regeln beeinflußt. So darf beispielsweise nicht mit dem Ball in der Hand gelaufen werden. Aus diesem Grund müssen sich die Mitspieler ohne Ball freistellen, um in wurfgünstige Positionen am gegnerischen Korb zu gelangen. Die 3-Sekunden-Regel zwingt angreifende Spieler, die Zone immer wieder zu verlassen und gibt dadurch der verteidigenden Mannschaft mehr Chancen. Strenge Foulregeln und die konsequente Bestrafung von Regelübertretungen beeinflussen die Härte des Spiels.

Anhand dieser wenigen Beispiele wird deutlich, daß taktisches Verhalten und Techniken in den Sportspielen abhängig sind von den jeweils bestehenden Grundprinzipien und Grundregeln.

Einteilung der Taktik im Basketball

Für das Basketballspiel ergeben sich 3 grundlegende Verhaltensweisen. Es wird unterschieden zwischen individualtaktischem, gruppentaktischem und mannschaftstaktischem Verhalten in Angriff und Verteidigung.

Bestimmungsfaktoren für Angriff und Abwehr

Angriffs- und Abwehrhandlungen im Basketball werden bestimmt von

Entscheidungen, die auf die jeweilige Situation bezogen sind,

Entscheidungen, die fast immer unter Zeitdruck erfolgen,

schnell verlaufenden Wahrnehmungs- und Denkprozessen,

einer Vielfalt technischer und taktischer Lösungsvarianten.

aktiv!

informativ 4.1 →

① Suchen Sie nach Beispielen außerhalb des Sports, wo »Taktik« Anwendung findet!

② Die Taktik spielt in den verschiedenen Sportarten eine unterschiedliche Rolle. Erstellen Sie eine Rangliste für etwa 10 Sportarten! Berücksichtigen Sie dabei die Bedeutung der Taktik für das Erreichen des jeweiligen Handlungsziels!

③ Vergleichen Sie die Grundprinzipien und Grundregeln des Basketballspiels mit denen anderer Sportspiele!

④ Welche taktische Konzeptionen ergeben sich aus den Grundprinzipien und Grundregeln in anderen Spielen?

am Rande bemerkt

Weitere Informationen in:
Hagedorn, G. u. a.: Basketball-Handbuch, Theorie – Methoden – Praxis, Reinbeck 1985.
Hagedorn, G.: Basketball-Technik, Reinbeck 1991.
Neumann, H.: Richtiges Basketballspielen, München 1994.

Individualtaktik im Basketball 4.2

Individualtaktik ist die situationsgerechte Anwendung von technischen Fertigkeiten des Spielers und die wichtigste Voraussetzung für ein erfolgreiches gruppen- und mannschaftstaktisches Verhalten.

Das Spiel 1:1 ***(1)***

Spiel 1:1

Die meisten komplexen Taktikformen in Angriff und Verteidigung im Basketball beginnen und enden mit der Auseinandersetzung »Mann gegen Mann«. Dies macht erforderlich, daß erlernte technische Fertigkeiten im Spiel 1:1 intensiv geübt und erprobt werden. Die Umsetzung technischer Fertigkeiten in individualtaktisches Verhalten durch die einzelnen Spieler ist Voraussetzung für den Erfolg der gesamten Mannschaft.

informativ 4.2

Technische Voraussetzungen für das Spiel 1:1

Angreifer mit Ball gegen Verteidiger	***Angreifer ohne Ball gegen Verteidiger***	***Verteidiger gegen Angreifer mit Ball***	***Verteidiger gegen Angreifer ohne Ball***
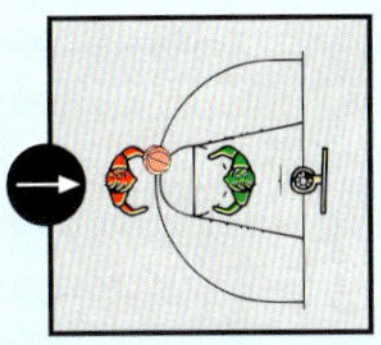	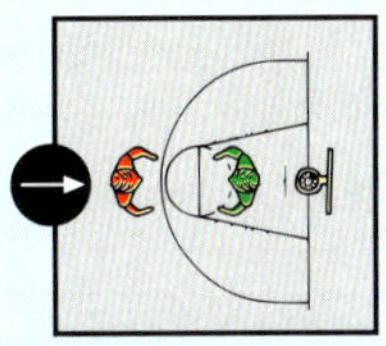	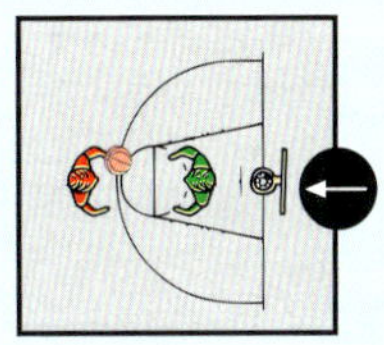	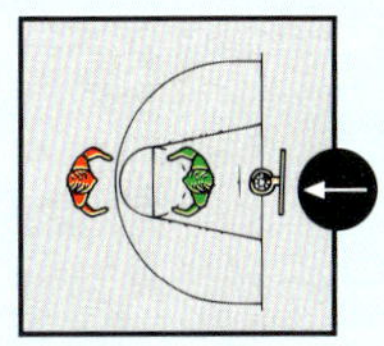
Wurf-, Dribbel-, Durchbruch- und Paßfinten	Gute Beinarbeit, Finten ohne Ball, schnelle Tempo- und Richtungswechsel	Gleitschritt, Abdrängen zur Seitenlinie, Sperren, Blocken des Wurfs	Möglichen Paßweg decken, Schneiden zum Korb verhindern

Gruppentaktik im Basketball 4.3

Unter *Gruppentaktik* versteht man die Einbeziehung des Partners bei Angriff und Verteidigung. Grob unterscheiden kann man dabei zwischen *Gruppenangriffstaktik* und *Gruppenabwehrtaktik*.

Spiel 2:2

Beim Spiel 2:2 haben Angreifer und Verteidiger jeweils einen Partner als Helfer. Daraus ergeben sich vielfältige Möglichkeiten für den Angriff und für die Verteidigung.

Gegen eine Mannverteidigung wird durch den Block des Mitspielers die Möglichkeit zum Durchbruch geschaffen. ***(2)***

Spiel 2:2 – Angriff

Beim *Angriff* sind es z. B. das *Schneiden zum Korb* vor oder hinter dem Verteidiger (»Give and go«), das *Blocken* (der Mitspieler bildet hier ein Hindernis für den Deckungsspieler) und *Abstreifen* mit oder ohne Ball.

Schneiden zum Korb

Beim Schneiden zum Korb (hier vor dem Verteidiger) geht der Angreifer nach einem Paß zwischen seinem Verteidiger und seinem Mitspieler zum Korb, um den Ball dann wieder anzunehmen. ***(3, 4)***

Blocken (Sperren)

Beim Blocken (Sperren) bildet ein Angreifer nach einem Paß ein Hindernis für den Verteidiger des Mitspielers, um so den Weg zum Korb für den Mitspieler mit Ball freizumachen. ***(5, 6)***

Abstreifen

Beim Abstreifen ohne Ball läuft der Angreifer nach einem Paß sehr eng am Mitspieler vorbei und streift dabei seinen Verteidiger ab. Der Weg zum Korb ist frei, der Ball wird übergeben oder zurückgepaßt. ***(7–9)***

Spiel 2:2 – Abwehr

Möglichkeiten der Blockabwehr sind z. B. das *Vorbeigleiten* (über den Block gehen), bei dem der geblockte Spieler den Block des Angreifers schnell umgeht, um an seinem direkten Gegenspieler bleiben zu können und das *Übernehmen* (switch).

Beim Übernehmen wechseln die Verteidiger den zu deckenden Spieler, um ein Freilaufen nach dem Blocken durch die Angreifer ***(5, 6)*** *zu verhindern. Auch nach einem Abstreifen* ***(7–9)*** *bietet sich das Übernehmen als Verteidigungsmöglichkeit an.* ***(10, 11)***

Entwicklung taktischer Verhaltensweisen

Aus diesen Grundformen entwickeln sich sowohl beim Angreifer als auch beim Verteidiger weitere taktische Verhaltensweisen wie z.B. der Wurfschirm (als Maßnahme gegen das Durchgleiten oder Absinken der Verteidiger) oder das Abrollen (als Aktion gegen das Übernehmen durch die Gegenspieler).

Unter *Wurfschirm* versteht man einen Block, bei dem sich der Angreifer ohne Ball so zwischen seinen Mitspieler und dessen Verteidiger stellt, daß dieser ungehindert auf den Korb werfen kann.

Beim *Abrollen* dreht sich der blockende Angreifer durch einen Sternschritt rückwärts aus der engen Blockstellung (»er rollt über den Verteidiger ab«) und läuft in Richtung Korb, um angespielt zu werden.

Spiel 3:3

informativ 4.3 →

Die Spielvariante 3:3 bildet den Abschluß der Gruppentaktik. Sie bietet im Gegensatz zum Spiel 2:2 durch einen zusätzlichen Angreifer ohne Ball weitere taktische Möglichkeiten. Die Grundaufstellung dieser Angriffsform ist das Dreieck. Damit werden für den Spieler stets zwei Paßmöglichkeiten geschaffen, was die Verteidigung erheblich erschwert. Zusätzlich wird das Aktionsfeld vergrößert.

Für den Sportunterricht eignen sich besonders das Kreuzen und der Gegenblock als Angriffsvarianten.

Beim *Kreuzen* versuchen 2 Außenspieler – meist am Vorcenter – ihre Verteidiger abzustreifen. Unmittelbar nach dem Paß zum Center schneidet zunächst der Paßgeber, danach der zweite Außenspieler eng an ihm vorbei. Die mitlaufenden Verteidiger behindern sich dadurch gegenseitig. Der Center spielt dann einen der kreuzenden Mitspieler an.

3:3 – Grundaufstellung

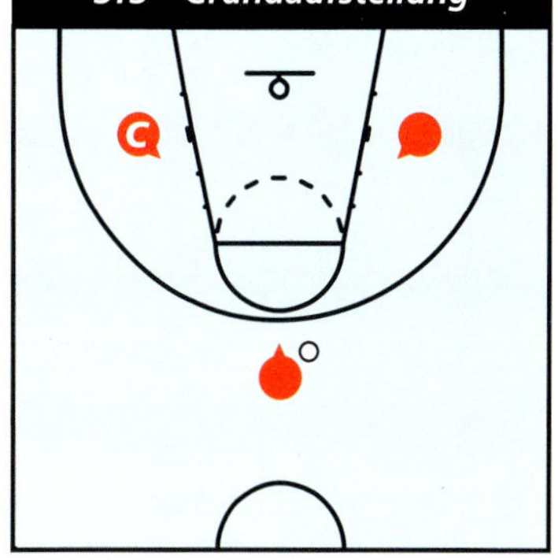

Kreuzen **(12–14)**

Beim *Gegenblock* läuft der Angreifer nach seinem Paß nicht zum Ballbesitzer, sondern zum anderen Mitspieler ohne Ball, um dessen Verteidiger auszublocken. Nach einer Lauffinte startet dieser nach innen zum Korb, um vom Ballbesitzer einen Paß in den Lauf zu bekommen und anschließend zu werfen.

Gegenblock **(15–17)**

Überzahlsituation 2:1 oder 3:2

informativ 4.4 →

Besonders beim Schnellangriff werden Überzahlsituationen angestrebt. In der Regel sind dies die Formationen 2:1 oder 3:2.

Beim Spiel 2:1 sollte der Ballbesitzer versuchen, den Angriff alleine abzuschließen. Falls dies nicht möglich ist, muß er abspielen. Der Mitspieler postiert sich dann etwas hinter ihm, so daß er ohne Risiko den Ball aus dem Lauf fangen kann. Der Verteidiger sollte bis an die Grenze seines Freiwurfraumes zurückgehen, etwa gleichen Abstand zu den Angreifern halten und versuchen, den Angriff zu verzögern.

Die Aufstellung der Angreifer beim Überzahlspiel 3:2 ist meist eine Dreiecksformation, bei der es zwei Spitzen und einen Nachläufer gibt. Ziel des Angriffes ist es, die Verteidiger so zu binden, daß ein Spieler den Angriff abschließen kann.

Die Verteidiger sollten bei dieser Angriffsform hintereinander zum Angreifer mit Ball formiert sein (Tandemaufstellung). Ein Verteidiger greift den Ballbesitzer an, der andere deckt den Raum unter dem Korb. Nach einem Paß zu einem anderen Angreifer wechseln sie ihre Verteidigungsaufgaben.

Überzahlsituation 2:1 oder 3:2

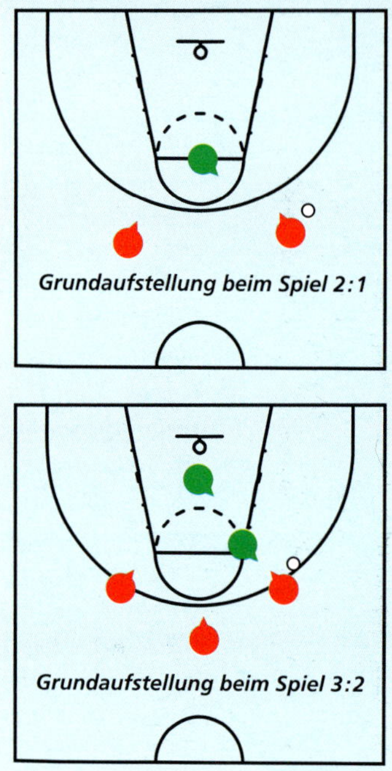

aktiv!

① Welche Voraussetzungen sind für das Gelingen von gruppentaktischen Maßnahmen notwendig?
② Versuchen Sie in Videoaufzeichnungen von Bundesligaspielen Spielsituationen 1:1 oder 2:2 zu erkennen und zu analysieren!
③ Suchen Sie nach Spielsituationen, in denen Abstreifen, Schneiden zum Korb, Block etc. angewandt werden!

Mannschaftstaktik im Basketball 4.4

informativ 4.5 →

> Unter *Mannschaftstaktik* versteht man einen auf Angriff oder Abwehr bezogenen Handlungsplan der ganzen Mannschaft. Darin eingebunden sind *gruppen-* und *individualtaktische* Verfahren.

Voraussetzung für mannschaftstaktisches Verhalten ist die Zuweisung von bestimmten Positionen und Aufgaben an die einzelnen Spieler für Angriff und Verteidigung. So gibt es *Aufbauspieler*, die beim Angriff im hinteren Bereich agieren, *Flügelspieler*, die im vorderen Bereich außerhalb der Zone eingesetzt sind, und sog. *Center*, die vorwiegend zentrale Positionen als Vor- oder Brettcenter einnehmen.

informativ 4.6

Der Center kann als Vorcenter, linker oder rechter Brettcenter eingesetzt werden.

Auch in der Verteidigung sind die Aufgaben der Spieler genau verteilt. Bei der Mannverteidigung (Mann-Mann-Verteidigung) werden festgelegte Gegenspieler gedeckt, bei der Zonenverteidigung (Ball-Raum-Verteidigung) ganz bestimmte Räume.

Grundvarianten – Verteidigung

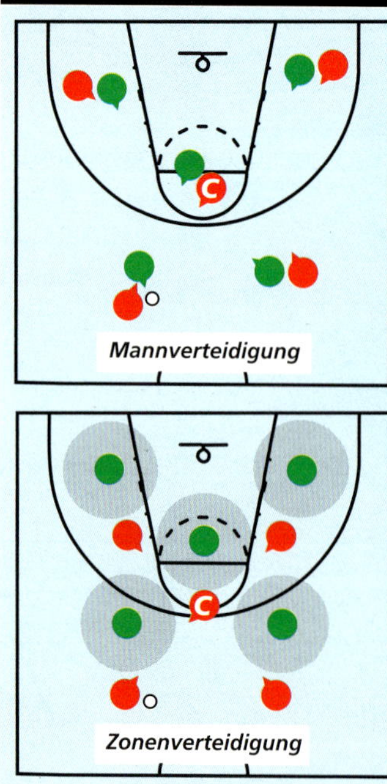

Mannschaftstaktiken für den Angriff

Bei der Mannschaftsangriffstaktik wird zwischen *Positionsangriff* und *Schnellangriff* unterschieden. Der Positionsangriff wird angewandt, wenn es der verteidigenden Mannschaft gelungen ist, ihre Verteidigungspositionen einzunehmen. Beim Schnellangriff wird versucht zu verhindern, daß der Gegner seine Verteidigung organisieren kann.

am Rande bemerkt

Die Zeitregeln haben die Aufgabe, die Spieler zu schnellen Spielaktionen zu zwingen. Spielverzögerungen werden dadurch ausgeschlossen. Basketball ist durch diese strengen Begrenzungen eines der aktionsreichsten Sportspiele, was sich in einem hohen Punktestand am Ende des Spiels ausdrückt.

Alle Regeln dazu werden genauer in Kapitel 8 erläutert.

Positionsangriff

Ziel des Positionsangriffs ist es, nach Überwindung des Spielfeldes – unter Berücksichtigung der entsprechenden Zeitregeln (30-Sekunden-Regel, 10-Sekunden-Regel und 3-Sekunden-Regel) – durch das Zusammenwirken der Spieler zu einem Korberfolg zu gelangen. Dabei wird das *Angriffssystem* durch das *Abwehrsystem* des Gegners bestimmt. Gegen die Mannverteidigung können Angriffssysteme mit und ohne Centerspieler eingesetzt werden.

informativ 4.7

Angriffssysteme gegen die Mannverteidigung

System 5:0

Positionsangriff ohne Center – für Schüler- und Anfängermannschaften

Zwei Spieler auf der vorderen Außenposition, drei Spieler auf den hinteren Außenpositionen in Dreiecksform

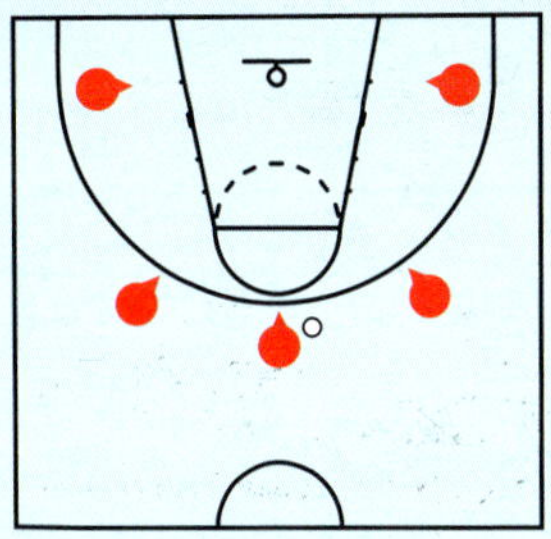

Vorteil:
Einer frühzeitigen Spezialisierung wird entgegengewirkt.

Nachteil:
Besondere Spielstärken einzelner Spieler können nicht ausgenutzt werden.

System 4:1

Positionsangriff mit Center – für Anfänger- und Jugendmannschaften

Zwei Spieler auf der vorderen, zwei auf der hinteren Außenposition, Center an der Freiwurflinie oder an der Seitenlinie der Zone

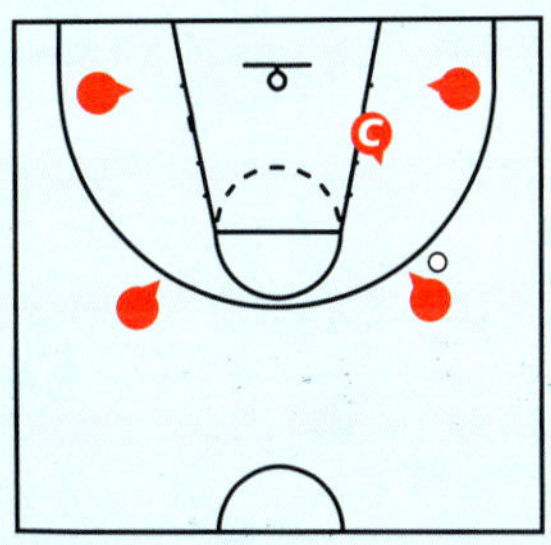

Vorteil:
klare Aufgabenverteilung

Nachteil:
Nur sinnvoll, wenn als Center eingesetzte Spieler groß sind und über Durchsetzungsvermögen verfügen.

System 3:2

Positionsangriff mit 2 Centern – für Leistungsmannschaften

Zwei Spieler übernehmen den Aufbau. Die beiden Center stehen diagonal an der Freiwurf- und Seitenlinie der Zone.

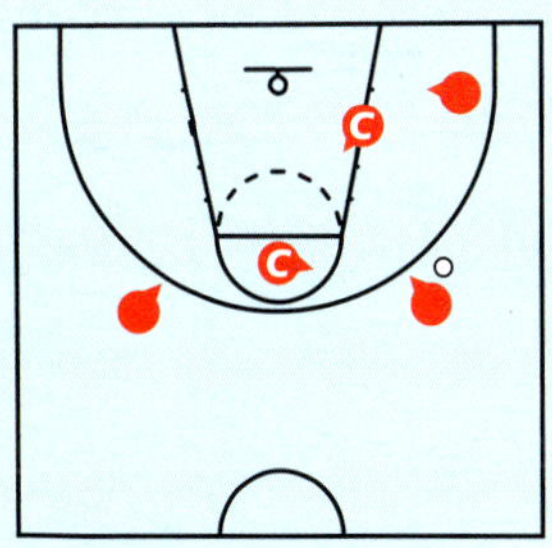

Vorteil:
sehr angriffswirksam

Nachteil:
Nur sinnvoll, wenn als Center eingesetzte Spieler groß sind, über Durchsetzungsvermögen verfügen und sich gut abstimmen können.

System 1:4

Positionsangriff mit Center – für Spitzenmannschaften

Ein Aufbauspieler mit einer unterschiedlichen Zahl von Centern und universell einsetzbaren Spielern

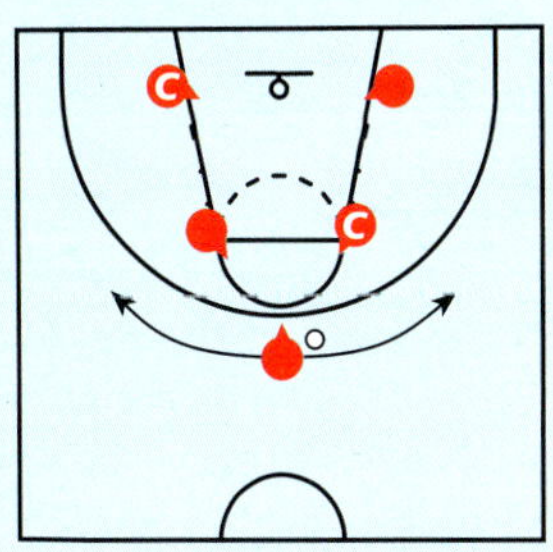

Vorteil:
sehr angriffswirksam

Nachteil:
Nur möglich, wenn große und vielseitige Spieler zur Verfügung stehen.

Beim Angriff gegen die Zonenverteidigung gelten andere Grundsätze. Diese Verteidigungsart hat schwache Stellen, die beim Angriff ausgenutzt werden müssen, um zum Korberfolg zu kommen.

informativ 4.8

Aufstellungsformen gegen Zonenverteidigung

Wenn die Verteidiger folgende Aufstellungsform wählen…	*…ergeben sich deckungsschwache Räume…*	*…und es bietet sich diese Angriffsgrundaufstellung an…*

…Abwehrsystem 2:1: 2

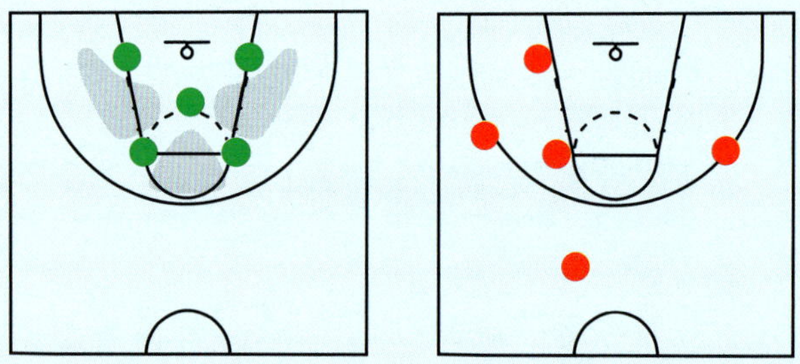

…Abwehrsystem 1:3: 1

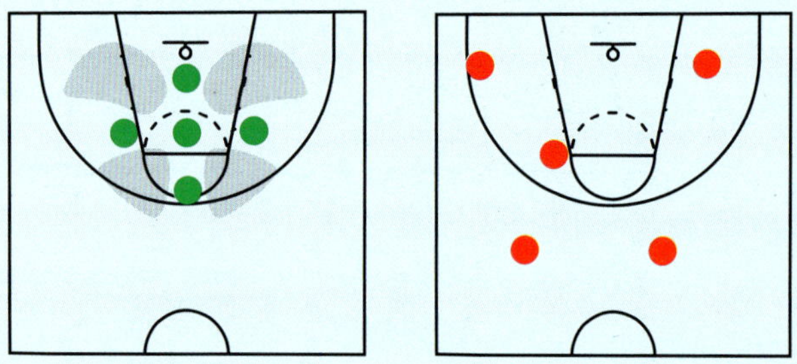

…Abwehrsystem 1:2: 2

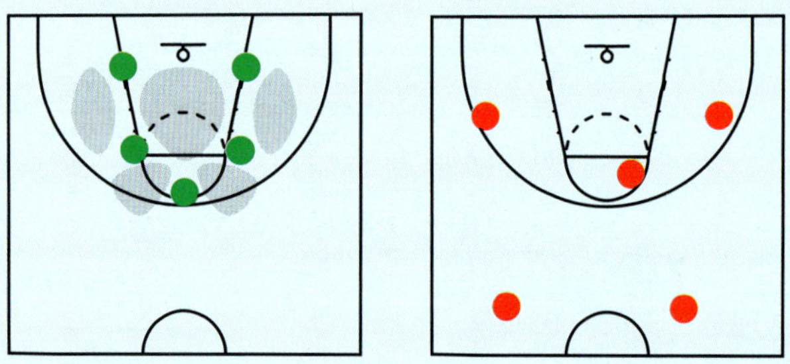

…und zwar mit folgenden Angriffsmitteln:

- *sehr schnelles Passen, um die Verteidigungsformation in Bewegung zu halten,*
- *Weitwürfe, um durch das Herausziehen der Verteidiger freie Räume in der Zone zu schaffen,*
- *Überlagern der Verteidiger durch massives Einsetzen der Angreifer auf einer Seite, um anschließend einem freistehenden Mitspieler auf der Gegenseite einen Paß zu geben.*

Schnellangriff

Ziel des Schnellangriffs ist es, eine zahlenmäßige Überlegenheit zu schaffen und einen Angriff einzuleiten, bevor der Gegner Maßnahmen zur Verteidigung organisieren kann.

Der Schnellangriff kann von einem Spieler, von einer Gruppe von Spielern oder der ganzen Mannschaft durchgeführt werden.

Als Grundtechniken für die Ausführung des Schnellangriffs eignen sich schnelle Pässe und/oder das Dribbling.

am Rande bemerkt

Der Schnellangriff bietet sich an:
- *nach abgefangenen Bällen,*
- *nach eigenen Einwürfen,*
- *nach gegnerischem Korberfolg,*
- *nach einem Sprungball,*
- *nach einem Verteidigungsrebound.*

Mannschaftstaktiken für die Verteidigung

informativ 4.9 →

Bei den Mannschaftstaktiken für die Verteidigung unterscheiden wir zwischen Mannverteidigung, Zonenverteidigung, Preßverteidigung und der Kombination von Mann- und Zonenverteidigung.

Mannverteidigung

Bei der Mannverteidigung deckt jeder Verteidiger einen speziellen Angreifer. Diese Abwehrform kann sich über das ganze Spielfeld erstrecken oder erst im Rückfeld beginnen. Die aggressivste Form ist die Preßverteidigung.

Bei einer Entscheidung für die Manndeckung ist darauf zu achten, daß die Aufgaben für die einzelnen Spieler genau definiert werden und die Zuweisung eines Verteidigers zu einem bestimmten Angreifer abhängig sein muß von dessen Spielstärke und Körpergröße.

Zonenverteidigung

Bei dieser Verteidigungsform wird der Raum zwischen Ball und Korb von allen Spielern gemeinsam abgeschirmt.

Entsprechend der Spielerpositionen werden u.a. folgende gebräuchliche Verteidigungsformationen unterschieden: 2:1:2, 2:3, 3:2 und 1:2:2.

Eine wirkungsvolle Zonenverteidigung ist gekennzeichnet durch intensive Arm- und gute Fußarbeit (Gleitschrittechnik), eine rege Kommunikation innerhalb der verteidigenden Mannschaft und schnelles Einnehmen der Verteidigungspositionen nach Ballverlusten. Durch die ständigen Angriffe der Verteidiger auf den Ballbesitzer sollen Pässe verhindert werden. Außerdem werden die zum Korb schneidenden Angreifer immer begleitet.

Grundprinzipien bei der Mannverteidigung

Die Verteidiger haben bei der Mannverteidigung folgende Grundprinzipien zu beachten:

Der Verteidiger muß versuchen, eine Position zwischen Angreifer und Korb einzuhalten.

Der zugewiesene Angreifer muß genau beobachtet werden, ebenso der Angreifer, der in Ballbesitz ist.

Der dribbelnde Angreifer muß so gedeckt werden, daß er zur Seitenlinie abgedrängt bzw. gezwungen wird, den Ball mit der schwächeren Hand zu führen.

Der Verteidiger sollte sich in Korbnähe so bewegen, daß er eine Position zwischen dem Spieler mit Ball und einem Spieler ohne Ball einnimmt.

Der gedeckte Spieler muß vom Rebound ausgesperrt werden.

informativ 4.10

Möglichkeiten für die Zonenverteidigung

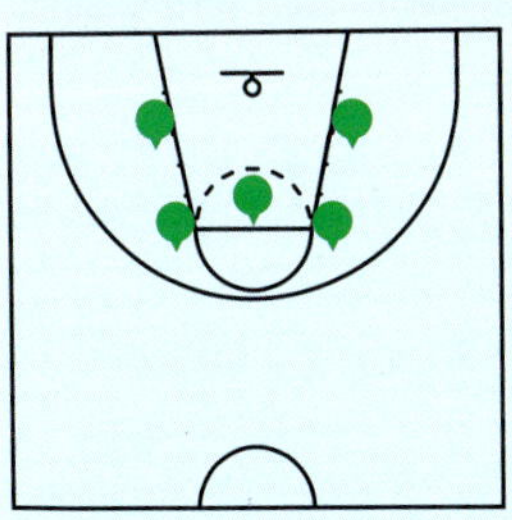

System 2:1:2

Vorteile:
- Stärke unter dem Korb
- gute Ausgangsposition für Schnellangriffe

Nachteile:
- Überforderung des Centers
- Anfälligkeit gegen Halbdistanz- und Seitenwürfe

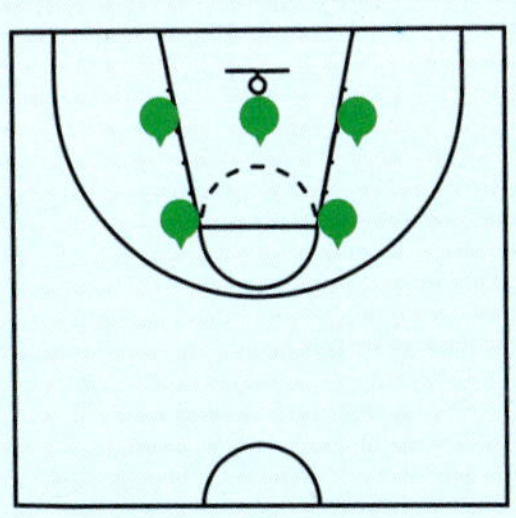

System 2:3

Vorteile:
- Stärke unter dem Korb
- gute Abwehrmöglichkeit gegen starken Center

Nachteile:
- vordere Verteidiger haben großen Deckungsraum
- ungünstig für Schnellangriffe

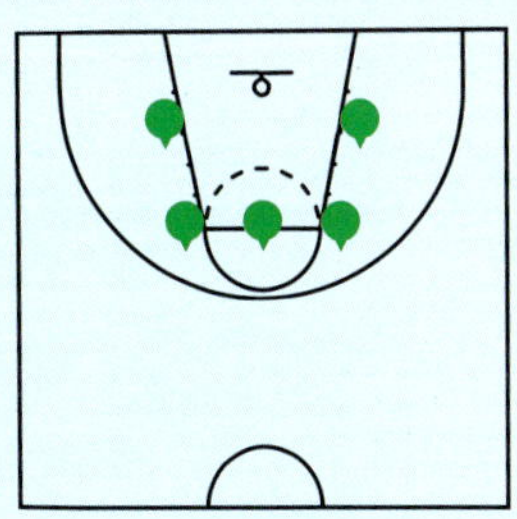

System 3:2

Vorteile:
- guter Schutz vor Fernwürfen
- günstig für Schnellangriffe
- Abwehrarbeit gut verteilt

Nachteile:
- Schwächen unter dem Korb und an der Endlinie
- schwierige Reboundarbeit

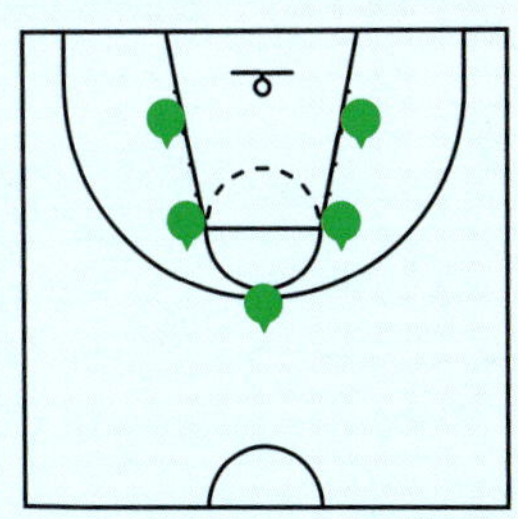

System 1:2:2

Vorteile:
- Störung des Angriffaufbaus
- Stärke gegen fernwurfstarke Aufbauspieler

Nachteile:
- Erleichterung von Durchbrüchen und Centerspiel
- schwierige Reboundarbeit

Preßverteidigung

Bei der Preßverteidigung soll die angreifende Mannschaft ständig unter Druck gesetzt werden, um sie bei der Ballabgabe und -annahme zu Fehlern zu zwingen. Sie kann schon beim Einwurf nach einem Korberfolg des Gegners (Ganzfeldpresse) erfolgen oder erst, wenn der Angreifer die Mittellinie überschritten hat (Halbfeldpresse). Die Preßverteidigung wird angewandt:

- um in den letzten Minuten, nach der Halbzeit oder nach Auszeiten einen Rückstand aufzuholen oder Spielverzögerungen entgegenzuwirken,
- um den Spielrhythmus des Gegners zu unterbrechen,
- um sichere Positionsangriffe zu stören,
- um die bessere Kondition der eigenen Mannschaft auszuspielen,
- um das eigene Spiel »anzukurbeln«.

informativ 4.11 →

Voraussetzungen für Preßverteidigung

- Schnelligkeit
- Reaktionsvermögen
- gute Beinarbeit (Gleitschrittechnik)
- Ausdauer
- Antizipationsvermögen
- Spielverständnis

Zusätzlich zu den Grundprinzipien bei der Mannverteidigung (informativ 4.9) ist bei der Preßverteidigung folgendes zu beachten: Angreifer, die noch nicht gedribbelt haben, werden locker, die anderen, die bereits gedribbelt haben, hart gedeckt, eventuell sogar gedoppelt (zwei Verteidiger decken einen Angreifer). Wird der Ballbesitzer gedoppelt, rücken die übrigen Verteidiger auf und versuchen das Zuspiel zu unterbinden.

Kombination aus Mann- und Zonenverteidigung

In besonderen Spielsituationen ist es möglich, die Mann- mit der Zonenverteidigung zu verbinden. Dies ist dann gegeben, wenn bei einer funktionierenden Zonenverteidigung ein besonders wurfstarker Aufbau- oder Flügelspieler am Wurf gehindert werden soll. Dieser wird entweder manngedeckt oder gedoppelt, während die restlichen Spieler ihre Deckungsaufgaben in der Zone erfüllen.

Gegen körperlich überlegene Spieler hilft eine gute Preßverteidigung, besonders wenn »gedoppelt« wird. ***(19)***

aktiv!

① Versuchen Sie herauszufinden, welche Verteidigungssysteme Bundesliga-Mannschaften anwenden!

② Beobachten Sie das Angriffsverhalten von Schulmannschaften und überlegen Sie sich, mit welcher Verteidigungstaktik man dagegen angehen könnte!

③ In welchen Spielsituationen würden Sie sich für einen Schnellangriff entscheiden?

④ Versuchen Sie noch weitere Vor- und Nachteile der einzelnen Verteidigungsarten zu finden!

Vergleich der Mannschaftstaktiken (Verteidigung)

Vor- und Nachteile der Mann-, Zonen-, Preß- und Kombinationsverteidigung

Mannverteidigung	Zonenverteidigung	Preßverteidigung	Kombinationsverteidigung
Vorteile: – einfaches taktisches Verteidigungskonzept – Entwicklung von Eigenverantwortung, Individualität – Spielerschwächen werden deutlich und ansprechbar für das Training	Vorteile: – Gegenseitiges Aushelfen ist möglich. – Verteidigungsrebounds sind leicht möglich.	Vorteile: – Überraschungseffekt zwingt Angreifer zu Fehlern. – wirkungsvolle Ausnutzung technischer Überlegenheit	Vorteile: – Starke Spieler werden am Werfen gehindert. – Spielaufbau wird wirkungsvoll gestört. – Stärken einzelner Spieler können besser genutzt werden.
Nachteile: – Schwächen einzelner Spieler schwer ausgleichbar – hohe Anforderung an Kondition der Spieler	Nachteile: – Anfälligkeit gegen Schnellangriffe – Konzentriertes Mitgehen mit der Ballbewegung ermüdet. – Gefahr des Überlagerns – Fehler Einzelner wirken sich besonders negativ aus.	Nachteile: – hohe Anforderung an Kondition und Koordination – hohe Foulgefahr – Fehler Einzelner wirken sich besonders negativ aus.	Nachteile: – Weniger Spieler müssen Raum zwischen Ball und Korb decken. – Lange Laufwege, intensive Armarbeit – hohe Foulgefahr

informativ 4.12

Kapitel 5

Basketball-Training

Eine Leistungssteigerung im Basketball, insbesondere im konditionellen Bereich, hängt auch davon ab, daß gezielt Belastungsreize gesetzt werden, die dann zu den gewünschten Anpassungserscheinungen im Organismus führen. Dazu müssen bestimmte Gesetzmäßigkeiten und Prinzipien des sportlichen Trainings beachtet werden. Dies gilt insbesondere für den Hochleistungssport, muß aber auch im Schul- und Freizeitsport berücksichtigt werden.

Trainingsgrundsätze 5.1

Zur effektiven Steuerung der Belastungsreize können folgende Trainingsprinzipien herangezogen werden, die von WEINECK in vier Strukturgruppen festgelegt wurden:

Prinzipien der richtigen Belastungsdosierung

Trainingswirksamer Reiz

Die Belastungsreize müssen so abgestimmt sein, daß die Homöostase des Organismus gestört wird und er sich daraufhin anpaßt.

Um im Basketballtraining z. B. die Kraft zu verbessern, genügt es dem Anfänger, sich mit ca. 30 % der individuellen Maximalkraft zu belasten. Der Trainierte hingegen benötigt dazu mindestens 70 %. Zur Verbesserung der Grundlagenausdauer ist es notwendig, im aerob-anaeroben Schwellenbereich zu trainieren (vgl. Seite 26).

Individualisierte Belastung

Die Belastung sollte auf den jeweiligen Athleten individuell abgestimmt sein. Gleiche Anforderungen für alle stellen für den einen eine Überforderung, für den anderen ein Unterforderung dar.

Im Basketball bezieht sich dies sowohl auf den technisch-taktischen als auch auf den konditionellen Bereich. So sollten beim Üben technischer und taktischer Elemente leistungs- und größenmäßig vergleichbare Spieler zusammen üben bzw. gegeneinander spielen. Beim Training konditioneller Fähigkeiten müssen Organisationsformen gewählt werden, die es ermöglichen, die Belastungen individuell auf die unterschiedlichen Reizschwellen einzustellen.

Ansteigende Belastung

Es ist notwendig, das Training hinsichtlich der einzelnen Belastungskomponenten (informativ 5.1) und der Anforderungen in Technik und Taktik ständig zu erhöhen. Dabei kann der Anstieg entweder gleichmäßig oder sprunghaft erfolgen.

informativ 5.1 →

am Rande bemerkt

Sportliches Training:
»Sportliches Training ist ein planmäßig gesteuerter Prozeß, bei dem mit inhaltlichen, methodischen und organisatorischen Maßnahmen, entsprechend einer Zielvorstellung, Zustandsänderungen der komplexen sportmotorischen Leistung, Handlungsfähigkeit und des Verhaltens entwickelt werden sollen.«
(MARTIN 1979, S. 21)

Belastungskomponenten

- **Reizintensität**
  Stärke des einzelnen Reizes
- **Reizdichte**
  Zeitliches Verhältnis von Belastungs- und Erholungsphasen
- **Reizdauer**
  Einwirkungsdauer eines einzelnen Reizes bzw. einer Reizserie
- **Reizumfang**
  Dauer und Zahl der Reize pro Trainingseinheit
- **Trainingshäufigkeit**
  Zahl der Trainingseinheiten pro Tag bzw. pro Woche

informativ 5.2 →

Mit zunehmendem Könnens- und Leistungsstand müssen die Anforderungen in Bezug auf Trainingshäufigkeit, Trainingsdauer, Reizdichte, Reizdauer und Reizumfang vergrößert werden. Auch die Zahl der Wettspiele und die Leistungsstärke der Gegner müssen sich der gesteigerten Leistungsfähigkeit anpassen.

Richtige Belastungsfolge

Während einer Trainingseinheit müssen die verschiedenen Leistungskomponenten in der richtigen Reihenfolge geschult werden.

Zuerst empfiehlt es sich, Trainingsinhalte wie Technik- und Taktikausbildung, die besondere Aufmerksamkeit und Konzentration erfordern, dann das Technikanwendungstraining, das hohe Ansprüche an Kraftausdauer und Schnelligkeit stellt, und gegen Ende der Stunde Übungs- und Spielformen durchzuführen, die den Ausdauerbereich besonders ansprechen.

Wechselnde Belastung

Das Training beansprucht den Athleten unterschiedlich. So werden beim Techniktraining und beim Spielen mehr koordinative und konditionelle Fähigkeiten (Kraft, Ausdauer, Schnelligkeit), beim Taktiktraining mehr kognitive Fähigkeiten in Verbindung mit psychischen Eigenschaften (Aufmerksamkeit und Konzentration) gefordert.

Trainingsabschnitte, bei denen eine hohe Konzentration gefordert ist, wie beispielsweise beim Neulernen von Techniken und taktischen Spielzügen, sollten sich abwechseln mit Übungsformen, die bereits gut beherrscht werden. Nach Ganzkörperbelastungen (z.B. Üben des Korblegers) ist es von Vorteil, Teilkörperbewegungen (z.B. Würfe aus dem Stand) auszuführen. Zusätzlich werden im Technik- und Konditionstraining meist unterschiedliche Körperbereiche belastet. Um Übermüdung in den einzelnen Bereichen zu verhindern, ist es wichtig, zwischen belasteten und weniger belasteten Körperbereichen ständig zu wechseln (siehe Zirkeltraining S. 29).

Richtiges Verhältnis von Belastung und Erholung

Eine Leistungssteigerung im konditionellen Bereich stellt sich nur ein, wenn die Trainingsreize im richtigen Abstand erfolgen. Die Zeitdauer zwischen den Belastungsreizen wird durch den Zeitpunkt der Superkompensation bestimmt. Der Zeitraum der Erholung bis zur Superkompensation kann durch besondere Maßnahmen wie Abwärmen, Sauna und Massagen verkürzt werden.

Die Zeitdauer der Regenerationsvorgänge und damit der Zeitpunkt der Superkompensation ist abhängig vom Umfang und der Intensität der vorausgegangenen Belastungen. So dauern Wiederherstellungsprozesse des Adenosintriphosphates Sekunden bis Minuten, des Glykogens Minuten bis Stunden und die von Enzymen Stunden bis Tage.

Im Basketball kommen Belastungen, bei denen Glykogen und Enzyme sehr intensiv ausgeschöpft werden, verhältnismäßig selten vor, so daß neue Reize in relativ kurzen Abständen wieder gesetzt werden können. Nach anstrengenden Trainingsabschnitten, wie z.B. Teilnahme an einem mehrtägigen Trainingslager, sollte den Spielern eine angemessene Erholungszeit gewährt werden. Dies bedeutet aber nicht, daß der Basketballspieler in der Zwischenzeit auf ein Technik- und Taktiktraining verzichten muß.

Superkompensation

nach: WEINECK

Unter *Superkompensation* versteht man die »überschießende Wiederherstellung« nach einer körperlichen Belastung. Auf Grund von Anpassungsvorgängen erreichen dabei die Energiespeicher ein höheres Niveau.

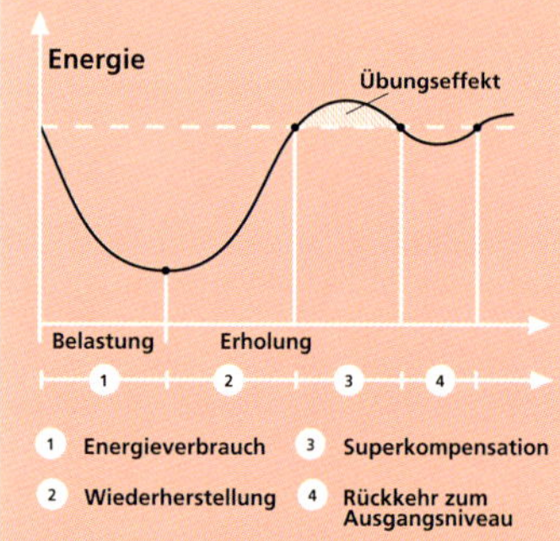

Bei entsprechender Belastung nimmt die Ermüdung des Organismus zu (1). Die verbrauchten Energien werden während der Erholung (2) erneuert und erreichen wieder das Ausgangsniveau. Anschließend (3) erfolgt eine erhöhte Wiederherstellung (Superkompensation) der energetischen Kapazitäten. Wird in dieser Phase der Überkompensation kein neuer Reiz gesetzt, so kehrt das Energieniveau wieder auf das Ausgangsniveau zurück (4).

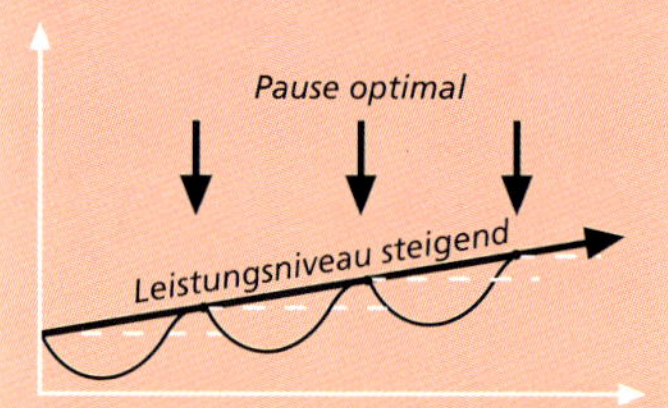

Wird in der Phase der Überkompensation (3) ein neuer Reiz gesetzt, so erfolgt aufbauend auf diesem erhöhten Energieniveau eine weitere Verbesserung der Leistung.

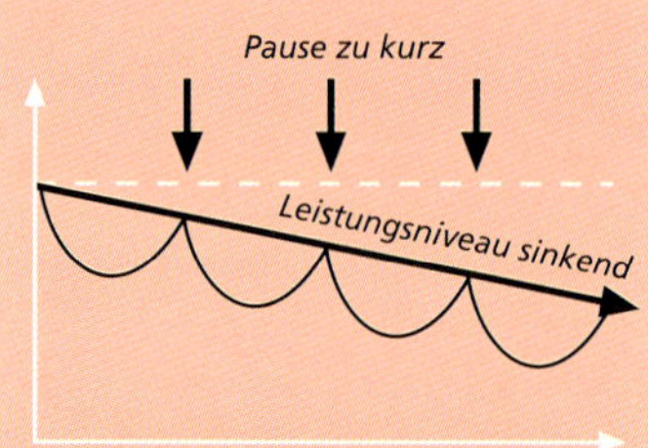

Erfolgt der neue Reiz zu früh, also schon in Phase 2, so wird die Leistungsfähigkeit zunehmend verringert.

Prinzipien der sich wiederholenden Belastungen

Kontinuierliche Belastung

Eine Leistungssteigerung stellt sich nur ein, wenn die Trainingsreize regelmäßig erfolgen. Bei längeren Pausen (z.B. durch Verletzung) kommt es zum Leistungsabfall.

Ein langsamer Leistungsaufbau über Jahre hinweg ist sowohl im koordinativen als auch im konditionellen Bereich günstiger als ein in komprimierter und intensiver Form angebotener rascher Aufbau. Auch auf die Woche bezogen ist es beispielsweise besser, zweimal eineinhalb Stunden zu trainieren, als einmal dreistündig.

Periodische Belastung

Ein Sportler kann nicht ständig Höchstleistungen erbringen. Phasen mit höherer Belastung müssen sich abwechseln mit Phasen niedrigerer Belastung.

Im Basketball findet dieses Prinzip seinen Niederschlag vor allem im Jahrestrainingsplan (siehe S. 68). Auch im Wochentraining werden Trainingseinheiten mit hoher Intensität von solchen mit niedriger Intensität, aber größerem Umfang, oder technischen und taktischen Schwerpunkten abgelöst.

Prinzipien der altersgemäßen, sportartspezifischen Belastung

Altersgemäßheit

Trainingsbelastungen müssen nach dem biologischen und nicht nach dem kalendarischen Alter ausgerichtet werden. Dies bezieht sich sowohl auf den jungen als auch auf den älteren Menschen.

Bedingt durch Akzeleration (Entwicklungsbeschleunigung) bzw. Retardation (Entwicklungsverzögerung) können Kinder während der Pubertät in ihrer Entwicklung im Vergleich zum Durchschnitt dieser Altersstufe entweder biologisch voraus oder hinterher sein. Akzelerierte Kinder und Jugendliche haben beim Spielen in der Regel Vorteile, die aber später ausgeglichen werden. Auch ältere Menschen können auf Grund von Veranlagung und kontinuierlichem Training ein wesentlich geringeres biologisches Alter haben als kalendarisch gleichaltrige.

Sportarten-orientierte Belastung

Beim langfristigen Trainingsaufbau ist es erforderlich, zunehmend Ziele, Methoden und Inhalte auf das Anforderungsprofil der jeweiligen Sportart auszurichten.

Auf das Basketballspiel bezogen bedeutet dies, daß der Ausbildung koordinativer Fähigkeiten, der Schnelligkeitsfähigkeit in Verbindung mit Aktions- und Reaktionsschnelligkeit, mehr Zeit gewidmet werden sollte als der Ausbildung von Maximalkraft und anaerober Ausdauerfähigkeit (siehe dazu S. 26).

Prinzip der Ausgewogenheit von Trainingsmaßnahmen

Verhältnis von allgemeiner und spezieller Ausbildung

Mit zunehmender Verbesserung des Trainingszustandes verlagern sich die Anteile der allgemeinen Ausbildung zugunsten der speziellen Ausbildung.

am Rande bemerkt

Die Sport-Fachverbände arbeiten im Bereich des Leistungssports an Konzeptionen für einen langfristigen Leistungsaufbau, um junge Sportler kontinuierlich und planmäßig an Höchstleistungen in der jeweiligen Sportart heranzuführen.

am Rande bemerkt

Beispiele für die Ermittlung des biologischen Alters von Kindern und Jugendlichen

Das biologische Alter kann mit Hilfe verschiedener Methoden bestimmt werden:

- *Bestimmung über die sekundären Geschlechtsmerkmale,*
- *Feststellung des Skelettalters durch Röntgenaufnahmen der Knochen- bzw. Knorpelstruktur (Der Verknöcherungsgrad des Skeletts ermöglicht Aussagen über das biologische Alter.),*
- *Messung bestimmter Körperbaumerkmale (z.B. Körperhöhe, Schulterbreite, Unterarm- und Handumfang). Anschließend wird ein Index errechnet. Festgelegte Durchschnittswerte ermöglichen dann die Bestimmung des biologischen Alters.*

Schnelligkeitstraining im Basketball: Dribbling-Wettbewerb auf ein Startkommando über eine bestimmte Strecke. **(1)**

Im Anfängerbereich dienen die Ausbildungsinhalte der Entwicklung elementarer konditioneller und koordinativer Fähigkeiten und der Beweglichkeit. Dazu können auch andere Sportarten herangezogen werden. Im Leistungsbereich steht die Verbesserung der speziellen sportartspezifischen Fähigkeiten und Fertigkeiten im Vordergrund.

Weitere Informationen in:
Martin, D. (Red.)/Carl, K./Lehnertz, K.: Handbuch der Trainingslehre, Schorndorf 1991.
Weineck, J.: Optimales Training, Erlangen 1994.
Grosser, M./Brüggemann, P./Zintel F.: Leistungssteuerung in Training und Wettkampf, München 1986.
Harre, D. (Red.): Trainingslehre, Berlin 1985.

am Rande bemerkt

Verhältnis der Entwicklung verschiedener Leistungskomponenten

Die Ausbildung der konditionellen Fähigkeiten muß in einem richtigen Verhältnis zur koordinativen Ausbildung stehen.

Im Basketball sollte eine Verbesserung der konditionellen Fähigkeiten auf der Basis von technischen Fertigkeiten aufbauen. Ein zu Beginn der Übungsstunde durchgeführtes und zu intensives Maximalkrafttraining würde die Koordinationsfähigkeit einschränken und damit den Aneignungsprozeß erschweren.

Trainingsplanung 5.2

Grundlage der Trainingsplanung sind die allgemeinen Trainingsprinzipien. Den Rahmen stellt dabei das *Prinzip der Periodisierung* dar (siehe S. 65 und 67 ff.). Alle Grundsätze bestimmen Inhalte, Methoden und Organisation des Trainings in Abhängigkeit vom aktuellen technischen, taktischen, konditionellen und psychischen Leistungsstand einer Mannschaft bzw. einzelner Spieler, unter Beachtung des Trainingszieles. Darüber hinaus muß eine realistische Planung weitere Faktoren berücksichtigen wie z.B.:
- äußere Gegebenheiten (Sportstätten, Geräteausstattung, Terminvorgaben der Verbände, Trainingszeiten, Ferien usw.),
- Alter und Geschlecht der Spieler,
- Belastungen durch Beruf, Schule, Studium, Familie,
- Krankheiten, Verletzungen und psychische Probleme.

Die folgende Übersicht verdeutlicht diese Zusammenhänge.

informativ 5.3

Zu informativ 5.3:
Die eingefügten Doppelpfeile machen deutlich, daß die Analyse des Ist-Zustandes kein einmaliger Vorgang ist, sondern vielmehr während des gesamten Trainingsprozesses unter Einbeziehung aller dieser Faktoren immer wieder neu vollzogen werden muß.

am Rande bemerkt

Neben der Trainingsplanung praktischer Übungsstunden darf die begleitende theoretische (kognitive) Ausbildung nicht vergessen werden. Sie muß altersangemessen sein und ist von großer Bedeutung für das Erkennen der Zusammenhänge verschiedener Trainingsmaßnahmen mit den Trainingsprinzipien.

Theorieunterricht im Schulsport findet oft in der Sporthalle statt – hier zum Thema Taktik. **(2)**

Die Periodisierung des Trainings 5.3

Das Leben des Menschen ist wie die Natur rhythmischen Schwankungen unterworfen. Phasen der Ruhe wechseln sich ab mit Phasen besonderer Aktivität. Am offensichtlichsten wird diese Periodik beim Betrachten des Tagesablaufs, der sich in Schlafzeiten und Wachzeiten unterteilt. Im Wochen- und Jahresverlauf werden ebenfalls Zeitabschnitte mit höherer Aktivität von solchen mit niedrigerer abgelöst. Der Mensch ist nicht in der Lage, ständig Höchstleistungen zu erbringen. Die Leistungsfähigkeit steigt an, kann über eine bestimmte Zeit gehalten werden und nimmt dann wieder ab.

informativ 5.4 →

Dies läßt sich auf alle Bereiche des Lebens und damit auch auf den Sport übertragen. Bei der Trainingsplanung muß deshalb berücksichtigt werden, daß sich Perioden geringerer Leistungsanforderungen mit solchen höherer und höchster abwechseln. Die Trainingsplanung wird deshalb in verschiedene Abschnitte (Perioden) unterteilt.

am Rande bemerkt

Periodische Schwankungen in der Natur:
- *Jahreszeiten*
- *Tag und Nacht*
- *Ebbe und Flut*
- *Menstruationszyklus*

Leistungsschwankung

Die Grafik zeigt die prozentualen Schwankungen der physiologischen Leistungsfähigkeit über 24 Stunden (nach SCHMIDTKE)

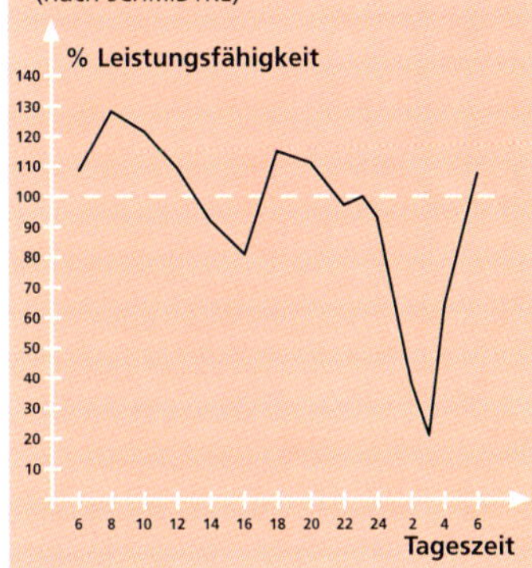

informativ 5.5

Abschnitte in der Trainingsplanung

Rahmentrainingsplan
Grundlagentraining – Aufbautraining – Leistungstraining – Hochleistungstraining

Jahrestrainingspläne
Vorsaison – Wettkampfsaison – Übergangssaison

Wochentrainingspläne
1 – 4 Trainingstage + Wettkampf

Tagestrainingspläne
z. B. Aufwärmen, Neulernen, Taktik, Spiel, Abwärmen

Die Zielsetzung übergeordneter Abschnitte wirkt sich auf untergeordnete Teile und Detailplanungen aus. Um die Zusammenhänge zu verdeutlichen, wird aus dem Mehrjahresplan exemplarisch das Grundlagentraining herausgegriffen und die Wochen- und Tagestrainingsplanung in der Vorsaison des ersten Trainingsjahrs dargestellt.

Mehrjahresplanung im Basketball

informativ 5.6

Rahmentrainingsplan im Basketball

Trainingsabschnitt	Zeit	Kondition, Koordination	Technik	Taktik	Umfang
Grundlagentraining Alter: 7–12 Jahre (Mini-Basketball, D-Jugend)	5 Jahre	Entwicklung der aeroben Ausdauer, Grundschnelligkeit, Beweglichkeit, Verbesserung der Koordination	Grundtechniken ohne Spezialisierung	Freies Spiel, Mann-Mann-Verteidigung	2–3 Stunden wöchentlich
Aufbautraining Alter: 12–15 Jahre (C-, B-, A-Jugend)	3 Jahre	Verbesserung der aeroben Kapazität, Krafttraining, Verfeinerung koordinativer Fähigkeiten	Verbesserung der Grundtechniken und Spezialisierung	Gruppentaktik (2:2; 3:3), Schnellangriff, Grundlagen der Mannschaftstaktik	3–6 Stunden wöchentlich
Leistungstraining Alter: 16–19 Jahre (Junioren)	3 Jahre	Verbesserung der aeroben und anaeroben Kapazität, Erhaltung des koordinativen Fähigkeitsniveaus	Variable Verfügbarkeit der positionsspezifischen Technik	Standardformen der Gruppen- und Mannschaftstaktik	6–9 Stunden wöchentlich
Hochleistungstraining Alter: 20–30 Jahre (Senioren)	10 Jahre	Erreichen und Erhalten der persönlichen Höchstleistung	weitere Perfektionierung	Spezielle Spielzüge, komplexe Spielsysteme	9–18 Stunden wöchentlich

Der Mehrjahresplan entspricht den Idealvorstellungen der Verbände. In der Praxis ist dieser Ablauf der Leistungsentwicklung aber nur selten gegeben. Meist sind die Abschnitte wesentlich kürzer, und nur die wenigsten Spieler erreichen trotz schulischer, beruflicher und familiärer Belastungen den Leistungs- und Hochleistungsbereich. Im Basissportunterricht beschränkt sich die Ausbildung meist auf die Inhalte des Grundlagentrainings, im differenzierten Sportunterricht können auch Elemente des Aufbautrainings einfließen.

am Rande bemerkt

Belastungen durch Schule, Familie und Beruf:

- *Hausaufgaben*
- *Prüfungsdruck*
- *Pflichten im Haushalt*
- *Leistungsdruck (nicht nur im Sport)*
- *Termindruck, Streß*
- *starke physische Belastungen usw.*

Jahresplanung im Basketball

Bei der Jahresplanung im Basketball wird das Trainingsjahr unterteilt in eine Vorsaison, eine Wettkampfsaison und in eine Übergangssaison. Damit ist der periodische Wechsel von Phasen höherer und niedrigerer Belastung gesichert.

Exemplarisch soll der Jahresablauf im Grundlagentraining für Spieler im Alter von 9 bis 12 Jahren betrachtet werden.

informativ 5.7

Jahrestrainingsplan im Grundlagentraining

Saisonabschnitt	Zeit	Kondition	Koordination	Technik/Taktik	Sozialverhalten/Theorie
Vorsaison August–Oktober	6–8 Wochen	Entwicklung der Grundlagenausdauer (Waldläufe, Minutenläufe, Schwimmen, Radtouren etc.)	Entwicklung koordinativer Grundmuster (Klettern, Balancieren, Jonglieren, Fangspiele, Reaktionsspiele etc.)	Erlernen und Verbessern der Grundtechniken (u.a. Werfen und Fangen), Lernen durch aktives Spielen, Erkennen taktischer Grundelemente, Freundschaftsspiele	Integration in Gruppen (Zeltlager, Wanderungen, Radtouren etc.), »Fair play«, Regelkunde
Wettkampfsaison November–Mai (Ferienzeit abgezogen)	ca. 16 Wochen	Verbesserung der aeroben Ausdauerfähigkeit undKraftfähigkeit in Verbindung mit technischen und vortaktischen Elementen (z.B. 1:1)	Ausbildung koordinativer Fähigkeiten in spielerischer Form (z.B. Dribbeln mit 2 Bällen, Fangen des Balles mit einer Hand, Jonglieren usw.)	Verbesserung bekannter Elemente (z.B. 1:2, 2:2, 3:3), Erlernen neuer Techniken, Minibasketball-Wettkämpfe, Rundenspiele in der C-Jugendklasse	Partnerschaftliches Verhalten beim Training, Integration in Mannschaften, realistische Selbsteinschätzung
Übergangssaison Mai–August Aktivferien	ca. 12 Wochen 4 Wochen	Erhaltung der aeroben Ausdauerfähigkeit mit Hilfe anderer Spiele, Radtouren, Schwimmen etc. (auch in den Ferien!) evtl. Basketball-Trainingscamp	Erhöhung der Anforderungen bei der Koordinationsschulung, z.B. Turnen an Geräten, Hindernisturnen, Abenteuerspiele	Spielerisches Wurf- und Fangtraining (evtl. mit anderen Bällen), Ausprobieren von »Kunstwürfen«, Freundschaftsspiele, Streetball	Teilnahme an einem Basketball-Camp, Einführung ins Schiedsrichterwesen, Kenntnisse über die wichtigsten Trainingsprinzipien

Bei der Erstellung eines Jahrestrainingsplans für Schüler gelten besondere Gesetze. Durch die Ferien, in Zeiten hoher schulischer Belastungen oder auch auf Grund schwacher schulischer Leistungen ist das Trainingsjahr von Abschnitten unterbrochen, in denen das Training reduziert werden muß oder sogar ganz entfällt. Die erarbeitete sportliche Form geht während dieser Zeit teilweise verloren und muß danach wieder Schritt für Schritt auf ein höheres Niveau gebracht werden.

Die Jahrestrainingspläne für den Aufbau-, Leistungs- und Hochleistungsbereich sind in ihrer Grundstruktur mit denen des Grundlagentrainings vergleichbar. Sie unterscheiden sich aber hinsichtlich Zielsetzungen, Inhalten, Methoden und Umfang beträchtlich.

Dribbling mit 2 Bällen zur Koordinationsschulung **(3)**

Wochenplanung im Basketball

Auch innerhalb eines Wochentrainingsplans muß zwischen höherer und niedrigerer Belastung gewechselt werden. Im Grundlagen- und Aufbautraining sollten zwei Trainingseinheiten pro Woche als unterste Grenze angesetzt werden, damit das Prinzip der kontinuierlichen Belastung gesichert ist. Leistungsbasketballer trainieren 3- bis 4mal pro Woche, Hochleistungssportler sogar 2mal am Tag.

Der nachfolgende Wochentrainingsplan bezieht sich innerhalb des Grundlagentrainings auf die Vorsaison.

Die Absprache des Trainingsplans ist im Leistungssport wichtig. ***(4)***

informativ 5.8

Wochentrainingsplan im Grundlagentraining

Trainingsabschnitt	Tag/Uhrzeit	Kondition	Koordination	Technik/Taktik	Sozialverhalten/Theorie
1. Trainingseinheit	Dienstag 18:00–20:00	Kraft, Ausdauer, Beweglichkeit (hoher Anteil)	allgemeine koordinative Fähigkeiten (z.B. Reaktionsfähigkeit, Orientierungsfähigkeit)	Erlernen von neuen technischen und taktischen Elementen	Besprechung des Spiels vom Wochenende, Diskussion über mögliche unsoziale Verhaltensweisen etc.
2. Trainingseinheit	Donnerstag 18:00–20:00	Kraft, Ausdauer, Beweglichkeit (geringer Anteil)	spezielle koordinative Fähigkeiten (z.B. Differenzierungsfähigkeit beim Wurftraining)	Festigung bekannter technischer und taktischer Elemente und Anwendung im Spiel	Festlegung der Mannschaftsaufstellung und taktischen Marschroute für das kommende Spiel
3. Trainingseinheit (Wettspiel)	Samstag 14:00–16:00	Aufwärmen, Dehnen		Technische Elemente wie Einwerfen, Eindribbeln	kurze taktische Besprechung

Stundenplanung im Basketball

In den Trainingsstunden finden die übergeordneten Ziele des Mehrjahresplans, eines Saison- und Wochenabschnitts ihren praktischen Niederschlag. Dabei müssen möglichst alle unter 5.1 aufgeführten Trainingsprinzipien hinsichtlich Inhalts- und Organisationsplanung berücksichtigt werden.

informativ 5.9

Stundentrainingsplan im Grundlagentraining

Dauer	Ziel	Inhalte, Methoden
18:00–18:20	Aufwärmen	Einlaufen, Dehnen/Gymnastik, Eindribbeln, Einwerfen
18:20–18:40	Erlernen einer neuen Wurfform	Korbleger von links, Erlernen in Teilschritten
18:40–19:20	Festigung bekannter Technikformen (Technikanwendungstraining)	Zirkeltraining mit 8 Stationen, bestehend aus vorwiegend technischen Elementen
19:20–19:35	Einüben taktischer Grundelemente	Üben charakteristischer Verhaltensweisen bei der Manndeckung
19:35–19:50	Spiel	Unterbrechungen und dabei Hinweise auf falsches taktisches Verhalten
19:50–20:00	Abwärmen	Lockerungs- und Dehnungsübungen, Besprechung

Grundlegende Kenntnisse über Trainingsprinzipien und -planungen sind für jeden Spieler Voraussetzung für reflektierendes Handeln.

Technikvermittlungsverfahren 5.4

Technik und Taktik können im Basketball auf unterschiedliche Art trainiert werden. Grob lassen sich zwei Methoden unterscheiden, nämlich die *motorische Trainingsmethode* (s. S. 77), bei der die Bewegungen real vollzogen werden, und die *nichtmotorische Trainingsmethode*, die durch Denk-, Sprech-, Beobachtungs- und Vorstellungsprozesse gekennzeichnet ist.

In der Sportpraxis sind die beiden Methoden meist miteinander verbunden. Im nichtmotorischen Bereich unterscheidet man:

informativ 5.10

Nichtmotorisches Techniktraining		
Training durch Sprechen und Kommunikation	**Training durch Beobachten eines Modells**	**Mentales Training**
Vermittlung von Erfahrungen, Strategien, Empfindungen bei der Bewegungsausführung durch Trainer/Mitspieler.	Demonstration einer Technik oder taktischen Konzeption durch Trainer/Lehrer	Verbesserung eines Bewegungsablaufes oder einer taktischen Konzeption allein durch planmäßiges Vorstellen.

Anwendungsbereich: Beantwortung von Fragen in Problemsituationen während des motorischen Trainings. Meist von Fortgeschrittenen angewandt.	**Anwendungsbereich:** Verschaffung einer genauen Bewegungsvorstellung, um die Technik anschließend real nachvollziehen zu können. Vor allem im Grundlagentraining anzutreffen.	**Anwendungsbereich:** Im Basketball besonders gut geeignet, um taktische Konzeptionen in Spielpausen durchzuspielen. Nur möglich bei klarer Bewegungsvorstellung.

Die besten Erfolge sind dann zu erzielen, wenn die Methoden des nichtmotorischen Trainings eng mit dem motorischen Training verflochten werden (vgl. auch S. 77).

am Rande bemerkt

Weitere Informationen in:
Martin, D. (Red.)/Carl, K./Lehnertz, K.: Handbuch der Trainingslehre, Schorndorf 1991.
Weineck, J.: Optimales Training, Erlangen 1994.

aktiv!

① Vergleichen Sie die Trainingsprinzipien (siehe Kapitel 5.1) mit Ihren praktischen Erfahrungen aus Schule und Sportverein!

② Befragen Sie Leistungssportler aus Ihrem Bekanntenkreis hinsichtlich ihrer Trainingsplanung! Bei Abweichungen diskutieren Sie darüber mit Ihrem Trainer bzw. Sportlehrer!

③ Auf welche Weise finden die verschiedenen Technikvermittlungsverfahren (siehe informativ 5.10) in einer Ihrer Trainingsstunden Anwendung?

④ Versuchen Sie sich einen Bewegungsablauf vorzustellen und dann in Gedanken nachzuvollziehen!

⑤ Überlegen Sie sich, wie oft Sie in Trainingspausen über Bewegungsabläufe oder taktische Verhaltensweisen nachdenken und was Sie dabei empfinden!

Klare Demonstration von Techniken durch den Sportlehrer ist für das Schaffen einer Bewegungsvorstellung und das anschließende praktische Üben von großer Bedeutung. **(5)**

Kapitel 6

Trainingsbegleitende Maßnahmen

Technik, Taktik und Kondition in den verschiedensten Ausprägungsformen werden allgemein als grundlegende Voraussetzungen für das erfolgreiche Ausüben einer Sportart angesehen und deshalb intensiv trainiert. Weniger Bedeutung mißt man dagegen trainings- und wettkampfbegleitenden Maßnahmen wie Auf- und Abwärmen, Trainereinsatz, Verletzungsprophylaxe und Ernährung bei. Sie erleichtern jedoch das Lernen, vermeiden körperliche Schäden, verkürzen den Wiederherstellungsprozeß und verbessern damit direkt und indirekt die sportliche Leistungsfähigkeit. Im Spitzensport – hier liegen die Leistungen besonders nah beieinander – kann die Beachtung bzw. Nichtbeachtung dieser Faktoren über Sieg oder Niederlage entscheiden.

Aufwärmen 6.1

Gerade in den Spielsportarten kann man oft beobachten, daß das Aufwärmen vor Training und Wettkampf auf ein kurzes Einwerfen oder Einschlagen beschränkt wird. Diese Verhaltensweise wird damit gerechtfertigt, daß bei den Technikübungen und im Spiel noch genug gelaufen werden müsse und ein besonderes Aufwärmen die ohnehin kurze Trainings- und Spielzeit noch weiter verkürzen würde.

Sportler sollten wissen, daß ein gezieltes Aufwärmen die Leistungsfähigkeit verbessert und die Verletzungsgefahr reduziert. Dabei wird grob zwischen *passivem* und *aktivem*, *allgemeinem* und *speziellem* Aufwärmen unterschieden.

Spezielles Aufwärmen im Tennisunterricht ***(1)***

Beim aktiven Aufwärmen führt der Sportler mit eigener Muskelkraft Bewegungen und Übungen aus, während beim passiven Aufwärmen von außen her die Muskulatur erwärmt wird.

Unter allgemeinem Aufwärmen versteht man Maßnahmen, die darauf abzielen, den gesamten Körper sportartunabhängig zu aktivieren. Dies wird durch Übungen erreicht, die zu einer Erwärmung der großen Muskelgruppen führen (z. B. beim Einlaufen).

Im speziellen Aufwärmen sind die einzelnen Übungen gezielt auf die Anforderungen einer bestimmten Sportart ausgerichtet und beinhalten auch einfache technische Elemente wie Dribbel- und Wurfübungen. Meist steht zwischen beiden Bereichen eine enge Verbindung, d. h. allgemeines Aufwärmen ist dem speziellen vorangestellt.

Zusätzlich kann die Vorbereitung für Training und Wettkampf in bestimmten Sportarten (z. B. Turnen, Leichtathletik) durch »mentales Aufwärmen« (Vorstellen von Übungen und Bewegungsabläufen) in Verbindung mit aktiven Aufwärmmethoden unterstützt werden.

Passives Aufwärmen kann u. a. durch heißes Duschen, Einreiben mit Wärmesalben, Massagen oder Diathermie (Strombehandlung) erfolgen. Es wird in den einzenen Sportarten nur ergänzend zum aktiven Aufwärmen angewendet, da es allein kaum zu einer Leistungsverbesserung oder Verletzungsprophylaxe beitragen wird. Das Aufwärmen kann durch wärmende Trainingsbekleidung noch unterstützt werden.

am Rande bemerkt

informativ 6.1 →

Beim Aufwärmen sollte grundsätzlich beachtet werden:
- Die Aufwärmzeit steigt mit zunehmendem Alter und Leistungsstand.
- Bei kühler Witterung muß länger aufgewärmt werden als bei warmer Umgebungstemperatur.
- Am Morgen ist länger aufzuwärmen als im weiteren Tagesverlauf.
- Als Mindestzeit sollten im Schulsport 10 Minuten, im Leistungssport 20 Minuten angesetzt werden.
- Das Aufwärmen sollte 5 bis 10 Minuten vor Wettkampfbeginn abgeschlossen sein, danach muß der Körper durch entsprechende Bekleidung warmgehalten werden.

Zusätzlich zum aktiven Aufwärmen ist es vor Rundenspielen notwendig, sich mental auf den Gegner einzustimmen.

Aufwärmen läßt sich grob in die Abschnitte *Erwärmungsphase* (passiv oder aktiv), *Dehnungs-* und *Kräftigungsphase* (Funktionsgymnastik) und *Lockerungsphase* einteilen.

informativ 6.2

Aufwärmen–Unterteilung

Erwärmungsphase	Dehnungs- und Kräftigungsphase	Lockerungsphase
Allgemeines aktives Erwärmen Einlaufen, Hopserlauf, Kniehebelauf, Laufen mit Anfersen, Seitgalopp	**Allgemeine Dehnungs- und Kräftigungsübungen** Vor dem Training: Dehnübungen für alle Körperbereiche (Methode der Anspannung und Entspannung, Anspannung der Antagonisten)	**Allgemeine Lockerung = z. B. Lockerungsübungen**
Spezielles aktives Erwärmen Basketballspezifische Laufbewegungen mit geringer Intensität auf dem Spielfeld	**Spezielle Dehnungs- und Kräftigungsübungen** Dehnen der beim Spiel besonders beanspruchten Muskelbereiche (Methode der sanften Dauerdehnung)	**Spezielle Lockerung = z. B. Einwerfen**
Passives Erwärmen Massage, Einreiben mit durchblutungsfördernden Mitteln		

aktiv!

① Beobachten Sie beim Aufwärmen die Reaktionen Ihres Körpers – Schwitzen, Pulsschlag, Atmung! Nach dem Aufwärmen sollen Sie nicht müde sein, sondern bereit für Technik-, Taktiktraining oder Wettkampf. Wenn Sie sich aufwärmen, denken Sie daran, daß es sich dabei nicht um eine lästige Pflichtübung handelt, sondern daß Sie damit die Leistungsfähigkeit steigern, die Verletzungsgefahr reduzieren und wesentlich aufnahmefähiger beim Lernen werden.

② Entwickeln Sie unter Berücksichtigung der Anforderungen der Sportart Basketball und Ihrer Körpervoraussetzungen ein ganz individuelles Aufwärmprogramm!

③ Vergleichen Sie das im Sportunterricht durchgeführte Aufwärmprogramm mit den Vorgaben! Bei Unterschieden diskutieren Sie darüber mit Ihrem Sportlehrer!

④ Befragen Sie Leistungssportler aus Ihrem Bekanntenkreis, wie sie sich im Training und vor dem Wettkampf aufwärmen!

Aktives Aufwärmen – Wirkung

Nervensystem
- Beschleunigung des Ablaufs nervaler Erregungsprozesse
- Anstieg von Reaktions- und Kontraktionsgeschwindigkeit

Herz-, Kreislaufsystem
- Steigerung von Herzfrequenz, Blutdruck und Atmung
- Vermehrung der Durchblutung der in der Sportart eingesetzten Muskelbereiche

Stoffwechsel
- Steigerung der Körpertemperatur
- Verbesserung der Energiebereitstellungsvorgänge

Muskeln, Sehnen, Bänder
- Reduzierung der inneren Reibung von Muskeln, Sehnen und Bändern
- Reduzierung der Verletzungsgefahr

Gelenke
- Vermehrung der Produktion von Gelenkschmiere
- Dickenzunahme des Gelenkknorpels durch Flüssigkeitseinlagerungen

Sinnesorgane
- Erhöhung der Aufnahmefähigkeit der verschiedenen Analysatoren

Psychischer Bereich
- Abbau von nervösen Spannungszuständen
- Steigerung der Motivation

Das Einstimmen der Psyche auf das Spiel sollte fester Bestandteil des Aufwärmprogramms sein. **(2)**

Abwärmen 6.2

informativ 6.3 →

Das *aktive* und *passive* Abwärmen nach einem anstrengenden Training oder Wettkampf dient der raschen Erholung und soll der physischen und psychischen Ermüdung entgegenwirken.

Nach einem anstrengenden Schwimmprogramm im Sportunterricht wird »Ausschwimmen« akzeptiert, ebenso das »cool-down« nach einer Gymnastikstunde. Nach Spielstunden im Sportunterricht ist die Bereitschaft zum Abwärmen erfahrungsgmäß aber meist gering. Gespielt wird lieber bis zur letzten Minute.

Sogar nach Schulsport-Wettkämpfen kann man beobachten, daß häufig nicht einmal die Gelegenheit zum passiven Abwärmen, dem Duschen, genutzt wird. Auch Maßnahmen zur psychischen Wiederherstellung, wie etwa Beruhigungsatmung oder autogenes Training, werden nur in den seltensten Fällen angewendet.

Informativ 6.3 zeigt, wie sich der Wiederherstellungsprozeß bei aktivem Abwärmen im Gegensatz zu fehlendem Abwärmen verändert: Beim Training verläßt der Körper den *Homöostasebereich*, also jene Spanne, in der sich der Organismus im physiologischen Gleichgewicht befindet. Durch das Abwärmen stellt sich die Phase der Überkompensation, in der neue Trainingsreize gesetzt werden müssen, um eine Leistungsverbesserung zu erzielen, wesentlich früher ein (informativ 6.4).

informativ 6.4 →

Die Zeitdauer des Abwärmens richtet sich dabei nach der Intensität der Trainingsstunde oder des Wettkampfes. Für einen einstündigen Sportunterricht empfiehlt sich ein fünfminütiges Abwärmprogramm, bestehend aus Dehnungsübungen, Beruhigungsatmung, einer abschließenden Besprechung der Sportstunde und dem obligatorischen Waschen. Nach einem intensiven Vereinstraining sollten mindestens 15 Minuten für eine allgemeine und spezielle Lockerung, Dehnungsübungen, autogenes Training und anschließendes Duschen genutzt werden.

informativ 6.5 →

Aktives Abwärmen – Wirkung

Nervensystem
- Wiederherstellung des Gleichgewichts zwischen Sympathikus und Parasympathikus
- Abnahme der Erregung und Anspannung, Einkehr von Beruhigung

Herz-, Kreislaufsystem
- Rückkehr von Pulsfrequenz, Blutdruck, Atmung und Temperatur in die Normallage

Muskulatur, Wasser- und Hormonhaushalt
- Lockerung der ermüdeten und verspannten Muskulatur
- Beschleunigung des Stoffwechselprodukt-Abbaus
- Normalisierung der Flüssigkeitsverteilung
- Rückführung des Wassers aus den Muskelzellen in die Blutbahn
- Reduzierung von Adrenalin, Noradrenalin

Wiederherstellung des Gleichgewichts durch Abwärmen

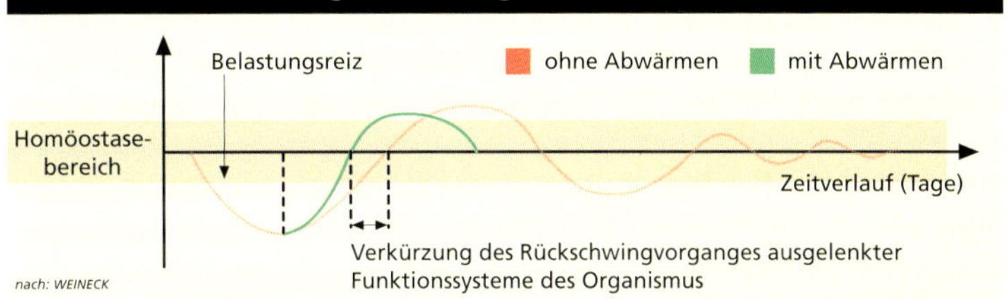

Abwärmen – Unterteilung

Aktives Abwärmen

Lockerung	Dehnung	Entspannung
Allgemeine Übungen Lockerung des gesamten Körpers durch Auslaufen oder auflockernde Spiele	**Allgemeine Übungen** Dehnung einer Vielzahl von Muskelgruppen	**Beruhigungsatmung**
Spezielle Übungen Lockerung der im Training und Wettkampf besonders beanspruchten Muskulatur	**Spezielle Übungen** Dehnung der beim Training und Wettkampf beanspruchten Muskelgruppen	**Progressive Muskelrelaxion**
Individuelle Übungen Lockerung von Muskelgruppen, die individuell besonders beansprucht wurden	**Individuelle Übungen** Dehnung in Abhängigkeit von individuellen Problemzonen bzw. möglichen Verletzungen	**Autogenes Training (s. S. 78)**

Passives Abwärmen

Massage	Duschen	Sauna	Ruhen

aktiv!

① Beobachten Sie das Abwärmen bei unterschiedlichen Sportarten!
② Wie haben Sie bis jetzt die Rolle des Abwärmens eingeschätzt? Diskutieren Sie mit Ihren Mitschülern darüber, ob es möglich sein wird, ein gezieltes Abwärmen nach jeder Sportstunde durchzuführen!
③ Erstellen Sie ein Abwärmprogramm für Ihre speziellen Bedürfnisse!

am Rande bemerkt

Weitere Informationen in:
Weineck, J.: Optimales Training, Erlangen 1994.
Hagedorn, G. u. a.: Basketball Handbuch, Theorie – Methoden – Praxis, Reinbeck 1985.

Ernährung 6.3

informativ 6.6 →

Alle Lebensvorgänge, ob im physischen (Einsatz von Ausdauer, Kraft, Schnelligkeit), psychischen (Konzentration, Aufmerksamkeit) oder koordinativen Bereich (Lernen von Bewegungen, nervale Steuerungsprozesse), erfordern ständig Energie. Diese wird durch die Ernährung sichergestellt.

In letzter Zeit setzt sich nicht nur im Leistungssport, sondern auch im Freizeit- und Gesundheitssportbereich immer mehr die Erkenntnis durch, daß die Ernährung auf die Art der sportlichen Belastung abgestimmt werden muß, um die Leistungsfähigkeit zu erhalten und zu verbessern. Dabei gilt: Je mehr Leistung man dem Körper abfordert, desto empfindlicher reagiert er auf Ernährungsfehler. Deshalb werden von Sportärzten, Physiologen aber auch durch Fitneß-Studios spezielle Ernährungspläne aufgestellt.

Hauptsächliches Ziel der Sporternährung ist es, den erhöhten Energiebedarf für die speziellen Sportarten zu decken.

Der Energiebedarf beim Sporttreiben ist sehr unterschiedlich. Er wird bestimmt von

- der Sportart, den äußeren Trainingsbedingungen, dem Trainingsumfang und der -intensität, dem Trainingszustand des Sportlers,
- der Art und Zusammensetzung der Nahrungsmittel,
- dem Alter, dem Geschlecht, der Muskelmasse, von Krankheiten und Verletzungen,
- den klimatischen Bedingungen am Trainingsort,
- der Art der beruflichen Tätigkeit.

Stufenprozesse der Ernährung

Nahrungsaufnahme

↓

Verdauung
Aufschluß der Nahrungsstoffe bis zu resorbierbaren Verbindungen

↓

Resorption
Aufnahme der aufgeschlossenen Nahrungsstoffe aus dem Verdauungskanal in Blut- und Lymphbahnen

↓

Intermediärstoffwechsel
Chemischer Umsatz hochmolekularer Verbindungen in stufenweisem Abbau zu niedermolekularen Verbindungen (Energiegewinnung) oder im Umbau zur Synthese körpereigener Substanzen unter Verknüpfung kataboler (abbauender) und anaboler (aufbauender) Vorgänge.

↓

Ausscheidung
Abgabe von Stoffwechselprodukten (z.B. Kohlendioxid, Wasser, Harnstoff) und nicht abbaufähigen Substanzen (z.B. Ballaststoffe)

Grundnährstoffe im Überblick

Energieliefernde Nährstoffe sind Kohlenhydrate, Fette und Eiweiße, die sich gegenseitig vertreten können, aber teilweise auch nicht austauschbare Funktionen haben. Darüber hinaus sind Stoffe wie Vitamine, Mineralstoffe und Spurenelemente nötig, welche die Energiebereitstellung indirekt beeinflussen.

Kohlenhydrate und *Fette* sind hauptsächlich Energiespender, während *Eiweiße* in erster Linie zum Zellaufbau und zur Produktion von Enzymen und Hormonen benötigt werden. Sie übernehmen auch Transportfunktionen und erhalten das Immunsystem aufrecht.

Vitamine sind organische Verbindungen, die als Biokatalysatoren an der Steuerung von zahlreichen Stoffwechselprozessen beteiligt sind. Der Tagesbedarf eines Sportlers liegt etwa 3mal so hoch wie der eines Nichtsportlers.

Mineralstoffe (Natrium, Kalium, Kalzium, Magnesium u.a.) und *Spurenelemente* (Eisen, Jod, Fluor u.a.) benötigt der Organismus als Knochen- und Enzymbausteine, zur Enzymaktivierung und Blutbildung.

Mit der Nahrung werden auch *Ballaststoffe* (v.a. Zellulose) aufgenommen, die nur zu einem geringen Teil verdaulich sind. Dennoch sind sie für eine gesunde Ernährung unentbehrlich. Sie sorgen für eine gute Darmfunktion, für ein längeres Sättigungsgefühl und eine verzögerte Kohlenhydrataufnahme ins Blut, die einen gleichbleibenden Blutzuckerspiegel sicherstellt.

am Rande bemerkt

Ein normalgewichtiger Mensch benötigt bei leichter körperlicher Betätigung für das Wachstum (Kinder, Jugendliche), die Zell- und Organfunktionen, die Erhaltung der Körpertemperatur, die Aufrechterhaltung des Gleichgewichts und die Fortbewegung 11000 bis 13000 kJ pro Tag.
Ein jugendlicher Basketballer benötigt bei einer Stunde Basketball-Wettkampf ca. 3400 kJ.

am Rande bemerkt

Weitere Informationen in:
Konopka, P.: Sporternährung, München 1985.
Marées, de H./Mester, J.: Sportphysiologie II, Frankfurt/M., Berlin, München 1984.
Weineck, J.: Sportbiologie, Erlangen 1986.

Flüssigkeitszufuhr

informativ 6.7 →

> Der menschliche Körper besteht zu ca. 60% aus Wasser, eingelagert in und zwischen den Zellen und frei in der Blutbahn. Es dient als Transportmittel für alle wasserlöslichen Stoffe und ist an der Wärmeregulation maßgeblich beteiligt.

Der Wasserbedarf des Menschen ist abhängig vom Verbrauch, der beeinflußt wird durch Verluste aus Harnabgabe, Atmung, Aufbau von Glykogen und Schwitzen. Die Verluste werden durch die Aufnahme von Nahrung und Getränken ausgeglichen.

Bei Wassermangel sinkt die Leistungsfähigkeit des Organismus rapide. Bereits bei einem Flüssigkeitsverlust von 2% des Körpergewichts vermindert sich die Ausdauerleistungsfähigkeit um 20%, bei 10% Verlust tritt bereits ein lebensbedrohlicher Zustand ein.

Grundsätze einer allgemeinen gesunden Ernährung

Als Orientierung bei der Zusammenstellung der Nahrungsmittel für eine gesunde Ernährung kann der folgende Vorschlag der Deutschen Gesellschaft für Ernährung (DGE) dienen:

informativ 6.8

Gesunde Nahrungszusammenstellung

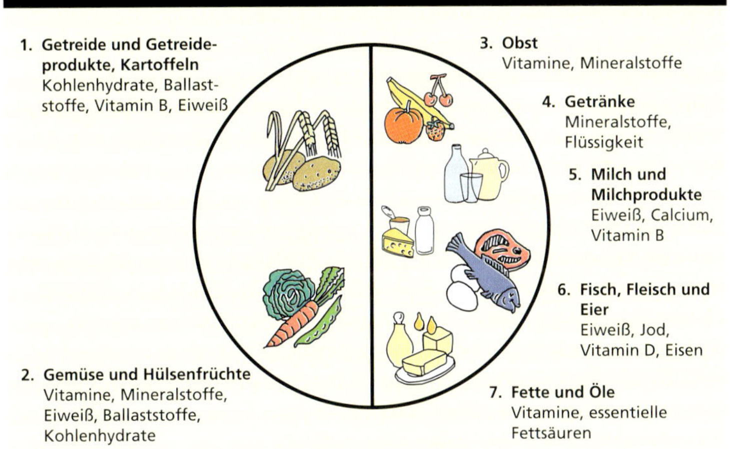

Mindestens die Hälfte der täglichen Nahrung sollte sich aus den Gruppen 1 und 2, der Rest aus den Anteilen der Gruppen 3 bis 7 zusammensetzen. Es ist empfehlenswert, aus der Gruppe 1 Nahrungsmittel aus Weiß- und Graumehlen (Auszugsmehlen) zu reduzieren und Vollkornprodukte zu bevorzugen. Zucker und Zuckerprodukte sind möglichst zu meiden, da zu deren Abbau sehr viel Vitamin B verbraucht wird. Vitamin B-Mangel führt zu Störungen des Stoffwechsels, der Herz- und Muskelfunktion sowie des Nervensystems. Zudem enthält Zucker kaum »Vitalstoffe« (Vitamine, Mineralstoffe, Spurenelemente usw.) und wird bei Überschuß in Fett verwandelt, was zu Übergewicht führen kann. Günstig ist es, wenn zwischen Fleisch, Eiern und Fisch abgewechselt wird und tierische Fette sparsam eingenommen werden. Unbedingt notwendig sind die mehrfach ungesättigten Fettsäuren, die den Stoffwechsel günstig beeinflussen und für den Transport und die Aufnahme der Vitamine A, D und E notwendig sind. Am wertvollsten sind dabei kaltgepreßte pflanzliche Öle.

informativ 6.9 →

Flüssigkeitsverlust beim Sport

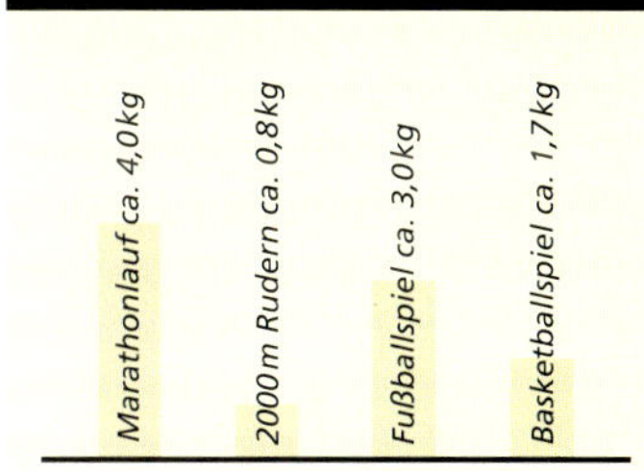

Beim Ausgleich des Flüssigkeitsdefizits sollten folgende wichtige Grundsätze von den Sportlern beachtet werden:

- Trinke (ca. 3–4 Liter täglich) Mineralwasser, Obst- und Gemüsesaft mit Wasser, weil diese wichtige Mineralstoffe und Spurenelemente enthalten!
- Meide Limonaden, weil hoher Zuckergehalt die Flüssigkeitsaufnahme verlangsamt!
- Meide tein- und koffeinhaltige Getränke, weil deren harntreibende Wirkung zur Ausschwemmung von Mineralstoffen führt!

- Meide Alkohol, weil dadurch die Regenerationsfähigkeit des Organismus blockiert wird!
- Trinke bereits vor dem Sporttreiben ausreichend!
- Trinke bei langandauernden Belastungen auch während der Betätigung, in den Pausen und bevor sich ein Durstgefühl einstellt!

Energieverteilung im Basketball

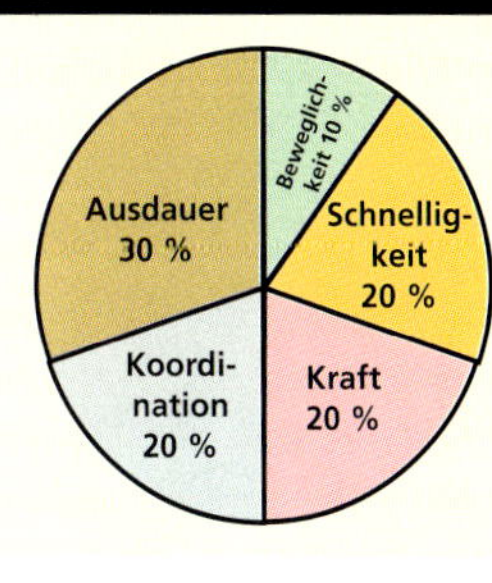

Ernährung in Abhängigkeit von der Beanspruchungsform

Die Nahrungsmittelzusammenstellung wird nicht nur von der Sportart bestimmt, sondern auch von der Trainingsperiode, in der sich der Athlet gerade befindet. Besonders schwierig wird die Kombination der Nährstoffe in Sportarten, in denen neben der Schnellkraft auch Ausdauer gefordert ist, wie es bei den Spielsportarten der Fall ist.

Ein großer Teil der Energie im Basketball (30 %) wird für Ausdauerbelastungen benötigt. Die normale spielspezifische Ausdauerbeanspruchung ist aerob. Für intensive Spielsituationen ist auch kurzzeitig anaerobe Energiebereitstellung erforderlich. Dabei werden die Glykogenspeicher schnell aufgebraucht und müssen durch eine erhöhte Zufuhr von Kohlenhydraten wieder aufgefüllt werden.

Durch die hohe Intensität der Belastungen im Leistungsbasketball ist auch ein erhöhter Bedarf an Eiweißen erforderlich. Sie werden vor allem als Enzyme für die Stoffwechselprozesse und als Muskelsubstanzen (Myosin und Aktin) für den Kontraktionsvorgang gebraucht.

Spieler im Freizeitbereich und in den unteren Spielklassen werden den Leistungsanforderungen im Basketball gerecht, wenn sie nach den allgemeinen Ernährungsgrundsätzen leben (informativ 6.8).
Alle Sportarten haben eines gemeinsam: Das Leistungsvermögen ist bei Wettkämpfen und im Training abhängig von gefüllten Glykogenspeichern. Je größer die Füllmenge, desto schneller und leichter kann die Energie bereitgestellt werden.

Essen und Trinken an Wettkampftagen

Grundregeln für die Ernährung am Wettkampftag:
- Nicht nüchtern ins Spiel gehen, aber auch nicht zu viel essen!
- Letzte Mahlzeit 2 bis 3 Stunden vor Spielbeginn einnehmen!
- Leichtverdauliche, stärkehaltige Nahrung zu sich nehmen (insbesondere Vollkornflocken, Vollkornbrot, Obst und Gemüse)!
- Ausreichend trinken, möglichst stilles Mineralwasser, evtl. mit Obstsaftbeimischung! Alkohol auf jeden Fall meiden!

informativ 6.10 →

Essen und Trinken in Spielpausen

Während der Spielpausen sollten Schweißverluste durch die Einnahme von stillem, mit Obstsaft vermischtem Mineralwasser ausgeglichen werden. Zusätzlich ist es möglich, auch Kohlenhydrate in Form von Müsliriegeln, Trockenfrüchten und Bananen zu ergänzen.

Rauchen in Pausen ist zu unterlassen, da das Kohlenmonoxid die Sauerstofftransportkapazität des Blutes deutlich verringert.

Essen und Trinken nach Spielen und Turnieren

Nach Spielende kleine Mengen Flüssigkeit (Mineralwasser, Obstsäfte) trinken. Wenn sich Hungergefühl einstellt, kohlenhydratreiche Nahrung wählen. Nach Spielen am Abend sollte nur wenig und leicht verdauliche Nahrung aufgenommen werden, damit der Schlaf und somit die Erholung nicht beeinträchtigt wird.

aktiv!

① Orientieren Sie sich, in welchen Nahrungsmitteln vermehrt verwertbare Kohlenhydrate enthalten sind!
② Überprüfen Sie Ihre bisherigen Eß- und Trinkgewohnheiten vor und an Wettkampftagen und machen Sie sich darüber Aufzeichnungen!
③ Fragen Sie Mitschüler und Spieler, welche Bedeutung Traubenzucker und *isotonische Durstlöscher* für die Leistungsfähigkeit haben.

Zuckerhaltige Getränke?

Vermeide die Einnahme von Traubenzucker und zuckerhaltigen Getränken!

Begründung:

Monosaccharide gehen sofort ins Blut über
↓
Blutzuckerspiegel steigt
↓
Bauchspeicheldrüse schüttet vermehrt Insulin aus
↓
Blutzuckerspiegel sinkt unter den Normalbereich
↓
Unterzuckersyndrom

Zuckerhaltige Getränke erhöhen zusätzlich das Durstgefühl!

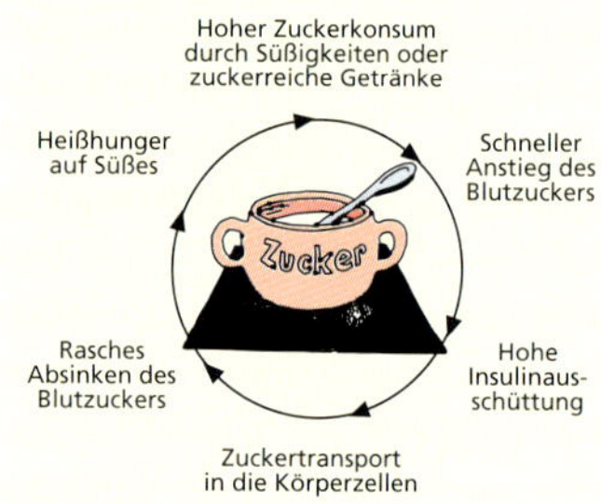

am Rande bemerkt

Statt isotonischer Durstlöscher besser stilles Mineralwasser mit Obstsäften im Verhältnis 5 : 1 bis 3 : 1 trinken!
Begründung: Isotonische Getränke enthalten Mineralstoffe und Vitamine, die zur Flüssigkeitsregulierung nicht benötigt werden. Sie sind teuer, enthalten oft Zucker und belasten die Umwelt (Dosen).

Die Bedeutung des Trainers/Sportlehrers 6.4

informativ 6.11 →

Das Erlernen eines Sportspiels wird in den meisten Fällen von Sportlehrern bzw. Trainern begleitet. In den Sportspielen werden dabei neben der Technik und der Kondition – mehr als in anderen Sportarten – auch taktische Verhaltensweisen und Kenntnisse vermittelt.

> Das Erlernen von Techniken erfolgt in den Sportspielen überwiegend durch Nachahmen bewährter Bewegungsabläufe (*Lernen am Modell*), selten durch Probieren.
>
> Im taktischen Bereich wird der Weg zum Lösen einer Aufgabe dagegen meist gedanklich durchgespielt, bevor er zur Ausführung kommt (*Lernen durch Einsicht*).

Dem Lehrer kommt dabei die wichtige Aufgabe zu, den Lehr- und Lernprozeß so zu gestalten, daß zwischen dem Nachahmungslernen und dem einsichtigen Lernen eine Wechselbeziehung entsteht, d.h., daß der Lernende nicht einfach nur nachahmt, sondern angeleitet wird, über den Sinn der Aktionen nachzudenken.

Beim Lehren und Lernen von sportlichen Techniken und taktischen Verhaltensweisen geht man von Leitbildern (Sollwert) aus. Um diese Leitbilder zu vermitteln, bedient sich der Lehrer oder Trainer bestimmter Informationsarten (vgl. informativ 6.11).

Mit der Vermittlung des Sollwertes ist die Aufgabe des Lehrers aber noch nicht beendet. Die Ausführung (Istwert) der Technik weicht beim Anfänger meist erheblich vom Leitbild (Sollwert) ab. Nur über eine Rückmeldung des Istwertes ist es möglich, Vergleiche mit dem Leitbild vorzunehmen. Der Sollwert- Istwert-Vergleich kann dabei über Eigenbeobachtung oder Fremdbeobachtung erfolgen.

Da dem Anfänger eine genaue Bewegungsvorstellung fehlt und sich die eigene Erkenntnis meist auf ein »gelungen« oder »mißlungen« beschränkt, ist er auf eine Fremdbeobachtung durch den Lehrer angewiesen.

Die Kommentare zum Sollwert-Istwert-Vergleich können auf verschiedene Art überbracht werden. Bei Erreichung des Sollwertes z.B. zustimmendes Kopfnicken oder ein Lob, bei Abweichungen z.B. ein skeptisches Gesicht, Hinweise auf Fehler und Anregungen zur Eigenkorrektur.

Mit zunehmendem Kenntnisstand treten die Informationen durch Außenstehende immer mehr zurück. Auf Grund eines verfeinerten Bewegungsempfindens erkennt der Sportler geringste Abweichungen selbst und ist auch in der Lage, die jeweiligen Ursachen zu ergründen.

Die Bedeutung des Trainers liegt beim Turnen besonders im taktilen Bereich durch Bewegungsführung. **(3)**

Die Bedeutung des Trainers/Sportlehrers ist insbesondere beim Kinder- und Jugendsport groß. Hier geht es neben dem Erlernen von Technik und Taktik auch um Vermittlung von Spaß und Erlebniswerten. **(4)**

Informationsarten – Maßnahmen

Verbale Informationen

Der Bewegungsablauf wird anhand äußerer Merkmale beschrieben ***(Bewegungsbeschreibung)***.

Zusätzliche Erläuterungen physiologischer und biomechanischer Zusammenhänge ***(Bewegungserklärung)***

Optische Informationen

Der Bewegungungsablauf ist festgelegt und läßt keine Wahl bei der Ausführung ***(Bewegungsvorschrift)***.

Vormachen der Technik durch Lehrer oder Schüler, Einsatz von Film, Video, Skizzen ***(Bewegungsdemonstration)***

Taktile Informationen

Körperteile oder der gesamte Körper werden durch den Lehrer in die richtige Position gebracht, Wurfbewegungen durch den Lehrer geführt ***(Führung der Bewegung)***.

Mischformen

Demonstration des Bewegungsablaufes bei gleichzeitiger Bewegungserklärung.

Führen der Bewegung mit gleichzeitiger Bewegungsbeschreibung ***(Informationskombination)***

Neben der Vermittlung von Technik und Taktik der Sportart hat der Trainer bzw. Sportlehrer auch die Aufgabe, den Schülern Methoden zur Selbststeuerung im emotionalen Bereich zu vermitteln, damit es ihnen möglich ist, psychische Spannungen während und nach dem Spiel abzubauen. Dazu gibt es verschiedene Techniken und Verfahren.

Autogenes Training

Beim *autogenen Training* ist es dem Sportler möglich, sich selbst in einen Zustand innerer Ruhe zu versetzen. Diese Methode ist gut geeignet für den Bereich des Abwärmens, weniger aber zur Regulation von Angstzuständen vor Wettkämpfen, da sie keine aktivierende Komponente aufweist.

Desensibilisierungsverfahren

Beim *Desensibilisierungsverfahren* wird vor dem Spiel die Wettkampfsituation (eigene körperliche Verfassung und taktische Konzeption, Fähigkeiten des Gegners usw.) zusammen mit dem Trainer durchgespielt oder angstauslösende Sachverhalte im Training (z.B. Geräuschkulisse von Zuschauern) simuliert.

Relaxation-Mobilisationstechnik

Auf eine Entspannungsphase folgt bei der *Relaxation-Mobilisationstechnik* ein mobilisierender Teil, der gekennzeichnet ist durch aggressive und schnelle Bewegungen. Diese Form könnte bei Basketballturnieren in Spielpausen Anwendung finden. Die Spieler machen sich so wieder gegenseitig Mut.

informativ 6.12 →

Autogenes Training

Mögliches Übungsprogramm zum Autogenen Training

Das Autogene Training kann von jedem unter Anleitung erlernt werden.

Es beruht auf Formeln, einfachen Sätzen, die das Körpergeschehen betreffen.

Zunächst nimmt man eine entspannte Position ein (vgl. Abbildung).

Den Inhalt der rechts aufgeführten Sätze stellt sich der Übende plastisch vor und erreicht so eine Umschaltung des Organismus auf Entspannung.

Die ersten Anzeichen der Entspannung sind meist ein Gefühl der Schwere und ein Kribbeln in den Fingern. Mit der Zeit entwickelt sich bei entsprechender Übung aber ein Gefühl innerer Entspanntheit, welches sich zunehmend schneller einstellt.

1. ***Ich bin ganz ruhig, ganz entspannt.***
2. ***Meine beiden Arme sind ganz schwer.***
3. ***Meine beiden Beine sind ganz schwer.***
4. ***Meine beiden Arme sind ganz warm.***
5. ***Meine beiden Beine sind ganz warm.***

Das Erlernen dieser Techniken ist nur unter Anleitung von Fachleuten möglich. Im Leistungssport können durch übermäßige psychische und physische Belastungen leistungshemmende Erscheinungen wie Unsicherheit, Nervosität, Konzentrationsmangel oder Kraftlosigkeit auftreten. Zu ihrer Bewältigung werden *Methoden der Psychoregulation* eingesetzt. Auch im Schulsport finden einfache Formen dieser Bewältigungsstrategie Anwendung, wie etwa allgemeine Atementspannung, progressive Muskelrelaxation, Yoga, Meditation usw.

aktiv!

① Beobachten Sie, wie Ihr Sportlehrer den Sollwert einer Bewegung vermittelt und Vergleiche zwischen Sollwert und Istwert anstellt!
② Überprüfen Sie sich, auf welche Weise Sie beim Basketballtraining Abweichungen vom Sollwert selbst erkennen!
③ Beobachten Sie Leistungssportler, auf welche Weise sie sich auf den Wettkampf psychisch einstimmen bzw. nachher entspannen!

am Rande bemerkt

Weitere Informationen in:

Eberspächer, H.: Sportpsychologie, Hamburg 1987.
Thomas, A.: Einführung in die Sportpsychologie, Göttingen, Toronto, Zürich 1978.
Rodionow, A. W. (Red.): Psychologie in Training und Wettkampf, Berlin 1982.

Verletzungen beim Basketball 6.5

informativ 6.13 →

Als *typische Sportverletzungen* werden solche angesehen, die mit bestimmten sportlichen Techniken und Sportgeräten in Zusammenhang stehen.

Beim Basketball sind besonders verletzungsanfällige Bereiche die Kniegelenke, das Sprunggelenk, das Schultergelenk, das Ellenbogengelenk, die Fingergelenke, die Muskulatur der Beine, die Wirbelsäule (Gefahr der Bandscheibenverletzungen), die Achillessehne, aber auch die Haut (Schürfwunden) und die Fußsohlen (Hautblasen).

informativ 6.14

Verletzungen beim Basketball

Welche Körperstellen sind im Basketball besonders verletzungsgefährdet?

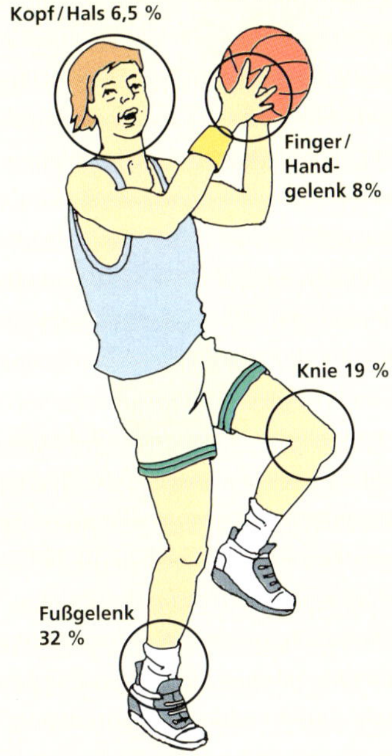

Welche Arten von Verletzungen treten im Basketball besonders auf?

Distorsion:
Unphysiologische Beanspruchung (Verstauchung) eines Gelenkes über den aktiv erreichbaren Bewegungsausschlag hinaus. Folge: Bänderrisse, Meniskusverletzungen, Kapselrisse

Fraktur:
Bruch von Knochen durch Gewalteinwirkung oder Überbelastung

Muskelzerrung / Muskelriß:
Risse von Muskelfasern, Muskelfaserbündeln oder Muskelsträngen

Schürfwunden:
Zerstörung der Hautoberfläche bei Stürzen

Kontusion:
Prellungen und Quetschungen von Gewebe (Muskel, Knochen, Auge) durch stumpfe Gewalteinwirkung

Luxation:
Verschiebung von Gelenkflächen, die sonst in Kontakt stehen (Verrenkung bzw. Ausrenkung eines Gelenkes). Folgen wie bei Distorsionen

Ursachen für Sportverletzungen

aktuell – personenextern

- glatter Hallenboden
- schlechtes Licht
- unzweckmäßige Bekleidung
- unfaire Gegner
- mangelhafte Schiedsrichterleistung
- zu hohe Leistungsanforderungen
- spezifische Anforderungen, z. B. schnelles Spiel, schwerer Ball, enges Spielfeld

aktuell – personenintern

- Ermüdung, Konzentrationsmangel
- ungenügendes Aufwärmen
- Überforderung, Streß
- fehlerhafte Technik, Erkrankung
- Mißstimmung, Sorgen
- schlechter Trainingszustand

überdauernd – personenintern

- anlagebedingte psychische Schwächen
- chronische Sportschäden
- nicht ausgeheilte Verletzungen
- übertriebene Risikobereitschaft/ Leistungsmotivation
- Neigung zu Verletzungen
- Furcht vor spezifischer Sportverletzung

Durch zu harten Körpereinsatz können im Basketball schnell Verletzungen verursacht werden, wie hier bei einem Streetball-Turnier. ***(5, 6)***

Verletzungsprophylaxe

informativ 6.15 →

Ein wichtiges Ziel im Sportunterricht bzw. beim Training und Wettkampf ist es, daß Verletzungen erst gar nicht auftreten. Dazu ist es unbedingt notwendig, die Ursachen zu berücksichtigen und darauf aufbauend folgende Maßnahmen einzuleiten:
- bei chronischen Sportschäden und nicht ausgeheilten Verletzungen nur Übungen ausführen, die den Zustand nicht verschlechtern,
- bei Neigung zu bestimmten Verletzungen die sie auslösenden Übungen meiden,
- bei Ermüdungen und Konzentrationsmängeln Erholungspausen einlegen,
- bei Erkrankungen nicht an Spielen und am Training teilnehmen,
- bei Technik- und Konditionsmängeln Defizite durch zusätzliches Training ausgleichen,
- bei niedrigen Hallentemperaturen und Spielen am Vormittag besonders gründlich aufwärmen,
- bei ungünstigen äußeren Bedingungen, z.B. glattem Hallenboden oder schlechten Lichtverhältnissen, die Spielweise darauf einstellen,
- bei Überforderung einzelner Spieler Eingliederung dieser in Gruppen, die ihrem Leistungsniveau entsprechen. Der Trainer sollte dem Spieler die Notwendigkeit dieser Maßnahme in einem persönlichen Gespräch verständlich machen.

Sofortmaßnahmen nach Sportverletzungen

Sollten trotz vorbeugender Maßnahmen Verletzungen auftreten, so sind Sofortmaßnahmen notwendig. Bei nahezu allen Sportverletzungen ist es sinnvoll, sofort nach dem Unfall mit Maßnahmen der Ersten Hilfe zu beginnen. Damit wird erreicht, daß Schmerzen gelindert, Schwellungen eingedämmt und Folgeschäden vermieden werden.

Vor einer Behandlung muß man sich über die mögliche Art der Verletzung informieren. Durch Befragung des Verletzten oder der Mitspieler läßt sich eine Erstdiagnose stellen. Schon bei Verdacht auf eine schwere Verletzung muß ein Arzt hinzugezogen werden.

Als Erstversorgung der beim Basketballspiel üblichen Verletzungen wie Prellungen, Verstauchungen, Zerrungen und Brüchen sind die in informativ 6.15 aufgezeigten Maßnahmen geeignet.

aktiv!

① Suchen Sie nach möglichen Verletzungsgefahren beim Sportunterricht (Übungsformen, Geräteaufbau, Partnerverhalten, Hallenbeschaffenheit, Schuhe) und überlegen Sie sich, auf welche Weise sie reduziert werden könnten!

② Stellen Sie fest, welche Materialien zur Sofortbehandlung von Sportverletzungen in der Sporthalle bereitliegen! Falls wichtige Dinge fehlen, sprechen Sie darüber mit Ihrem Sportlehrer oder Trainer!

③ Informieren Sie sich rechtzeitig über die Anwendung von Kältepacks! Bei einer auftretenden Verletzung hat man dazu meist keine Zeit!

④ Legen Sie zur Probe einen Druckverband an! Falls Sie noch an keinem Erste-Hilfe-Lehrgang teilgenommen haben, lassen Sie es sich von Ihrem Sportlehrer bzw. Trainer zeigen!

⑤ Spielen Sie mit Ihren Mitschülern einen Sportunfall durch! Überlegen Sie, was in diesem konkreten Fall zu tun wäre!

Erstversorgung von Verletzungen

Kälteanwendung

Der Kältereiz zieht die Kapillaren im Gewebe zusammen, ein weiterer Bluteintritt ins Gewebe wird verhindert.

Hochlagerung

Die Hochlagerung erleichtert den venösen Rückstrom, die Schwellungen gehen zurück.

Kompressionsverband

Der Druckverband drückt verletztes Gewebe zu, dadurch entsteht kein Blutstau und ein weiterer Blutaustritt wird gestoppt.

Ruhigstellung

Schmerzhafte Bewegungen werden dadurch vermieden, z.B. Reiben von Knochenenden bei Brüchen.

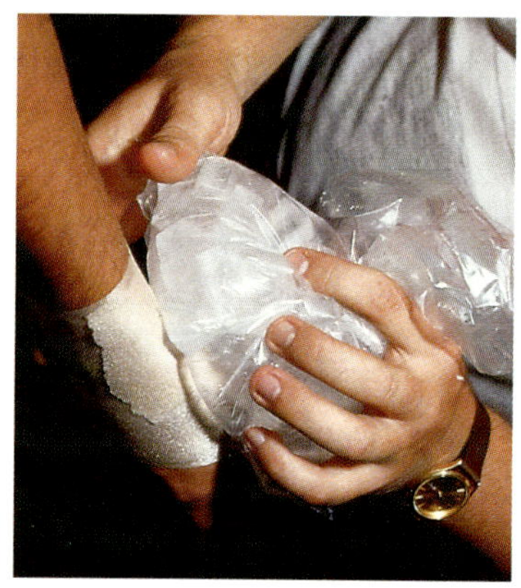

Behandlung mit Kältepack **(7)**

am Rande bemerkt

Wenn wirklich einmal etwas passiert, sollten Sie beim Notruf die »5 W« parat haben:
- *Wo geschah es?*
- *Was geschah?*
- *Wieviele Verletzte?*
- *Welche Verletzungen?*
- *Wer meldet?*

Bearbeiten Sie auch unbedingt alle aktiv-Aufgaben!

Kapitel 7

Basketball-Wettkämpfe

Basketball kann man allein oder mit anderen überall dort spielen, wo eine Korbanlage installiert ist. Möchte man allerdings Basketball wettkampfmäßig betreiben – das gilt für Streetball genauso wie für Minibasketball, Rollstuhlbasketball oder Schulbasketball – so wird ein straffer Organisationsplan nötig sein.

Wettkämpfe und Turniere auf Vereinsebene werden durch die Vereine selbst oder die Sportfachverbände organisiert. Im Schulsport übernehmen diese Aufgaben die zuständigen Schulämter.

Vereins-Basketballwettkämpfe 7.1

Sportverbände und -vereine bieten die organisatorische Basis für regionale, überregionale und internationale Wettkämpfe. Basketball-Ligen auf verschiedenen Ebenen schaffen für die Erwachsenen-Mannschaften der Vereine ein vielfältiges Wettkampfangebot (informativ 7.1 und 7.2). Für Kinder und Jugendliche werden durch die Landesverbände zahlreiche Turniere und Meisterschaften organisiert.

informativ 7.1

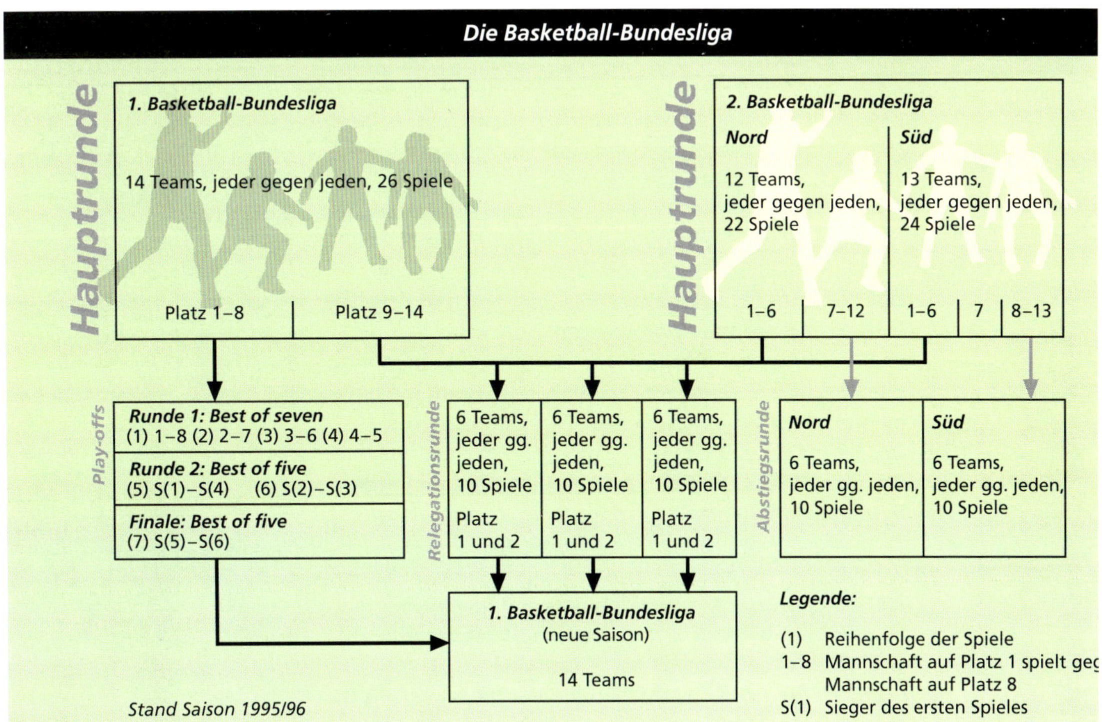

informativ 7.2

Die Basketball-Ligen (ohne Bundesliga)

Regionalliga

Regionalliga Nord

Regionalliga West

Regionalliga Südwest

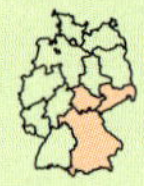
Regionalliga Südost

Weitere Gliederung durch die einzelnen Landesverbände (hier z. B. Bayern):

Oberliga Nord	Oberliga Süd
Bezirksligen	Bezirksligen
Bezirksklassen	Bezirksklassen
Kreisligen	Kreisligen
Kreisklassen	Kreisklassen

aktiv!

① Erkunden Sie, wo in Ihrer Nähe Basketball wettkampfmäßig gespielt wird! In welchen Klassen und Ligen spielen die einzelnen Mannschaften, die Sie gefunden haben?

② Erkundigen Sie sich bei einem aktiven Basketballspieler, wie viele Spiele in einer Saison zu absolvieren sind, nach welchen Modalitäten in eine höhere Klasse oder Liga aufgestiegen werden kann!

③ Vergleichen Sie die Altersklasseneinteilung im Basketball mit der in anderen Sportarten!

am Rande bemerkt

Ligen der Frauen:

1. Bundesliga: eingleisig
2. Bundesliga: Nord und Süd
Regionalligen: Nord, West, Südwest und Südost
Oberligen, Bezirksligen und Kreisligen (innerhalb der Landesverbände unterschiedlich geregelt)

am Rande bemerkt

Altersklasseneinteilung:

Senioren III:	*40 Jahre und älter*
Senioren II:	*32 Jahre und älter*
Senioren I:	*ab 18 Jahre*
A-Jugend:	*unter 18 Jahre*
B-Jugend:	*unter 16 Jahre*
C-Jugend:	*unter 14 Jahre*
D-Jugend:	*unter 12 Jahre*
Minis:	*unter 10 Jahre*

Stichtag für den Altersklassenwechsel ist jeweils der 1. Januar.

Minibasketball 7.2

In allen Sportarten ist man bestrebt, Kinder bereits sehr früh an den Wettkampfsport heranzuführen. Dabei versucht man zunehmend, die besonderen Verhaltensweisen und Fähigkeiten der Kinder zu berücksichtigen und nicht das Spiel der Erwachsenen einfach zu kopieren.

Auch im Basketball möchte man durch ein besonderes Angebot Kindern die Möglichkeit geben, frühzeitig im Verein Basketball zu spielen. In den Vereinen des Deutschen Basketball Bundes werden deshalb auf Kreis- und Bezirksebene auch Wettkämpfe für Kinder im Alter von etwa 5 bis 10 Jahren angeboten.

Dabei wurden im Vergleich zu den Jugend- und Erwachsenenwettkämpfen folgende Veränderungen vorgenommen:

- Die Spielregeln sind stark vereinfacht und variierbar.
- Das Spielfeld ist kleiner, der Ball leichter, der Korb mit Spielbrett kann in der Höhe verstellt werden.
- Der Spielerwechsel ist geregelt. Im Minibasketball muß jedes Kind mindestens ein Viertel der Spielzeit (10 Minuten) zum Einsatz kommen, darf aber maximal in drei Vierteln mitspielen.
- Grundsätzlich ist die Mann-Mann-Verteidigung vorgeschrieben.
- Das freie Spiel ohne taktische Finessen steht im Vordergrund.
- Besonderes Augenmerk wird auf »Fair play« gelegt.

Im Rahmen der Minibasketball-Wettkämpfe finden oft weitere basketballspezifische Wettbewerbe statt (z. B. Freiwurfübungen oder Dribbling mit zwei Bällen auf Zeit), bevor es dann so richtig »zur Sache« geht. ***(1, 2)***

aktiv!

① Erkundigen Sie sich, ob an Schulen und in Vereinen der Umgebung auch Minibasketball angeboten wird! Fragen Sie nach Gründen, wenn es nicht auf dem Programm steht!

② Forschen Sie nach, in welchen Sportarten ebenfalls Regeln, Spielfeldgröße und Sportgeräte kindgemäß verändert wurden!

Rollstuhlbasketball 7.3

informativ 7.3 →

Behinderungen schließen sportliche Betätigungen nicht aus, sondern der Sport zählt sogar zu den wichtigsten Möglichkeiten, Behinderte in die Gesellschaft fest zu integrieren. Für das Sporttreiben der Behinderten müssen nur einige zusätzliche Voraussetzungen geschaffen werden. Hierzu gehören u.a.:

- neue, der Behinderung angepaßte Sportarten (z.B. Sitzball für Beinamputierte, Torball für Blinde),
- behindertengerechte Sportgeräte und Hilfsmittel (z.B. spezielle Sportrollstühle, Sportprothesen, Monoski),
- der Behinderung angepaßte Regeln und Wettkampfsysteme (z.B. Rollstuhlbasketball-Regeln, Schadensklassen),
- behindertengerechter Sportstättenbau (z.B. Rollstuhlrampen),
- Sportvereine und Verbände, die die Interessen Behinderter vertreten.

Basketball ist die beliebteste Sportart bei den Rollstuhlfahrern und auf Grund seiner Dynamik und Schnelligkeit sehr attraktiv. Durch die Faszination, die von dem Spiel ausgeht, nehmen mittlerweile auch Nichtbehinderte am Training und an Freundschaftsspielen teil.

Der Rollstuhl hat sich vom klassischen Hilfsmittel für Schwerstbehinderte zu einem vielfältig nutzbaren Sportgerät entwickelt.

Um im Wettkampf und Leistungssport auszuschließen, daß die schwerer Behinderten verdrängt werden, und um Chancengleichheit zu sichern, wurde ein spezielles Klassifizierungssystem entwickelt.

Funktionsbereiche des Behindertensports

Medizinisch-biologischer Funktionsbereich

- Reduzierte Bewegungsmöglichkeit kann durch sportliche Betätigung ausgeglichen werden. Herz, Kreislauf und Atmung müssen sich neuen Situationen anpassen.
- Schadensfolgen werden gemindert, die noch vorhandenen Körperfunktionen verbessert. Dies macht unabhängiger von der Hilfe anderer.
- Sportliche Betätigung vermindert Sekundärschäden am Bewegungsapparat und im organischen Bereich.

Psychischer Funktionsbereich

- Sportliche Betätigung schafft Selbstvertrauen und Sicherheit, wirkt der unerwünschten Persönlichkeitsveränderung, die nach der Behinderung häufig eintritt, entgegen.
- Die Steigerung der Leistungsfähigkeit wird als Erlebnis empfunden.
- Geistige Aktivität wird wieder hergestellt.
- Wiedergewonnenes Selbstvertrauen wirkt sich positiv auf die Umwelt (Beruf, Familie) aus.

Sozialer Funktionsbereich

- Grundstock für freundschaftliche Begegnungen wird gelegt.
- Durch Begegnung im Sport erfährt der Behinderte die Probleme und Schwierigkeiten anderer.
- Im Austausch von Erfahrungen wird Behinderung leichter ertragen.
- Sportliches Leistungsvermögen vermittelt Anerkennung.
- Begegnung von Behinderten und Nichtbehinderten wird leichter.

aktiv!

① Stellen Sie fest, ob körperbehinderte Kinder an Ihrer Schule in den Sportunterricht voll integriert sind.

② Diskutieren Sie im Freundeskreis darüber, was Nichtbehinderte beim Kontakt mit Behinderten empfinden, wie sie sich verhalten!

③ Fragen Sie einen Behinderten, was er im Umgang mit Nichtbehinderten als störend empfindet!

④ Falls Sie in Ihrem Bekanntenkreis einen Rollstuhlfahrer kennen, bitten Sie ihn, daß er Sie einmal mit dem Rollstuhl fahren läßt! Erleben Sie so die Probleme beim Rollstuhlfahren!

⑤ Vergegenwärtigen Sie sich, wie schwer es ist, aus dem Rollstuhl heraus einen Korbwurferfolg zu erzielen, indem Sie sich auf einen Stuhl setzen und von hier aus auf den Korb werfen.

am Rande bemerkt

Weitere Informationen in:
Genzler, U. (Red.): Comeback Sport für Behinderte, München 1988.
Schmidt/Römhild: Sporttherapeutische Praxis Bd. 5, Basketball für Rollstuhlfahrer, Lübeck 1981.
Strohkendl, H.: Lehrbrief zur Fachübungsleiterausbildung Rollstuhlsport, Meckenheim 1990.

Streetball 7.4

In den letzten Jahren hat Basketball in Deutschland einen enormen Aufschwung genommen. Anteil daran hat nicht allein die medienwirksame Darstellung dieses Sports durch Übertragungen von Spielen der amerikanischen Basketball-Ligen, sondern auch die Leistungsverbesserung in der Basketball-Bundesliga. Die Popularität des Spiels führt dazu, daß Basketball, wie in Amerika seit vielen Jahren üblich, nun auch in Deutschland immer häufiger auf der Straße gespielt wird. Auf Parkplätzen, Schulhöfen, Freizeitsportplätzen und Hinterhöfen sieht man immer häufiger Zielbretter mit Basketballkörben, von denen Jugendliche in ihrer Freizeit rege Gebrauch machen.

Außerdem wurde diese Entwicklung durch eine intensive Werbekampagne der Sportartikelindustrie, die Streetball durch Turniere und über die Medien publik machte, vorangetrieben.

Zum Streetball benötigt man
- wenig Gerät, ein Spielbrett mit Korb und ein Ball genügen,
- keine genormten Spielfelder, gespielt werden kann auf jedem ebenen Bodenbelag, auf dem ein Basketball springt,

- nur einen Partner, um mit dem Spiel beginnen zu können. Es geht natürlich auch zu zweit, zu dritt, zu viert usw., und sogar zahlenmäßig ungleiche Mannschaften sind möglich,
- keine festen Regeln, sie können selbst festgelegt und abgewandelt werden aber
- viel Verständnis für »Fair play« und Kooperation, denn man muß auch ohne Schiedsrichter auskommen.

Für wettkampfmäßiges Streetball benötigt man…

ein Spielbrett mit Korb und einen Ball,

Spielfelder mit einer Größe von 10×10 m bis 13×13 m, versehen mit Freiwurflinien, die 4,60 m vom Brett entfernt sind und Halbkreisen von 6,25 m Radius, senkrecht vom Mittelpunkt des Korbes aus gezogen,

Teams mit je vier Spielern, einschließlich Ersatzspieler,

einen Courtbeobachter, der die Punktestände notiert und bei Streitfällen eine Entscheidung herbeiführt.

aktiv!

① Stellen Sie fest, auf welchen öffentlichen Plätzen Ihrer Stadt Streetball gespielt wird!

② Fragen Sie Kinder und Jugendliche, ob sie wissen, wo solche Anlagen vorhanden sind!

③ Beobachten Sie Streetballer beim Spiel unter folgenden Gesichtspunkten:
- Nach welchen Regeln spielen sie?
- Wie werden Meinungsverschiedenheiten geregelt?
- Wie sind Altersstruktur und Größe der Mannschaften?
- Wie sind sie gekleidet?

informativ 7.4 →

Kapitel 8

Basketball-Regeln

Regeln im allgemeinen sind Vereinbarungen, die das menschliche Handeln innerhalb einer Gemeinschaft festlegen.

Im Sport sind Regeln dazu da, um Bedingungen und Verlauf eines Wettkampfes bzw. eines Spiels und das soziale Verhalten der Sportler zu normieren. Außerdem werden in den Regeln Sanktionen festgelegt, die beim Verstoß gegen die Vorschriften zu verhängen sind.

Regelentwicklung im Basketball 8.1

Grundsätzlich unterliegen Regeln in allen Bereichen der Gesellschaft – also auch im Sport – einem ständigen Wandel. Im Basketball wird das Regelwerk alle vier Jahre durch die FIBA überarbeitet und falls nötig verändert. Die Gründe für diese Veränderungen bzw. Ergänzungen sind unterschiedlich. Eine kleine Auswahl aus der Regelentwicklung des Basketballspiels soll dies verdeutlichen.

am Rande bemerkt

Die ersten Regeln im Basketball wurden von Prof. Dr. James Naismith 1891/92 aufgestellt.

informativ 8.1

Gründe für Regeländerungen und deren Folgen

Grund für eine Regeländerung	*Regeländerungen und Folgen*
Zuschauer spielten von der Galerie aus mit, indem sie anfliegende Bälle in den Korb dirigierten oder abwehrten.	Um die Zuschauer daran zu hindern, wurden 1895 hinter den Körben Spielbretter angebracht.
Der Ball durfte in der Anfangszeit nicht gedribbelt, sondern nur gepaßt werden. Die Korbausbeute war dadurch gering.	Die Einführung des Dribblings 1896 steigert die Korbausbeute und erhöht die Attraktivität des Spiels.
Die Spielerzahl war anfangs nicht festgelegt. Auf Grund der Enge des Spielfeldes war es schwierig, Körbe zu erzielen.	Durch die Reduzierung auf 5 Spieler pro Mannschaft im Jahre 1897 kommt es öfter zum Korberfolg, was die Spannung erhöht.
Große Spieler konnten spielentscheidend sein. Sie standen unter dem Korb und erwarteten den Paß, um den Ball in den Korb zu legen.	Abhilfe schaffen die Vergrößerung der Zone und die Regel, daß sich ein Angreifer nur noch 3 Sekunden in dieser Zone aufhalten darf.
Führende Mannschaften versuchten auf Zeit zu spielen (1953 gelang es der UdSSR bei der EM, den Ball 13 Minuten lang in den eigenen Reihen zu halten).	1956 wird die 30-Sekunden-Regel eingeführt. Innerhalb von 30 Sekunden muß danach ein Korbwurfversuch unternommen werden.
Zunehmende Härte und die Häufung taktischer Fouls veränderten den Charakter des Basketballspiels.	Abhilfe schafft die Einführung der Mannschaftsfouls und die Verschärfung der individuellen Foulregeln.
Spannung und Attraktivität des Basketballspiels sollten noch erhöht werden, um mehr Zuschauer zu gewinnen.	Einführung der 3-Punkte-Würfe 1984 sorgt bei gleichwertigen Mannschaften für größere Spannung, vor allem in der Schlußphase.
Sportveranstaltungen sind zunehmend von Einnahmen aus der Werbung während Fernsehübertragungen abhängig.	Seit 1994 besteht daher die Möglichkeit, die Spielzeit – wie in den USA – in 4mal 12 Minuten aufzuteilen.

Offizielle Basketball-Regeln 8.2

Das offizielle Basketball-Regelwerk ist sehr umfangreich und besteht aus 61 Artikeln mit zahlreichen Unterpunkten und Kommentaren. Es kann daher nur auf die wichtigsten Regeln und Schiedsrichterzeichen eingegangen werden. Die entsprechenden offiziellen Regelnummern mit den dazugehörigen Artikeln sind jeweils angegeben.

Oberste Regel im Basketball: sich nicht mit dem Schiedsrichter anlegen! ***(1)***

Abmessungen – Ausrüstung (Regel II)

Technische Ausrüstung (Art. 4)

Zur *technischen Ausrüstung* gehören eine Spieluhr und eine 30-Sekunden-Uhr. Ein offizieller Anschreibebogen dient der Erfassung der Spielstände, der Fouls, der Auszeiten, des Spielerwechsels u. ä. Ein Signal (Horn oder Pfeife) macht auf Regelverstöße aufmerksam. Der Spielstand wird auf einer Anzeigetafel angezeigt. Foulschilder von 1 bis 5 bei 2×20 Minuten (1–6 bei 4×12 Minuten) Spielzeit sind ebenfalls vorgesehen. Für die 8.-Foul-Regel benötigt man zwei rote Fahnen oder zwei rote Schilder.

informativ 8.2

Abmessungen des Basketballfeldes

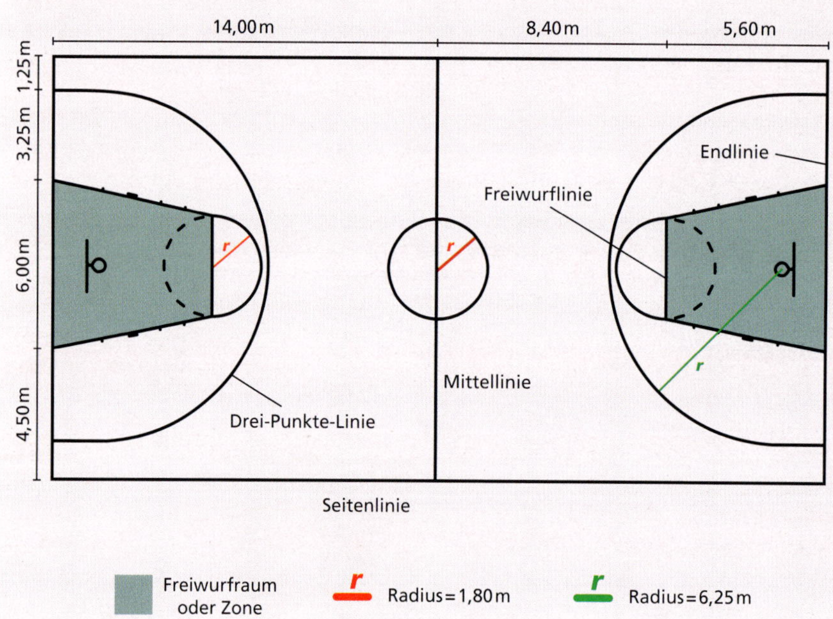

Die Unterkante des 1,80×1,20 m großen Brettes befindet sich 2,75 m über dem Hallenboden.

Der Korbring ist 3,05 m über dem Hallenboden.

Der Fuß des Korbständers muß 2 m von der Endlinie entfernt außerhalb des Spielfeldes sein. Das Spielbrett mit Korb ragt 1,20 m ins Spielfeld hinein.

Der Ring hat einen Durchmesser von 45 cm, sein Abstand vom Brett beträgt 15 cm. Das Netz ist 45 cm lang.

Spielrichter und ihre Helfer (Regel III, Art. 5)

Jedes offizielle Basketballspiel benötigt einen ersten und einen zweiten *Schiedsrichter*, einen *Anschreiber* (ggf. mit einem Assistenten), einen *Zeitnehmer* und einen *30-Sekunden-Zeitnehmer*.

Spieler/Ersatzspieler (Regel IV)

Jede Mannschaft besteht aus fünf Feldspielern und bis zu fünf Ersatzspielern (bei Turnieren mit mehr als drei Spielen pro Mannschaft aus bis zu sieben Ersatzspielern).

Ein Spieler jeder Mannschaft ist Kapitän. Beim Verlassen des Spielfeldes muß ein Vertreter bestimmt werden.

am Rande bemerkt

Der runde, orangefarbene Ball hat ein Gewicht zwischen 567 und 650 g und einen Umfang zwischen 74,9 und 78 cm.
Weitere Informationen in:
Deutscher Basketball Bund e. V.: Offizielle Basketball-Regeln, Hagen 1994.
Janzen, S.: Basketball, Illustrierte Regelkunde, Frankfurt/M., Berlin 1994.

Einheimische und Touristen auf dem alten Weg durch die Kitzgartenschlucht.

Die Familie Schöpf, aufgenommen von Rudolf Largajolli in Brixen im Jahre 1912. Im Vordergrund die Eltern mit dem Primizianten Heinrich, im Hintergrund die übrigen Familienmitglieder. Der zweite von rechts ist der Photograph Josef Schöpf.

Ein kurzes, intensives Leben

Am 23. Dezember 1886 kam Josef Schöpf in Piösmes, einem zu St. Leonhard im Pitztal gehörigen Weiler, als fünftes von acht Kindern zur Welt. Er sollte in einer Umgebung aufwachsen, in der infolge großer Armut die Möglichkeiten einer eigenständigen Lebensgestaltung gering waren. Seine Eltern *Johann Paul Schöpf* und *Balbina Neururer* hatten um 1883, durch ungünstige Umstände gezwungen, den Anteil des elterlichen Anwesens in Eggenstall verkauft und mußten sich über ein Jahrzehnt immer wieder um eine neue Bleibe umsehen. Johann Paul übte die verschiedensten Berufe aus. Er scheint im Kirchenbuch zuerst als Bauer, dann als Fellhändler und schließlich als Maurer und Taglöhner auf. 1895 bezog die Familie den Schrofenhof, ein oberhalb der Kirche von St. Leonhard gelegenes Bauerngut. Im Jahr darauf starben zwei von Josefs Brüdern an Diphtherie, einer Seuche, die in jenem Jahr in St. Leonhard achtzehn Kinder hinwegraffte.

Der Schrofenhof, der bereits im 13. Jahrhundert als Schwaighof urkundlich erwähnt ist, gehörte im Mittelalter den Starkenbergern, einem bei Imst ansässigen Ministerialengeschlecht. Josef und seine Geschwister wußten um diese Tradition, und so nannten sich die Schöpfbrüder in Anspielung auf die Geschichte ihres Elternhauses scherzhaft »Schrofenritter«. Nun darf man sich den Schrofenhof nicht als fürstliche Behausung vorstellen. Das Gebäude, das auf mehreren Photos im Hintergrund zu sehen ist, war ein kleiner, uralter Holzbau, der auf einem grob gefügten Steinfundament errichtet worden war. Als Josefs Bruder Heinrich im Jahre 1912 zum Priester geweiht wurde, hat man die Holzbalken des Erdgeschosses verputzt, um dem Gebäude ein besseres Aussehen zu verleihen. So bescheiden die Behausung auch heute erscheinen mag, die Familie Schöpf sah in ihr nach zwölf unsteten Jahren eine Zufluchtstätte, eine feste, wenn auch ärmliche Bleibe. Nur mit Mühe konnten sie zwei Kühe und verschiedenes Kleinvieh durchfüttern. Johann Paul handelte mit Fellen, arbeitete als Taglöhner, übernahm mehrere Sommer die Aufsicht über die Tiefentalalpe und ging als Maurer wie viele andere Männer des Pitztales in die Schweiz. Balbina mußte während dieser Zeit mit ihren heranwachsenden Kindern den Bauernhof bewirtschaften.

Das Pitztal war um 1900 hauptsächlich hochalpines Agrarland. Den ganzen Herbst über gewannen die Talbewohner Wildheu auf den Bergwiesen, was auch der Familie Schöpf nicht erspart blieb. Die Armut im Tal war groß und jeder Zuverdienst willkommen. Auch die Schöpfbrüder verrichteten bereits im Alter von vierzehn Jahren die verschiedensten Tätigkeiten. Neben der Heuarbeit ging man holzen und jagte aus Not so manches Wild, um zu überleben. Kinder und Frauen sammelten Beeren und versuchten, diese beim Gasthof Liesele gegen Mehl einzutauschen. Dort wartete an bestimmten Herbsttagen ein Gastwirt aus Wenns mit seinem Fuhrwerk auf den Tauschhandel.

Die Leute lebten abgeschieden. Der vom Talschluß vierzig Kilometer entfernte Hauptort Imst, Sitz der Bezirkshauptmannschaft, des Gerichtes und des Dekanates, war nur über einen steinigen Gehweg zu erreichen. In Baedekers »Handbuch für Reisende« des Jahres 1894 lesen wir: »Karrenweg (Fahrstraße wird gebaut) bis Mittelberg, 11 Stunden von Imst (Pferde zum Reiten in Imst, Wenns und St. Leonhard).« Auf diesem Weg trieben die Bauern ihr Vieh zum Markt nach Imst. Die Bewohner des hinteren Talabschnittes waren gezwungen, dabei einen Dreitagesmarsch auf sich zu nehmen.

Als der oben genannte Reiseführer erschien, war Josef Schöpf Volksschüler in St. Leonhard. Der Lehrer der einklassigen Schule, er stammte aus dem Ort, hatte im selben Jahr nach seiner Ausbildung in Innsbruck die Stelle angetreten. Er mußte wie die meisten Lehrer Tirols auch das Amt des Mesners übernehmen. Er unterrichtete alle Kinder der Familie Schöpf, und wir dürfen vermuten, daß er die geistige Entwicklung seiner Schüler nachhaltig beeinflußte. Zwei der Schöpfbuben schickte man aufs Gymnasium nach Brixen, wo Tirols Priesternachwuchs herangebildet wurde. Es waren nicht immer die Talentiertesten der Familie, die diese

Laufbahn einschlugen, sondern vielfach schwächliche Kinder, von denen man annahm, daß sie den harten Arbeitsbedingungen im Tal nicht gewachsen sein würden. Während Heinrich Theologie studierte und somit die Erwartungen, die der Pfarrer, der Lehrer und die Mutter in ihn gesetzt hatten, erfüllte, wandte sich Hermann nach der Matura der Veterinärmedizin zu und wurde 1913 nach Abschluß des Universitätsstudiums Bezirkstierarzt in Landeck. Josef, dem man gestalterische Fähigkeiten zubilligte, durfte bereits in jungen Jahren an Festtagen die Kirche von St. Leonhard schmücken. Der Familie Schöpf war nämlich für ein »Vergelts Gott in Himml auchn« um 1900 die Mesnerei übertragen worden. Sie erhielten für diese Tätigkeit keine Bezahlung. Der damalige Pfarrer Bartholomäus Penz hat aber im ganzen Tal für die Schöpfbrüder gesammelt, um ihnen das Studium in Brixen zu ermöglichen.

Ein Visitbild, das im Vordergrund zwei Studenten und im Hintergrund die Stadt Brixen zeigt, ist eine der frühesten Aufnahmen, die Josef Schöpf anfertigte. Das Photo läßt den Schluß zu, daß Josef seine beiden Brüder Hermann und Heinrich in Brixen besucht hat. Auf einem anderen Bild aus derselben Zeit erkennen wir die beiden Brüder mit einem geschriebenen Schild, auf dem »Erinnerung an das Capern« zu lesen ist. Was haben sie gekapert? Man kann niemand mehr fragen.

Wie Josef Schöpf zum Photographieren kam, können wir nur vermuten. Als Jugendlicher begleitete er seinen Vater als Viehtreiber zum Markt nach Imst. Dort beschaffte er sich verschiedenstes technisches Gerät, vor allem Fahrradteile, die er nach St. Leonhard schaffte. Die Scheune am Schrofen und die davorliegende Tenne glichen einer Reparaturwerkstätte. Schöpf baute aus Altteilen neue Fahrräder zusammen und verhalf so manchem Talbewohner zu größerer Mobilität. Das Altmaterial mußte er auf eigene Rechnung befördern. Beim Gasthof Liesele in St. Leonhard traf er die Fuhrwerksbesitzer des Tales, die dort ihre Pferde fütterten. Die Frachtkosten konnte er wohl selten in

Hermann Schöpf in Brixen, 1895.

Die Studenten Heinrich und Hermann, 1901

Geld begleichen, doch war es üblich, daß damals viele Arbeiten zum gegenseitigen Vorteil ausgeführt wurden. So kommt es nicht von ungefähr, daß der Lieselewirt eines der ersten von Schöpf zusammengestellten Fahrräder besaß.

In Imst lebten damals *Anton Zoderer* (gest. 1902) und *Ignaz Falch* (gest. 1906), zwei der frühesten Photographen im Tiroler Oberland. Zoderer hat in den letzten Jahren seines Lebens keine Aufnahmen mehr gemacht, und nach seinem Tod mußte seine Witwe aus Armut alles verkaufen. Es ist durchaus denkbar, daß Josef Schöpf damals photographisches Gerät erworben hat. Ähnlichkeiten der Bildgestaltung lassen auch auf eine Verbindung zu dem in Prutz ansässigen Kirchenmaler und Photographen *Thomas Köhle* schließen. Köhle hatte um 1900 den Auftrag erhalten, die Kirchen von Zaunhof und Plangeroß, beide gehörten zur Gemeinde St. Leonhard, mit Fresken zu schmücken. Josef Schöpf hat als Mesner von diesen Neugestaltungen der Kirchen in der unmittelbaren Nachbarschaft zweifellos Notiz genommen und mit dem Maler Bekanntschaft geschlossen.

Photographieren war für die Talbewohner früher etwas Besonderes, etwas Kostspieliges, das sich nur die Leute in der Stadt leisten konnten. Um die Jahrhundertwende wurde es allerdings auch bei Bauern und Arbeitern üblich, Familien photographieren zu lassen. Wenn man sich zufällig in der Stadt aufhielt, ging man zum Photographen. Es wäre keinem in den Sinn gekommen, selbst einen Apparat zu kaufen oder sich mit der Technik des Entwickelns auseinanderzusetzen. Schließlich leistete man sich nur wenige Aufnahmen, meistens solche, die eine wichtige Lebensstation markierten. Ob Einzelperson oder Gruppe, man wollte den Zeitgenossen und der Nachwelt ein möglichst würdiges Abbild hinterlassen. Der Schnappschuß mit seiner intimen, inoffiziellen Sicht, war um die Jahrhundertwende bei den Landbewohnern nicht gefragt. So war es selbstverständlich, daß man sich im besten Gewand ablichten ließ. Erst als die frühen Touristen, sie waren begütert und kamen aus der Stadt, immer häufiger Photoapparate mit sich herumtrugen, begannen junge Leute, sich für diese neue technische Errungenschaft zu interessieren. Ähnlich war es mit dem Fahrrad. Der Besitz einer Kamera und eines Fahrrades verrät Josef Schöpfs Aufgeschlossenheit für moderne Entwicklungen.

Es ist uns nicht überliefert, wie Schöpf das Photographieren erlernte. Man kann sich aber vorstellen, unter welch primitiven Verhältnissen er seine Bilder herstellte. Er hatte keinen eigenen Wohnraum, geschweige denn eine Dunkelkammer zur Verfügung. Es gab in seinem Ort weder Fließwasser noch elektrischen Strom. Schöpf verwendete unterschiedliche Formate, meistens Glasplatten im Format 9x12, die er für kleinere Bilder gelegentlich auseinanderschnitt. Um zu sparen, hat er die Photoglasplatten oftmals selbst aus Fensterglas hergestellt und präpariert. Das Photopapier belichtete er unter Ausnützung des Sonnenlichts, dann wässerte er die Bilder im nahegelegenen Brunnen. Es mag ihm ähnlich ergangen sein wie *Josef Neururer* aus Grenzstein, dem der begabte Bauern- und Arbeiterphotograph *Johann Santeler* aus Scheibrand um 1950 das Entwickeln beibrachte. Neururer, der durch Zufall in den Besitz einer Kamera gekommen war, erhielt von Santeler Instruktionen und Literatur. Er arbeitete wie Schöpf mit einfachsten Mitteln. Zum Wässern hat er den Film in einen nahen Bach gestellt, denn in seinem Elternhaus gab es keine Wasserleitung. In Ermangelung einer Dunkelkammer hat er während des Entwickelns eine Decke vors Fenster gehängt und unterm Federbett den Film in die Dose gedreht. Zum Belichten des Negativs benutzte Neururer bereits eine elektrische Lampe.

Josef Schöpf erlernte wie sein Bruder Alois das Schusterhandwerk und arbeitete in der Werkstatt auf dem Schrofen. Er begleitete seinen Bruder auf der Stör und kam dadurch mit vielen Leuten seiner Heimatgemeinde in Kontakt. Er war angeblich immer zu Späßen aufgelegt und war allgemein unter dem Spitznamen »Tux« bekannt. Es weiß heute keiner mehr, wie dieser Name zustande kam, aber

Die Bischofsstadt Brixen, Zentrum der Diözese. Hier wurde Tirols Priesternachwuchs herangezogen.

Er hat für sein Leben gern gebastelt

Wenn er nicht mit seinem Bruder auf die Stör ging, hat Josef am Schrofen bei der Arbeit geholfen. Auch Fahrräder hat er aus Altteilen zusammengestellt, die er bei Versteigerungen in Imst besorgte. Sieben Leute hatten dann in unserer Gegend Fahrräder, unter anderem mein Großvater, Josef selbst und der Tierarzt Miges. Er hat für sein Leben gern gebastelt. Aus alten Spinnrädern hat er für die Kinder Fahrräder gebaut. Auf der Wirtswiese in St. Leonhard sind sie immer ein- und ausgefahren.
Oskar Schöpf

Er kam mit dem Fahrrad bis Trient

Einmal sind Hermann und Josef mit ihren Fahrrädern über das Rettenbachjoch bis zur Braunschweiger Hütte geklettert. Sie waren im Ötztal, und es wird ihnen wohl zu weit gewesen sein, durch das ganze Ötztal hinaus ins Pitztal zu fahren. Vor Ausbruch des Krieges radelten sie nach Trient zu einem Wettschießen.
Oskar Schöpf

Sie nannten sich scherzhaft Schrofenritter

Der Lois war Schuster, der Hermann Tierarzt, der Josef Photograph und der Heinrich Pfarrer. Der Josef war ein Witzvogel, und die Leute nannten ihn »Tux«. Einmal begegneten wir Schulkinder in der Früh beiden Schrofenbrüdern, die von der Stör nach Hause gingen. Josef sagte: Kinder, bleibt stehen, ich verzaubere euch in einen Fuchs! Er stellte seinen Photokasten auf und hantierte herum.
Lina Haid

Schöpf nahm es nicht übel, wenn man ihn so nannte. Man holte ihn, wenn es darum ging, festliche Anlässe festzuhalten. Darüber hinaus wurden bei ihm zahlreiche Porträts und Familienbilder in Auftrag gegeben. Wenn er auch in seiner Personenbeschreibung, die von der Militärbehörde angefertigt wurde, als »Amateurphotograph« geführt wurde, hat Josef Schöpf das Photographieren doch für seine Hauptbeschäftigung gehalten. Auf seinen Postkarten nennt er sich »Photograph in Pitztal«, und in Galizien äußerte er seinem Landsmann *Gottfried Lechthaler* gegenüber, daß er von Beruf Photograph sei.

Theofrieda Neururer (geb. 1900), eine Kusine Josef Schöpfs, lebte bis zu ihrem Tod auf dem Hof ihrer Eltern in Untereggenstall. Ihre Schwester Sefa war mit Alois, dem ältesten der Schöpfbrüder, verheiratet. Theofrieda kann sich an den »Tux« erinnern: »Der Josef war ein fescher Mensch. Durch das Photographieren war er viel unterwegs. Die Bilder hat er daheim entwickelt. Er hat so viele Aufträge bekommen, daß er zeitweise vom Photographieren leben konnte. Die Leute haben ihn geschätzt, weil er immer freundlich war und für die Bilder nie viel verlangt hat.«

Es gehörte zu Schöpfs Gewohnheiten, selbst auf den unwegsamsten Strecken sein selbstgebasteltes Fahrrad zu verwenden. Alte Leute berichteten, daß er sein Rad sogar über das Rettenbachjoch zur Braunschweiger Hütte geschleppt habe und von dort ins Pitztal abgestiegen sei. Auf seinen Fahrten hat Josef Schöpf zahlreiche Aufnahmen gemacht. Immer trug er seine Plattenkamera bei sich. Er photographierte unter anderem die Städte Brixen und Trient, Orte, Gasthöfe, Landschaften und Menschen seiner näheren Umgebung, vor allem des Pitztals, Ötztals und Kaunertals.

Schöpfs Photographien sind einmalige Zeitdokumente. Sorgsam und mit einem leichten Hang zum Skurrilen gruppierte er die Menschen auf seinen Bildern: die Bauern, Handwerker, Holzfäller und Wanderarbeiter, die Wirtshausbesucher und Kellnerinnen, die Fuhrleute, die Jäger, Wilderer und Bergführer, die Erstkommunionkinder, die Soldaten beim Militär und die frühen Touristen. Auf einigen wenigen Porträtaufnahmen erkennen wir das Bestreben, den Hintergrund durch das Aufspannen eines Leintuches zu neutralisieren, aber meistens photographierte Schöpf die Menschen in der Umgebung, in der sie lebten und arbeiteten. Auf diese Weise erhalten wir Einblick in die Welt von damals.

Theofrieda, die vor dem Ersten Weltkrieg ein Schulmädchen war, weiß auch, warum Josef nicht heiratete: »Die Frauen haben ihn gern gesehen. Er wohnte aber bei seiner Familie und hatte keine eigene Wohnung. Keine wollte in ein Haus voll Leute hineinheiraten. So erging es vielen jungen Menschen im Tal.« Das durchschnittliche Heiratsalter der Männer in der Gemeinde St. Leonhard lag damals bei 28 Jahren.

1909 wurde Josef Schöpf zum Militärdienst nach Trient einberufen. Seine Garnison war das dritte Kaiserjägerregiment. Als Ersatzreservist mußte er eine achtwöchige Grundausbildung absolvieren. Da er aber gleich in den ersten Tagen erkrankte, wurde er nach Hause geschickt und im Jahr darauf (1910) neuerlich einberufen. In Trient entstanden zahlreiche Aufnahmen von Uniformierten. Manche »große Runde« wurde sorgfältig arrangiert, und Bilder, auf denen kleinere Gruppen abgelichtet sind, belegen den Hang des Photographen zu Humor und Ironie.

Das einzige von Josef Schöpf eigenhändig geschriebene Dokument, das sich erhalten hat, ist eine in Trient aufgegebene, von ihm selbst hergestellte Photokarte. Sie zeigt Josef mit seinen Kameraden und wurde an die Familie im Pitztal gerichtet. Er schreibt: »Berichte Euch dass wier am 7 d. m. abristen werden, werde warscheinlich auf Ostern nach Hause kommen. Morgen den 4 d. m. haben wier noch Feldmessig scharf dan wirt es nimmer wichtig werden. Im übrigen geht es mir gut halt schon widerum müde. Die besten Grüsse sendet Euer Sohn und Bruder Josef.«

Diese Postkarte läßt erkennen, daß es Josef mit der Rechtschreibung nicht besonders genau nahm.

Er verwendete jedoch nicht die später lange noch gebräuchliche deutsche Schrift, sondern die modernere lateinische Schriftform.

Das Hauptgrundblatt, das über jeden Präsenzdiener von der österreichischen Militärbehörde angelegt wurde, enthält kurze Angaben zu Schöpfs Person: Farbe der Haare, der Augen, Körpergröße; die körperliche Verfassung wird als »mäßig schwach« beschrieben. Beruf: »Schuster«; unter »besonderen Fertigkeiten« steht: »Amateurphotograph und Radfahrer«. Sein Charakter wird mit den Adjektiven »gutmütig, lustig« bezeichnet, ein drittes Eigenschaftswort, das mit »gleich« beginnt, hat der Beamte durchgestrichen. Im Dienst war Schöpf »gehorsam, fleißig und verläßlich«. In diesen dürftigen, schematischen Aufzeichnungen sind auch die beiden Waffenübungen der Jahre 1913 und 1914 sowie Schöpfs Sterbedaten vermerkt.

Josef Schöpf mußte gleich zu Beginn des Ersten Weltkrieges einrücken und kam an der Ostfront in Galizien zum Einsatz. Er erkrankte noch 1914 an der Ruhr und wurde im Brünner Militärspital behandelt. Dann gewährte man ihm einen Aufenthalt in der Heimat. *Johann Larcher* erzählte, daß ein Gendarm, den er namentlich kannte, Schöpf noch vor Ablauf seines Urlaubs an die Front zurückbeordert habe. Larcher meinte: »Wenn ihn nicht dieser Gendarm mit hinausgenommen hätte, dann wäre der Josef vielleicht am Leben geblieben. Bei der Offensive sind damals die besten Leute umgekommen. Man hat ihnen tagelang nichts zu essen gegeben, und Josef Schöpf war damals durch die Krankheit geschwächt.«

Gottfried Lechthaler aus Wenns im Pitztal, er war drei Jahre jünger als Schöpf und starb 1989 im Alter von hundert Jahren, gab in einem Interview an, er habe den Namen »Josef Schöpf« Ende Jänner 1915 in Gorlice beim Morgenappell ausrufen hören. Er habe sich daraufhin erkundigt, ob dieser Schöpf aus dem Pitztal stamme. Als sich die Vermutung bestätigte, habe er mit Schöpf Freundschaft geschlossen. Er betonte, daß Josef Schöpf ein hilfsbereiter Kamerad gewesen sei. Nach seiner Erkrankung mußte Lechthaler ins Spital und verlor Schöpf aus den Augen.

Der kurze Genesungsurlaub in der Heimat sollte Schöpfs letzter Aufenthalt bei seiner Familie im Pitztal sein. Bald nach der Rückkehr an die Front kam er wieder in Galizien zum Einsatz. In der Schlacht von Tarnow-Gorlice verloren über 100.000 Menschen ihr Leben. Josef Schöpf war einer von ihnen. Das Postamt im Gasthof Wiese erhielt die Nachricht: »Josef Schöpf, gefallen am 3. Mai 1915 bei Janovice.«

▷

Früher mußte jeder überall zupacken

Wir waren sechs Kinder, und da gab es immer viele Schuhe zu flicken. Wir ließen sie zusammenkommen und trugen sie in einem Korb auf den Schrofen. Dort hat sie Alois repariert. Josef ging mit seinem Bruder als Flickschuster auf die Stör (Arbeit im Hause des Kunden). Ein jeder mußte bei allen Arbeiten zupacken. Das blieb in unserer Gemeinde niemandem erspart. Ein jeder mußte hüten und ins Holz gehen. Der mit dem Hirtenstab ist Josef Schöpf.

Franz Rimml

Man muß eine Verbindung mit diesen Menschen haben

Aus einem Gespräch mit Hans Frank

Früher hat ein Photograph nur dann etwas gegolten, wenn er wie die Handwerksburschen von Ort zu Ort zog und ein halbes Jahr oder länger bei einem anerkannten Meister lernte. So sind einige österreichische Photographen durch ganz Deutschland gekommen. Waren sie der Meinung, der Lehrherr könne ihnen nichts Neues mehr bieten, zogen sie zum nächsten, von einer Stadt in die andere, um neue Stellen anzunehmen und sich weiterzubilden. Darum finden wir manchmal auf Photorückseiten den Vermerk: Assistent in diesem oder jenem berühmten Atelier. Wenn ein Photograph verstorben war, hat sein Nachfolger die gängigsten Aufnahmen unter dem neuen Namen weiterverwendet. Die Tiroler sind in die Schweiz, durch Süddeutschland und nach Salzburg gewandert, die Salzburger und Wiener nachweislich nach Norddeutschland und Rußland. Andererseits kamen italienische und französische Photographen zu uns. *Traub*, der langjährige Salzburger Innungsmeister, stammte z. B. aus Baden-Baden.

Wie sah nun so eine Tour aus? Natürlich war jede Fahrgelegenheit willkommen. Mit der Eisenbahn kam man weit, aber in entlegene Gebiete mußten die Photographen wie die Handwerksburschen zu Fuß wandern. Wenn sie Glück hatten, wurden sie von einem Fuhrwerk mitgenommen. In diesem Zusammenhang erinnere ich mich an eine Episode, die mir der Salzburger Photograph *Hartl* erzählt hat. Der hat wie Schöpf Bauern photographiert. Einmal hat man ihn zu einer Hochzeit bestellt. Er war schon weit außerhalb Salzburgs, als ein Gewitter aufzog. Hartl beschloß umzukehren. Nach einiger Zeit kam ein von Pferden gezogener Leichenwagen des Weges, und der Fuhrmann ließ den völlig durchnäßten Photographen mitfahren. Da es auf dem Wagen keinen anderen Platz gab, mußte Hartl auf dem Sarg sitzen. Später überholten sie einen Bauern, eben in dem Augenblick, als ein Blitz die gespenstische Szene grell beleuchtete. Der Bauer sieht den Photographen auf dem Sarg sitzen, stößt einen Schrei aus, bekreuzigt sich und flüchtet ins Feld neben der Straße.

Nur ganz wenige haben wie Hartl oder Schöpf gearbeitet. Die meisten blieben in ihren Ateliers und warteten auf Kundschaft. Nur wenige haben im Gebirge photographiert oder Leute im Alltag abgebildet.

Hartl hat sich einmal über eine längere Zeit nicht mehr in eine bestimmte Gegend getraut. Er hätte eine Bauernhochzeit mit über hundert Leuten aufnehmen sollen. Er hat die Stühle und Tische zusammengestellt, um die »große Runde« aufzubauen. Bevor er aber zum Photographieren kam, brachen mehrere Tische und Stühle zusammen. Verletzt wurde niemand, aber der Wirt forderte von Hartl Schadenersatz für das ruinierte Mobiliar. So blieb dem Photographen nichts anderes übrig, als sich aus dem Staub zu machen. Er durfte sich in dem Ort lange Zeit nicht mehr blicken lassen. Hartl benützte eine alte Holzkamera. Einmal erklärte er mir: »Wenn ich den Objektivdeckel vergesse, halte ich meinen Hut übers Objektiv.«

Und Josef Schöpf? Ja, was der an Bildern hinterlassen hat, hebt sich vom Durchschnitt deutlich ab, ist Wesentliches! Das Land Salzburg hat um 1900 an Bauern- und Arbeiterphotographien kaum Vergleichbares zu bieten. Um die Ausstellung »Photographie in Österreich« zustande zu bringen, haben wir zwei Jahre lang gearbeitet. Wir haben zahlreiche Archive durchstöbert, doch Bilder, wie sie Schöpf anfertigte, sind uns selten untergekommen. Die sonstigen Photographen sind doch alle daheimgesessen und haben gewartet, bis einer ins Atelier kam. Daß jemand wie Schöpf das Volksleben und die Alltagstätigkeiten festhielt, war um 1900 in Salzburg in dieser Form nicht üblich. Eine Ausnahme bilden etliche Aufnahmen vom Bergbau und von der Erzverhüttung. Diese stammen aber alle aus der Steiermark. Bauern im Sonntagsstaat oder bei der Arbeit haben nur wenige aufgenommen. Das hat die Photographen nicht interessiert, weil es ihnen kein Geld brachte. Bei derartigen Aufnahmen, besonders bei solchen, auf denen kleine Leute abgebildet wurden, traten Erwerbskriterien ganz in den Hintergrund. Die Photographen, die so arbeiteten, hatten ein Gespür dafür, wie man mit Menschen umgehen muß. Sie haben Witze erzählt und einen »August« gemacht, erst dann haben sie auf den Auslöser gedrückt. Wenn unsereiner hingeht und sagt: »Stellen Sie sich auf!« wen wundert es dann, wenn alle stocksteif dastehen? Man muß eben mit den Leuten reden können, man muß eine Verbindung mit diesen Menschen haben. Deshalb ist diese Art der Photographie etwas ganz Besonderes. Ich bin davon überzeugt, daß der berühmte *Simony* (Maler und Hochgebirgsforscher aus Hallstatt, Mitbegründer des Österreichischen Alpenvereins) so etwas nicht zustande gebracht hätte, etwas, das einem Hartl oder Schöpf ganz selbstverständlich gelang.

Der Photograph hat im Ort früher viel gegolten, er war noch jemand. Ich glaube, daß er gleich nach dem Bürgermeister, dem Pfarrer und dem Feuerwehrhauptmann gekommen ist. Er war angesehen und ist so manchen Abend mit den Ortsbewohnern im Wirtshaus beisammengesessen. Nur so läßt sich das gegenseitige Vertrauen erklären.

Um 1900, als mehr und mehr Fremde ins Land kamen, haben die Photographen mit den bessersituierten Touristen ein gutes Geschäft gemacht. Sie photographierten hauptsächlich die von den Fremden besuchten Landschaften. Die Negative wurden damals im Lichtdruckverfahren kopiert, und auf braunem Papier hat man große Auflagen machen können. Nur so hat die Photographie Geld gebracht.

Natürlich haben sich die Touristen auch im Atelier ablichten lassen. In Salzburg wie in Innsbruck hielten die Photographen Dirndlkleider für die meist bürgerliche Kundschaft bereit. Diese Kleider waren hinten aufgeschnitten und mit Bändern versehen. Viele Frauen haben sich so in ein und demselben Dirndl abbilden lassen. Andere Ateliers boten »Jagdaufnahmen« an. Die hierfür notwendigen Requisiten lagen stets bereit: ein meist altmodisches Gewehr und ein Rucksack, aus dem ein Gamskopf herausschaute. Viele städtische Ausflügler haben sich so photographieren lassen. Ähnliches geschah übrigens auch bei der sogenannten »Kavalleriephotographie«: Da gab es im Atelier einen Säbel und ein ausgestopftes Pferd. Die meisten verwendeten bei Porträtaufnahmen zudem oft Möbelstücke, die in Wirklichkeit nur Attrappen waren. Wenn man sie umdrehte, konnte man sie in etwas anderes verwandeln. Der Photograph *Hintner* besaß beispielsweise einen »Schreibtisch«, den man in einen Küchenherd umfunktionieren konnte. Die Mädchen aus der nahegelegenen Haushaltungsschule haben sich an diesem »Herd« aufnehmen lassen. Für die nächste Kundschaft war dann der Herd wieder ein Schreibtisch. Schöpf hatte kein Atelier, und er brauchte auch keines. Die Kunstkniffe des Atelierphotographen führten nur zu verlogenen Bildern.

In Maria Plain hatte der Photograph *Kuss* gleich neben der Wallfahrtskirche sein Atelier. Er konnte reden wie ein Pfarrer und hat sich mit den Leuten gut verstanden. Wie einmal ein Bauer zum Photographieren kam und Kuss fragte: »Wie wollen Sie aufgenommen werden?« antwortete der Bauer: »Als a gânzer!« Ich finde diesen Satz großartig. Er sagte nicht: »Die ganze Figur«, sondern »als a gânzer«. Er wollte sagen: Ich will photographiert werden, wie ich bin.

Anmerkung

Prof. Hans Frank (1908-1987) ist Begründer des »schönsten Photomuseums der Welt«, wie es ein japanischer Journalist ausdrückte. Seine selbstlos zur Verfügung gestellte, weit über Österreichs Grenzen hinaus bekannte Sammlung ist im Marmorschlößl der Kaiservilla in Bad Ischl untergebracht. Obiger Text ist ein Auszug aus einem Gespräch, das Willi Pechtl 1985 und 1986 mit Prof. Hans Frank über die Tätigkeit der Photographen auf dem Land geführt hat.

Kirche, altes Schulhaus und Mesnerhaus in St. Leonhard

Der alte Weg führte früher über den Kirchgrund. Am Steilhang rechts oberhalb der Kirche liegt der Schrofenhof, den die Familie Schöpf 1896 nach Jahren der Wohnungsnot erwarb und der bereits 1265 in einer Urkunde der Starkenberger erwähnt wird.

Alltag des Flickschusters, Mesners und Photographen Josef Schöpf

Alfons Rauch (1899-1987) erzählt:

»Zuerst lebten die Schöpfs in Piösmes, in dem Haus, wo heute die Familie Haid wohnt. Die Eltern des Photographen haben wenig besessen. Mit ihren acht Kindern — sechs Buben und zwei Mädchen — zogen sie um die Jahrhundertwende auf den Schrofen. Dort haben sie ärmlich gelebt. Sie mußten froh sein, wenn sie wenigstens zwei Kühe halten konnten. Andere waren noch schlechter dran. So manche Großfamilie hat sich mit einer Kuh durchgeschlagen. Die Schöpfs konnten ihre zwei Kühe nur knapp füttern. Mit der Sense gab es da nicht viel zu mähen, das meiste Futter haben sie mit dem Handhacker, einer Art Sichel, dem kargen, steinigen Boden abgerungen.

Der Hof, den meine Eltern bewirtschafteten, war klein genug, aber doch etwas größer als der auf dem Schrofen. Ich war fünf, als mein Vater starb. Es ist mir noch deutlich vor Augen, wie uns die Mutter das Brot in gleichen Stücken vorgeschnitten hat. Für einen Heranwachsenden war das alles viel zu wenig, und du bist immer hungrig vom Tisch gegangen.

Nach dem Lehrer Neuner wurde Josef Schöpf Mesner der Kirche von St. Leonhard. Die Leute nannten ihn damals schon den »Tux«. Er bemühte sich sehr, und an den Feiertagen schmückte er die Kirche besonders schön. Als Mesner hat einer damals wenig verdient, eigentlich so gut wie gar nichts. Deshalb arbeitete Josef auch als Flickschuster.

Den ganzen Winter ging er mit seinem Bruder Alois, der Schuhmachermeister war, auf die Stör. Die beiden Brüder kamen bis nach Plangeroß und talauswärts bis nach Zaunhof. Die Kundschaft hat die Schuhe meist schon im Sommer bestellt. Bei manchem Bauern arbeiteten sie eine ganze Woche. Sie reparierten alte Schuhe, aber machten auch neue. Sie hatten noch keine Maschinen, es war alles Handarbeit.

Die Leute brachten den Schöpfbrüdern die Flickarbeit gewöhnlich vor der Messe. Die Leisten für die neuen Schuhe besorgte man in Wenns, wenn nicht gar in Imst. Damals war der Bedarf an gutem Schuhwerk groß.

Ich habe auch »schuachn« gelernt. Mit dem Gundolf Heinrich bin ich auf die Stör gegangen. Wie die Schöpfbrüder arbeiteten wir ebenfalls in dem Gebiet zwischen Zaunhof und Plangeroß. Beim Agathes-Bua — er schrieb sich Füruter und wohnte in Weißwald — sind wir oft eine Woche lang geblieben. Während wir Schuhe flickten, erzählten uns die alten Leute den ganzen Tag Geschichten. Oft haben wir bis Mitternacht bei Petroleumlicht Schuhe ausgebessert. Bei mehreren Bauern haben wir uns eine Woche aufgehalten, bei manchen sogar länger.

Beim Demes hat es Behinderte gegeben. Ihre Füße waren verkrüppelt. Für einen, der nur einen Fuß hatte, haben wir den Schuh nicht genagelt, sondern genäht. Auch die Bergschuhe mußte man nähen. An einem Paar hast du oft länger als einen Tag genäht.

Wenn der Arbeitsplatz von unserem Wohnort weit entfernt war, übernachteten wir bei den Leuten in der Stube auf der Ofenbank. Man hat im Winter »ingekentet« (geheizt), und meistens bekamen wir eine Decke. Damit hast du zufrieden sein müssen. Es ist auch so gegangen, und wir haben unsere Lage gar nicht so schlecht gefunden.

Wir haben zuerst Maß genommen, und unsere Schuhe haben immer gepaßt. Es hat nie Klagen über unsere Arbeit gegeben. Verdient hat man mit der Schusterei wenig. Vielleicht hatten die Schöpfbrüder mehr Lohn. Wir haben jedenfalls wenig bekommen. Aber es war besser als nichts. Heute gibt es keinen Schuster mehr in der Gemeinde.

Zwei Brüder des Josef Schöpf haben in Brixen studiert. Das Geld dafür wurde von Pfarrer Penz (Bartholomäus Penz, 1898-1907 Pfarrer von St. Leonhard) zusammengebettelt. Hermann war später Bezirkstierarzt von Landeck, Heinrich war Geistlicher. Der Älteste, Alois, erlernte, wie schon gesagt, das Schusterhandwerk und übernahm später den Schrofenhof.

Die Störgänger schliefen auf der Ofenbank

Später (von 1907 bis 1913) betreute Pfarrer Fink die Leute von St. Leonhard. Er war vom Schützenwesen so begeistert, daß er alle Gemeinden, in denen er tätig war, mit Schützenfahnen versorgte. Zur Fahnenweihe in Tarrenz hat man auch eine Abordnung aus St. Leonhard eingeladen. Josef Schöpf, der Lieselewirt und ich vertraten damals unseren Ort. Das war 1913.

Josef Schöpf war lange Zeit der einzige, der im Pitztal photographiert hat. Wie er dazu gekommen ist, weiß ich nicht. Später hat sich Johann Santeler aus Scheibrand mit dem Photographieren befaßt. Santeler verdiente sein Brot auf Großbaustellen als Vorarbeiter, wo er auch Arbeitskollegen aufgenommen hat.

Die Leute wußten, daß der »Tux« Photos machte. Wenn sie ihn brauchten, haben sie ihn darauf angesprochen. Was er mit seinen Aufnahmen verdient hat, ist mir nicht bekannt. Ich weiß auch nicht, wieviel er für ein Bild verlangt hat. Viel wird es nicht gewesen sein.

Einer seiner Freunde, mit dem er viel beisammen war, und mit dem er des öfteren Schnaps getrunken hat, war der Angesen Chrust, der Pächter der Schmiede von St. Leonhard. Der alte Talweg führte früher über eine Brücke über die Pitze, dann an der Kirche vorbei zum Anges. Ich erinnere mich, daß es in der Schmiede des Chrust zwei Blasbälge und zwei Feuerstellen gegeben hat. Wo die heutige Straße verläuft, waren früher der Kirche gegenüber die Köhlerhütten, wo man die Holzkohle brannte. Man stockte die drei Meter langen Holzprügel auf, deckte sie mit Erde zu und zündete sie an. Acht Tage lang haben die Meiler geraucht. Die großen

Kohlebrocken wurden dann in der Schmiede verwendet. Im Frühjahr hat der Anges Hauen, Sapine und andere Werkzeuge hergestellt oder repariert. Du mußtest ihn aber immer sofort in Kronen und Hellern bezahlen.

Damals stand beim Lieselewirt (Gasthof Sonne, St. Leonhard) ein großer Roßstall, auch in Mittelberg hat es so einen riesigen Gemeinschaftsstall gegeben. Die Fuhrleute aus Imst und Wenns stellten hier Roß und Wagen unter. Auch ich habe Fuhrwerksdienste geleistet. In Mittelberg verbrachten wir die Nacht in diesem alten Stall. Früh am Morgen hieß es einspannen, und dann ging es talauswärts. Meine Rösser gehörten dem Post-Seppl in Wenns. Im Herbst hat der Seppl immer mit Roß und Wagen Granten (Preiselbeeren) geholt. Vor den Gasthäusern hielt er sein Fuhrwerk an, wog die Beeren, die von Frauen und Kindern angeboten wurden, und bezahlte die Ware sofort. Viele Leute haben damals Preiselbeeren gesammelt. Jeder war froh, wenn er ein paar Heller verdient hat. Auch die Schrofeler haben Beeren verkauft, und im Sommer hüteten sie auf der Alm. Der alte Schöpf hatte die Oberaufsicht auf der Tiefentalalpe. Sie haben Hasen und Hennen gehalten. Man mußte eben schauen, wie man durchkam. 1914 zu Peter und Paul (29. Juni) rückten wir mit der Musik aus. Josef Schöpf hat die kleine Trommel geschlagen. An diesem Tag, ich stand in der Musikkapelle vor dem Gasthof Schön, kommt der Müller, mein Nachbar, von der Heuarbeit in Vorarlberg nach Hause. Er brachte die Nachricht von der Ermordung des Thronfolgers Franz Ferdinand in Sarajewo. ›Jetzt wird's Krieg geben!‹ hat es geheißen. Und so ist es auch gewesen.

Am Portiunkulasonntag machten wir eine Wallfahrt nach Kaltenbrunn. Wir wollten eben in die Morgenmesse gehen, da war die allgemeine Mobilmachung schon in Gang. Wir kehrten schnell über das Joch ins Pitztal zurück. Als wir zum Fisser (Gasthof Alte Post, St. Leonhard) kamen, sahen wir, daß die vom Militär schon da waren. Den Militärdienst hatte Josef Schöpf ja schon geleistet. Und so hat er noch am Nachmittag einrücken müssen. Kriegsbegeisterte hat es hier keine gegeben. Aber was konntest du gegen den Krieg tun? Du bist machtlos gewesen. Es hat geheißen: ›Für Gott, Kaiser und Vaterland.‹ Gewesen ist alles ein Schwindel. Die Leute sind regelrecht angelogen worden. Und es ist heute noch so. Du wirst auch heute hinten und vorn angelogen, du kannst es anschauen, von welcher Seite du willst …

Josef Schöpf ist der erste hier gewesen, der einen Genesungsurlaub bekommen hat. Nach vierzehn Tagen mußte er wieder einrücken. Er ist nicht mehr heimgekommen. Schon im ersten Kriegsjahr gefallen!

Alle Tage sind dann die Nachrichten gekommen, daß dieser und jener gefallen ist. Keiner hätte aber zu sagen gewagt: ›Ich gehe nicht mehr in den Krieg.‹ Im Zweiten Weltkrieg haben sich ein paar verdrückt. Im Ersten Weltkrieg hat es aber geheißen: ›Für Gott, Kaiser und Vaterland.‹ Für den Herrgott Krieg führen? Da fragt man sich, ob es einen Gott und eine Gerechtigkeit gibt. Und wie ist es heute? Die oben können tun, was sie wollen, und unsereins kann nur zuschauen. Dieses Unrecht ist eine böse Sache. Man müßte diesen Kriegstreibern eine Abfuhr erteilen, denn draufgezahlt haben immer die Armen.«

Einmal kam ein Photograph

Wir sind als Kinder zusammengelaufen und haben neugierig hinter einem Haus hervorgeschaut und uns gewundert, was so einer macht. Ein Photograph war durch die Kleidung und durch sein Auftreten für uns ein anderer Mensch. Umchetragler (Hausierer) hat man solche Leute genannt. Bezahlt hat man mit Eiern, denn Geld hatte man bei uns keines. Theresia Grassl

Es kommt alles nacheinander

Das frühere Leben im Tal

Erzählt von Theresia Grassl

Theresia Grassl wurde 1903 in Grenzstein, einem Bergweiler oberhalb von Wenns, geboren. Seit ihrer Heirat im Jahre 1932 lebt sie in Imst. Sie ruft Mangel, Kinderreichtum und die früheren Lebensumstände der von Schöpf auf Glas festgehaltenen Menschen in Erinnerung. Um die Lebendigkeit des gesprochenen Wortes zu dokumentieren, werden hier Dialekt und Schriftsprache nebeneinandergestellt.

Miar sai mit Eardöpfl, Muos und Brennsuppen augwåchse. I woaß, wenn miar Fråtzen um an Oart aiche sai, wo d'Lait gesse håbe, hå mer anånd ongschaugt. Dös miascht guet sai, hå mer gseit. Gheit hå mer's it! Amea håbe d'Lait böitle miaße. Mai Mentsch, wenn man ins a Stickle Brot göibe håt, hal hå mer decht a Fröid gheit. Böitle sai mer åber it gånge! D'Lait håbe gwißt: an årme Familie, viel Kinder, a kluane Baurschåft und nuit verdiane; nå håt ma hålt a Stickle Brot göibe, und nå sai mer geare hingånge. Gib haint an Kind a Stickle Brot.

Gråd richtige Hunger glitte håbe d'Fråtzen it, åber d'Öltere schua, viel, daß sie's håbe könne i de Kinder göibe.

Froah sai mer gwest, wenn mar Eardöpfl gheit håbe. In Bearg doube, åcht Kinder, kua Gald, wås willsch då åchenehme? Mai Mentsch, håbe miar a Noat gheit oft! Aber miar sai it d' Ärgschte gwest; sai nou Noatigere gwest. Miar håbe schua zeche Stuck Viech gheit, åber s'håt ålls it dergöibe. Ma håt's Viech it recht fuetere könne, wail se håbe miaße s'Fueter spåre, sinsch hatte se dös Viech it håbe kenne. Und mi håt miaße Viech fuetere, daß man in Herbscht håt kennen a Stuck oder zwoa heagöibe, in Mårkt dinne, daß ma håt kenne von gånze Jåhr d'Stuire und d'Schulde zåhle. Und nå ischt ålls wieder går gwest, nå håt ma wieder kua Gald mia gheit. So sai mer augwåchse. Amea håt ma miaße a toller Baur sai, daß man öppes z'esse håt gheit. Und nå isch der Stuirtraiber köime. I woaß, der Våter håt amål pleareter zer Mueter gseit: I hån's Gald fir d'Stuiren it! Iez, wo nimmsch 's Gald hea, wenn de kuas håsch! Sai schua umche

Wir sind mit Erdäpfeln, Mus und Brennsuppe aufgewachsen. Ich erinnere mich, wenn wir Kinder in ein Haus gekommen sind und die Leute gerade gegessen haben, schauten wir einander an. Das müßte gut sein, haben wir gesagt. Gehabt haben wir es nicht. Früher mußten die Leute betteln. Mein Gott, wir hatten doch eine Freude, wenn man uns ein Stück Brot gab. Betteln sind wir aber nicht gegangen. Die Leute haben schon gewußt: eine arme Familie, viele Kinder und kein Verdienst; dann hat man halt ein Stück Brot gegeben, und so sind wir gern hingegangen. Gib heute einem Kind ein Stück Brot!

Richtigen Hunger haben die Kinder nicht gelitten, wohl aber die Eltern, damit sie den Kindern etwas geben konnten.

Wir waren froh, wenn wir Erdäpfel hatten. Auf dem Berg droben, acht Kinder, kein Geld, was willst du da herunterholen? Mein Gott, haben wir oft Not gelitten! Aber es ging uns nicht am schlechtesten, es hat noch Ärmere gegeben. Wir hatten wohl zehn Stück Vieh, aber es hat nicht gereicht. Man konnte das Vieh nicht richtig füttern, weil man Futter sparen mußte; sonst hätte man so viel Vieh nicht halten können. Man mußte Vieh züchten, damit man im Herbst ein, zwei Stück auf dem Markt hergeben konnte, mit dem Geld zahlte man die Steuern und Schulden des ganzen Jahres. Und dann war alles weg, dann hatte man kein Geld mehr. So sind wir aufgewachsen. Früher mußte einer ein großer Bauer sein, daß seine Familie genug zu essen hatte. Und dann kam der Steuereintreiber. Ich weiß noch gut, wie der Vater einmal weinend zur Mutter sagte: Ich habe das Geld für die Steuer nicht. So, wo nimmst du es her, wenn du keines hast! Es hat wohl Leute gegeben, die

Mein Gott, wo haben die alle gehaust?

Zehn Leute stehen vor dem Holzhaus. Es ist die Bäckerei Schranz in St. Leonhard. Sie hatten eine Schar Mädchen, und ich weiß noch gut, wie sie mit ihren Brotkörben am Rücken einmal pro Woche von St. Leonhard taleinwärts bis Mittelberg gingen. Eine von ihnen, die Maria, trug Wecken von Haus zu Haus. Die Mädchen boten 15 bis 20 kg Brot an. Sie haben es oft regelrecht verbettelt, denn wer konnte damals zahlen? Ich kannte das Haus. Hinten befand sich die Backstube, und links war das Lebensmittelgeschäft. Den Backofen haben sie seinerzeit mit Holz geheizt. Später hatte Schranz ein

Pferdefuhrwerk, mit dem er zweimal die Woche die Runde machte. Er hat auch die Post zugestellt. Wenn es viel geschneit hatte, kam er nicht durch, dann gab es kein Brot, und man mußte von dem leben, was man im Haus hatte. Alle vier bis sechs Wochen haben wir selbst gebacken. Unser Ofen ragte wie ein Erker aus der Hauswand heraus, war aber von der Küche her zu heizen.
Die meisten alten Öfen verfallen jetzt, doch es gibt wieder ein paar Leute, die in den erhaltenen Öfen backen.
Franz Pechtl

gwest, wo a bißle Bessere gwest sai. Miar håbe kenne kua Milch heagöibe und går nicht. Milch håt ma miaße derhuam håbe, då håt ma miaße af 's gånze Jåhr Schmålz måche dervo. Und wenn d'Mueter Butter triebe håt, håt sen ins nia kua Butterschniete göibe, då håt se miaße zåmmspåre, daß se håt kenne de gånze Woche schmålzen und koche. Z'Sunntiger håt man ållwi Knödl kocht, ållwi, åber it vo Waißbrot. Sal håt ma kuas vermöige. Håt d'Mueter zwoa, drai Oar mitgnoume, daß se håt kennen an Wegge koufe. Wenn d'Waiberlait von Amt köime sai, mit dene Weggelen untern Arm, nå hå miar Kinder a siawets zuene gseit: Bitte, gi mer a Trimmle.

Im Jåhr amål hå ma a Schwai ewecktou, åber då håt ma miaße 's gånz Jåhr Marend und Speck dervo håbe. Schnaid vo rer Båchete åche, fir zeche Lait! Der Våter isch a Zimmermånn gwest. Er håt a siawets amål öppes verdiant und a bißle Brot oder öppes bråcht. In Kiachti håt ma besser gesse, åber miar håbe nia kuan Guglhupf kriagt. Und wenn ma båcht håt, nå håt man Ofenudle gmåcht. D'Mueter håt ållwi von Woaze — woazis Meahl håt ma salt gmåhle, isch lång it so guet gwest wia 's koufte — sölle långe Dinger gmåcht, dia håt ma nåche z'löscht, wia der Ofe nou hoaß gwest isch, aiche tou zun Båche. Nå håt man Ofenudle kriagt und a Brennsuppe, z'Mittåg.

Amea håt man it a sou a Kuche gheit wia haint. A schwårze Kuche. Då håt ma 's Flaisch aughängt. D'Kuche håt oft groche, daß ma fåscht it koche håt kenne. Ma håt Stuar af'n Bode gheit und an offene Heard mit an Draifueß und an Schwenkårm. Und då håt ma drau kocht.

In Winter isch es in dia Holzhaiser wohl kålt gwest. Bis untern Dåchboden auche isch ålls gfroare gwest, und zuedecke hå mer ins fåscht it kenne, wail mer zwiani Better gheit håbe. Oft zwoa drai unter uan Bett dinne. Und 's Ongleg isch jå gånz schlecht gwest. D'Mueter håt ins vo sou ålte Ding oft Hemedle zåmmgnaht, wail nahje låsse håt man it vermöige. Nå håt ma Flåchs onbaut, und då håt 's Wearch göibe, und döis håt ma gschpunne. Vo de

besser dran waren. Wir konnten keine Milch verkaufen. Die Milch haben wir selbst gebraucht, davon mußte man für das ganze Jahr Schmalz machen. Und wenn die Mutter Butter getrieben hatte, gab sie uns nie ein Butterbrot, denn sie mußte das Fett zusammensparen, damit sie die ganze Woche kochen und schmalzen konnte. Sonntags hat man immer Knödel gekocht, immer, aber nicht aus Weißbrot. Das hat man sich nicht leisten können. Die Mutter hat zwei, drei Eier mitgenommen, damit sie einen Wecken kaufen konnte. Wenn die Frauen aus der Sonntagsmesse kamen, mit den Wecken unter dem Arm, haben wir Kinder manchmal zu ihnen gesagt: Bitte, gib mir ein Stücklein.

Einmal im Jahr hat man ein Schwein geschlachtet. Davon mußte man für das ganze Jahr den Speck für die Marend (Jause) nehmen. Schneid von einer Speckseite für zehn Leute herunter! Mein Vater war ein Zimmermann. Manchmal hat er etwas verdient und ein wenig Brot oder sonst etwas gebracht. Am Kirchtag hat man besser gegessen, wir haben aber nie einen Gugelhupf bekommen. Und wenn man Brot backte, machte man Ofennudeln. Die Mutter formte aus selbstgemahlenem Weizenmehl — es war lange nicht so gut wie das gekaufte — so lange Dinger, die man nach dem Brotbacken in den Ofen schob. Dann hat es zu Mittag Ofennudeln gegeben und eine Brennsuppe. Früher war die Küche nicht so, wie man sie heute hat. Sie war schwarz. Dort hat man Fleisch aufgehängt. Oft rauchte es in der Küche so, daß man nicht kochen konnte. Da war ein mit Steinen gepflasterter Boden und ein offener Herd mit Dreifuß und Schwenkarm. Darauf hat man gekocht.

Im Winter war es in den Holzhäusern oft sehr kalt. Bis zum Dachboden war alles gefroren, und zudecken konnten wir uns nicht recht, da wir nicht genug Federbetten hatten. Oft lagen zwei, drei Leute unter einer Decke. Und die Kleidung war ganz schlecht. Die Mutter hat uns oft aus altem Zeug Hemden genäht; sie nähen zu lassen, hätte man sich nicht leisten können. Man baute Flachs an, aus dem man den Werg gewann. Aus dem gesponnenen Flachs hat man Heublahen und Leintücher weben lassen. Was

Kinder sind viele gestorben

Früher waren Familien mit dreizehn oder vierzehn Kindern keine Seltenheit. Freilich sind viele kleine Kinder gestorben. Man hat nicht viel Aufhebens gemacht. »Haben wir halt wieder ein Engele mehr im Himmel, das uns einmal hinaufhilft«, hat die Mutter gesagt. Bei uns waren fünf »Engel« im Himmel. Man hatte eine andere Einstellung zu Kindern und zum Tod.
Theofrieda Neururer

Sonst gab es nichts zu essen

Kinder mußten früher in den Tälern härter arbeiten als heute oft die Erwachsenen. Und wir mußten immer in die Fremde gehen. Ich habe für die umliegenden Bauern gehütet. Einmal mußte ich mit den Kühen in den Wald fahren. Es war heiß und die Viecher biesten. So bin ich weinend nach Hause gelaufen. Die Kühe haben den Schwanz aufgestellt und sind wie wild davon. Zu Hause gab mir mein Vater eine Ohrfeige und schickte mich zurück. Früher erledigte man das radikal. Als Kind hast du arbeiten müssen, sonst gab es nichts zu essen.
Theresia Grassl

gschpunne Wearch håt ma Plåche zun Haitråge und Laitiacher wirche glåt. Wås d'Mueter gschpunne håt!

Und gflickte Schuech håbe mer gheit. Miar Madler håbe se miaße vo de Bueben onlöige, dia wås se numme håbe håbe kenne, wail se z'klua gwest sai. Miar Madler håbe se wieder onlöige miaßen in d'Schuel und in d'Kiache. Muesch der denke, wia isch ma då durch der Kiachen in, mit Stoaßnägl voarne drau. Wia dia klapperet håbe!

W.P.: Warum håbe se amea so viel Kinder gheit? Wia håt dai Mueter döis ålls dertou?

's war a Sind gwest, wenn man a Kind verhiatet hatt. De Gaischtlige håbe vo de Kånzlen åchegschriare, Jöses, s'hatt noat gheit, d'Lait hatte 's Jåhr zwoa, drai Kinder gheit, wenn se's hatte håbe kenne, vor lauter isch es a Sind gwest, wenn sen uas verhiatet håbe. Ware sen åll in d'Höll köime. D'Mueter håt oft gseit: Bin i froah, i hån endli mai Zåhl gheit. Achte sai's gwest. Mai Mueter ischt a Guete gwest, sinsch war mer it sou wait köime. Håt miaße sövl Kinder auziache, mit går nicht fåscht; und ålle Jåhr ischt a Kluas gwest. Håt 's uane nou it giah könne, isch 's åndere schua då gwest. 's uane håt von åndere 's Gwånd gheit. Vo Kinderwage håt ma går nuit gwißt amea. Bai main Auwåchse håt ma de Kinder in a Bettle iche tou und mit af 's Fald tråge. Håt se miaße nebt der Arbet d'Kinder håbe. Z'nåchts sai d'Kinder af d'Walt köime, und z'moargets isch se d'earscht augwest. Gårbedet hå se bis z'löscht. Håt it könne liege blaibe. Dokter håt ma kuan vermöige. D'Hebamme isch schua köime, wenn se's dertou håt. Sinsch håt se miaßen allua in an Oart entbinde. D'Mueter isch augstånde und isch mit den kluane Kind in d'Kuche und in Ståll gånge. Amea isch man it a sou verwöhnt gwest. Und wia mer a sou hålbe gwåchse sai gwest und in d'Schuel köime sai, hå mer åll miaße banånd liege. Miar håben it åll Better gheit. D'Madler håbe miaße mit de Madler zåmmliege und d'Buebe mit de Buebe. Der Våter

die Mutter gesponnen hat! Und geflickte Schuhe haben wir getragen. Die Schuhe, die den Buben zu klein geworden waren, haben wir Mädchen anziehen müssen. Wir mußten sie in der Schule und in der Kirche tragen. Du mußt dir das vorstellen, in Schuhen mit Stoßnägeln durch die Kirche. Wie das geklappert hat.

W. P.: Warum hat man früher so viele Kinder gehabt? Wie hat deine Mutter das geschafft?

Es wäre eine Sünde gewesen, wenn man ein Kind verhütet hätte. Die Geistlichen schrien es von den Kanzeln herunter, Jesus, wenn es nach denen gegangen wäre, hätten die Leute im Jahr zwei, drei Kinder haben müssen, wenn es möglich gewesen wäre, so sehr war es eine Sünde, ein Kind zu verhüten. Alle wären sie in die Hölle gekommen. Meine Mutter hat oft gesagt: Bin ich froh, daß ich meine Zahl gehabt habe. Acht sind es gewesen. Meine Mutter war tüchtig, sonst wären wir nicht so weit gekommen. Sie mußte mit fast nichts so viele Kinder aufziehen. Und alle Jahre ist ein Kleines gekommen. Das eine konnte noch nicht laufen, da war schon das nächste da. Eins hat vom andern die Kleider gehabt. Kinderwagen waren früher unbekannt. In meiner Jugend hat man die Kinder in einem Kissen mit auf das Feld genommen. Die Mutter mußte neben der Arbeit die Kinder versorgen. Am Abend kamen die Kinder auf die Welt, und am nächsten Morgen war sie schon wieder die erste auf. Bis zuletzt hat sie gearbeitet. Sie konnte nicht liegen bleiben. Den Doktor konnten wir uns nicht leisten. Die Hebamme ist wohl gekommen, wenn sie sich beeilt hat. Sonst mußte eine Frau irgendwo allein entbinden. Die Mutter stand sofort auf und nahm das Kind mit in die Küche und in den Stall. Früher war man nicht so verwöhnt. Und als wir älter waren und in die Schule kamen, mußten wir beieinander liegen. Wir hatten nicht alle ein eigenes Federbett. Die Mädchen schliefen bei den Mäd-

Photographiert werden war für uns etwas Neues

Als wir zur Erstkommunion gingen, hat uns Josef photographiert. Von jedem hat er ein Bildchen gemacht, und dann noch ein Gruppenbild. Damals war es Brauch, den Erstkommunikanten nach der Messe ein Frühstück zu geben. Der Pfarrer Fink und der Kooperator baten Josef Schöpf, vom Schrofen herunterzukommen, um Aufnahmen zu machen. Er kam. Wir nahmen vor dem Widum Aufstellung. Er hat genau gesagt, wo wir uns hinbegeben sollen. Zwei Mädchen saßen im Vordergrund auf einem Schemel, wir anderen standen dahinter. Dann hat er ein schwarzes Tuch über den Kopf getan. Das war für uns etwas Neues.

Maria Larcher

isch ållwi mit de Bueben ins Bett gånge. Er håt döit lai sou an Öllampele gheit, a kluas zen Tråge, und nåche håt er ene auchezunte iber d'Stiage. Miar Madler sai mit der Mueter gånge. Ma håt kua elektrischs Liacht gheit, miar hatte går it außegfunde. Döis isch hålt a sou gwest amea. Mi isch ärger derfroare, und wenn ma z'kalt gheit håt, nå håt ma hålt ins Bett gmåcht. In Abet håt man ou Eardöpfl gheit und Milch, und d'salle måchen ou Wåsser. Amea isch es it so saiberli gwest, amea håt ma nicht gheit zun Wasche. Döit håt man Aschelouge gmåcht, ma håt jå kua Soafe und nicht derkouft.

W. P.: Wia lång sai de Kinder derhuam beaufsichtigt gwest?

Da håt ma decht nia kuan Acht göibe. Då isch ma hålt gånge. Wo isch döis, wo isch 's sal? isch es in Abet zuegånge. Isch der nou it då? Weard schua köime, håt's ghoaße. D'Mueter håt it Derwail gheit, ins Fråtze nåchzgiah.

Miar sai in Pieler doube in d'Schuel gånge. In d'Summerschuel håbe miar åber miaßen af Wenns aiche. 's inser isch's löschte Haus gwest, wo af Wenns gheart håt, d'Grenz. Då hå mer miaßen a Stund außegiah. Und d'Mueter håt oft it gwißt, wås sen ins sött z'esse mitgöibe. Nå sai mer ålli zun Bankle bain Toatekåppele gånge inser Brot esse. Nå sai d'Kinder vo Wenns köime und håben ins verfolget. Miar håbe 's it schia gheit. Und håsch di allua onlöige kenne, håscht schua håld miaße fortgiah, dåhi und döithi, hiate und i woaß salt it, wås ålls.

W. P.: Es håbts ou Religionsunterricht gheit?

Sal jå! I woaß nou guet, der Pfårrer Haibåcher, der håt oft an Zoare gheit, wia er in d'Schuel köimen isch. Isch sou a kluas Manndle gwest. Der isch oft aughupft! Und gschtåmpft håt er mit de Fiaß, gråd daß er it gfluecht håt. Und haili gwest! Miar håben ålli gseit: der weard nou haili gschproche! Und an Zoare gheit. Jå, hå mer oft zue nen gseit, ob er då

chen und die Buben bei den Buben. Der Vater hat immer die Buben zu Bett gebracht. Er hatte ein Öllämpchen, das man tragen konnte, und damit hat er ihnen über die Stiege hinaufgeleuchtet. Wir Mädchen sind mit der Mutter gegangen. Es gab noch kein elektrisches Licht. Wir hätten nicht aus der Kammer hinausgefunden. Man mußte oft frieren, und wenn einem zu kalt war, hat man ins Bett gemacht. Das Abendessen bestand aus Erdäpfeln und Milch, und das macht auch Wasser. Früher ist es nicht so reinlich zugegangen, man hatte auch nichts zum Waschen. Man machte Aschenlauge, Seife konnte man sich nicht leisten.

W. P.: Wie lang wurden die Kinder beaufsichtigt?

Darauf hat man doch nicht geachtet. Die Kinder sind halt gelaufen. Am Abend hat man dann gefragt: Wo ist der, wo ist jener? Ist der noch nicht da? Wird schon kommen, hat es geheißen. Die Mutter hatte nicht Zeit, hinter uns Kindern herzusein.

Wir sind in Piller droben zur Schule gegangen. Im Sommer mußten wir aber nach Wenns gehen. Unser Haus war das letzte an der Grenze von Wenns. Nach Wenns haben wir eine Stunde gebraucht. Und die Mutter hat oft nicht gewußt, was sie uns mitgeben sollte. Wir haben immer bei der Totenkapelle unser Brot gegessen. Dann kamen die Kinder von Wenns und verfolgten uns. Wir haben es nicht schön gehabt. Sobald du dich allein anziehen konntest, mußtest du schon fortgehen, dahin und dorthin, hüten und weiß Gott was.

W. P.: Ihr habt auch Religionsunterricht gehabt?

Natürlich! Ich erinnere mich gut an den Pfarrer Heubacher, der oft schon einen Zorn hatte, wenn er in die Schule kam. Er war ein kleines Männchen. Der ist oft aufgehüpft! Und mit den Füßen hat er gestampft, hätte nicht viel gefehlt, und er hätte geflucht. Und fromm war er. Wir haben immer gesagt: Der wird noch heiliggesprochen! Und immer zornig. Wir haben ihn dann gefragt, ob er da keine Sünde begehe.

kua Sind hai. Miar hatte miaße baichte! Miar hatten a Sind gheit! Er hai an hailige Zoare, håt er nåche gseit. Der Heergott sai ou zoarni gwest. Aso isch er gwest, åber sinsch a guets Manndle, wenn ma'n gholt håt zue nen Krånke, zue nen Stearbede. I hån von Otto Neururer glest, der weard iez haili gschproche. Den hån i persenli kennt, der ischt in inser Nåchberschåft doube gwest. Der isch der glaiche gwest wias Haibacherle: haili und zoarni bis döit auße.

W:P:: Wås håbt's ös als Kinder tia miaße?

D'Kinder håbe amea miaße härter årbede as wia haint d'Gwåchsne. Viel härter. Und in d'Frende giah, hiate giah. Derhuam hån i miaße bai de Baure de Viecher in de Mahder umhiate. Amål hån i, i woaß es no guet, miaße in Wåld iche fåhre damit. Wenn's wårm isch gwest, håt's Viech biest, und i hå mer numme z'halfe gwißt. Nå hån i hålt ålls giah glåt und bin pleareter huam gschprunge. D'Viecher sai mer durch, hån i gseit. Dia håbe d'Schweaf augschtöllt und sai durch. Nå håt mer der Våter a Watsche göibe: Iez geahsch se suache, håt er gseit. Amea håt ma döis radikal gnoume.

D'Kinder håben ålls tia miaße: Eard tråge, Hai tråge, Eardöpfl huam tråge. Bai ins doube håt man amea miaßen ålls tråge. In Winter håt ma de Mischt i de Ruar auchegfiahrt. Då håt ma Schliete gheit. In Summer isch ma mit de Wagen it auchekõime. Ins Fråtze håt man oft gholt. Nå hå man a bißle öppes kriagt, vo dia, dia wo niamet gheit håbe.

Wir hätten es beichten müssen. Wir hätten eine Sünde gehabt! Er habe einen heiligen Zorn, war seine Antwort. Der Herrgott sei auch zornig gewesen. So war er, aber sonst ein guter Mann, wenn man ihn zu einem Kranken oder Sterbenden holte. Ich habe gelesen, daß der Otto Neururer jetzt heiliggesprochen wird. Ich habe ihn persönlich gekannt, er war in unserer Nachbarschaft zu Hause. Der war der gleiche wie der Heubacher: heilig und zornig bis dorthinaus.

W. P. : Was habt ihr als Kinder alles tun müssen?

Die Kinder mußten früher härter arbeiten als heute die Erwachsenen. Viel härter. Und sie mußten zum Hüten in die Fremde. Ich mußte bei uns hier für die Bauern das Vieh in den Mähdern (auf den Bergwiesen) hüten. Einmal mußte ich mit den Tieren in den Wald fahren. Das Vieh wurde durch die Hitze störrisch, und ich habe mir nicht mehr zu helfen gewußt. Dann ließ ich alles liegen und stehen und lief weinend nach Hause. Die Tiere sind mir davongesprungen, habe ich gesagt. Sie haben die Schwänze aufgestellt und sind davongelaufen. Der Vater gab mir eine Ohrfeige: Jetzt gehst du sie suchen, hat er gesagt. Früher hat man das radikal gelöst.

Die Kinder haben alles tun müssen: Erde tragen, Heu tragen, Erdäpfel heimtragen. Bei uns droben mußte man alles tragen. Im Winter hat man den Mist auf die Feldraine hinaufgeführt. Dafür benützte man Schlitten. Im Sommer ist man mit dem Wagen nicht hinaufgekommen. Uns Kinder hat man oft zur Arbeit herangezogen. Dann hat man etwas bekom-

▷

Der Pfarrer hat oft zugeschlagen

Der Pfarrer Fink war in der Schule meistens sehr nervös. Wenn er die Mütze ins Gesicht zog, wußten wir schon: Heute ist er nicht gut aufgelegt! Einmal forderte er uns auf, ein Gebet aufzusagen. Wenn man Wörter verwechselte, schlug er mit dem Stock zu. Einem Buben ist die Hand aufgeschwollen, und er hat geweint. Sein Vater hat dann den Pfarrer zur Rede gestellt. Er hieß ihn »Pfaff« und sonst noch allerhand.

Maria Larcher

I woaß, gråd in d'Schuel sai mer gånge, nå håt ins der Våter so kluane Kearble gmåcht. Nå håt er ins zwoa Gåble Mischt auchetou, und dia håbe miar miaßen a Viertelstund wait auchetråge. A sechs, siebe Jåhr sai mer döit gwest. Und d'Buebe, dia zwoa Öltigscht, dia håbe miaße in Pians in Dianscht giah, mit nain oder zeche Jåhr, bai an Soaler. Wia der Våter huam köimen isch, nå isch er af'n Stuahl ghockt und håt greart. Nå håt d'Mueter gseit: Seppl, wås rearsch? Nå håt der Våter gseit: Dia Biable sai mer nåchgschprunge wia d' Hintle.

De Kinder håben ålls tia miaße wia de Gwåchsne. Und wenn se's it kenne håbe oder it tia håbe welle, håbe se hålt a Watsche kriagt; årbede håt ma miaße, sinsch håt ma nuit z'esse kriagt.

W.P.: Warum schauge de Kinder af de Photo sou ålt aus?

Miaßet enk denke, dia håbe z'wiani z'esse gheit. Und niane kua Liab und nicht, dia håbe auwåchse miaße, 's kimmt mer a siawets amål fir, wia a Viech. Mi håt ene kuan Acht göibe. Man håt sen außegjåge: Måchet enk durch und schauget, wia's durchkemt. D'Liab isch it groaß gwest, wail se kua Derwail gheit håbe.

Gfålle håt uan ålls amea. Håt ma kenne mit der Mueter in d'Kiache giah, hå mer gschaugt, wia's då schian isch. I der Kiache håt ma viel Lait gseche, und döis isch fir ins Kinder ållwi öppes Nuis gwest.

W. P: Wås håt dai Våter ålls tou?

Der Våter isch a Zimmermånn gwest. Der håt a tiawet amål a Dåch deckt oder an Dåchstuehl augschtöllt. Und kua Krånkekasse håt er gheit. Nå hå er wieder miaße derhuam sai, wail d'Mueter håt d'Baurschåft allua it påckt.

Mai Våter ischt an schiane Mentsch gwest, an tolle Mentsch, an ongsechne Mentsch, jå, sal isch er gwest, der inser Våter. Ischt a luschtiger Mentsch gwest, håt ållwi Dummhaite gmåcht. Amea håt man an Zimmermånn gholt, zun Dåchdecke, und

men von den Leuten, die keine Hilfskräfte hatten. Wir kamen gerade in die Schule, als der Vater für uns kleine Ruckkörbe machte. Dann hat er uns zwei Gabeln Mist aufgeladen, die wir eine Viertelstunde weit hinauftragen mußten. Sechs, sieben Jahre waren wir damals. Und die zwei ältesten Brüder mußten mit neun bzw. zehn in Pians in Dienst gehen, bei einem Seiler. Als der Vater nach Hause kam, setzte er sich auf einen Stuhl und weinte. Die Mutter fragte ihn: Seppl, warum weinst du? Er antwortete: Die Büblein sind mir nachgelaufen wie die Hündlein. Die Kinder mußten arbeiten wie die Erwachsenen. Und wenn sie es nicht tun konnten oder wollten, haben sie eine Ohrfeige bekommen; arbeiten hat man müssen, sonst hat man nichts zu essen bekommen.

W. P.: Warum schauen die Kinder auf den Photos so alt aus?

Du mußt wissen: sie hatten zu wenig zu essen. Und sie haben zu wenig Liebe erfahren; sie mußten aufwachsen, so kommt es mir manchmal vor, wie das Vieh. Man hat ihnen keine Beachtung geschenkt. Man jagte sie hinaus: Macht euch davon und schaut, wie ihr zurechtkommt! Die Liebe war nicht groß, weil die Erwachsenen keine Zeit hatten.

Gefallen hat uns früher bald etwas. Ist man mit der Mutter zur Kirche gegangen, hat man geschaut, wie schön es da war. In der Kirche hat man viele Leute gesehen, und das war für die Kinder etwas Neues.

W. P.: Was hat dein Vater alles getan?

Mein Vater war Zimmermann. Er hat manchmal ein Dach gedeckt oder einen Dachstuhl aufgestellt. Und er war in keiner Krankenkasse. Dann mußte mein Vater wieder heimkommen, denn die Mutter hat die Landwirtschaft allein nicht geschafft.

Mein Vater war ein fescher, kräftiger, angesehener Mensch. Er war lustig und immer zu Späßen aufgelegt. Früher hat man den Zimmermann geholt, zum Dachdecken oder -flicken. Er hat aber nicht ständig gearbeitet, es gab nur Gelegenheitsarbeiten. Mein Va-

wo man a Dåch gflickt håt. Er isch åber it ständi gånge, 's håt lai Glegehaitsårbede göibe. Mai Våter isch an gånz guete Mentsch gwest, a hausliger Mentsch, an årbetsåmer Mentsch. Amea hån i's it verstånde, åber haint derbårmet er mer oft, wenn i drou denk: wia er von Tisch augschtånden isch, hungriger. Haint woaß i, warum er augstånden isch. 's isch der Tisch voll Fråtze gwest. Nå håt er ins der Raih nåch ongschaugt, håt in Löffl eweck gleit und isch gånge. 's håt nen schiach tou, daß d'Kinder z'wiani z'esse gheit håbe. Wås håbe miar Kinder oft zåmmgesse; ålls, wås sig håt biage glåt, håbe miar gesse.

W. P.: Wås håt dai Mueter tou, wenn dai Våter it derhuam gwest isch?

D'Mueter håt miaßen ålls tia. In Ståll ausmischte, Mischt fiahre und Mischt tråge. In Haus håt se miaßen ålls tia. Ma håt a bißle Gearschte und Rogge onbaut, und då håt se salber gmåhle und båcht. In Mueters Huamet håbe se a Mihl gheit, und då håt d'Mueter oft döis Koare, wo miar gheit håbe, in der Mihl gmåhle. Håt ins nicht koschtet. Ma håt amea miaße schauge, daß es nicht koschtet håt.

D'Mueter håt ålls könne. Wenn in der Nåchberschåft a Viech krånk gwest isch, nå håt ma d'Mueter gholt. Dia håt ållwi öppes gwißt. Nå hå se Tee grichtet und håt'n in Viech aigschittet. Då isch ma viel z'inser Mueter köime. I woaß, wia se mit an Bungge Stroah in Viech in Ruggen ågriebe håt. Giah mer d'Loise fråge, håt's ghoaße.

Miar håbe nia kuan Dokter braucht; 's isch jå niamet in der Krånkekasse gwest. Döis håt ins ålls d'Mueter tou. Miar sai it viel krånk gwest. Då håt ma decht går it drou denkt. Wenn se haint ins Bett icheflåcke mit öppes, håt mi decht bai ins går it gschaugt. D'Mueter håt ma viel gholt zu de krånke Lait, oder wenn uane in an Oart entbunde håt. Amea håt ma kuane Medikamente gheit. D'Mueter håt hålt d'Krånke umbettet und Tee gmåcht.

Wia d'Mander aigruckt gwest sai, isch de Waiberlait d'Arbet bliebe. Miar Madler håbe miaße

ter war ein tüchtiger, sparsamer und arbeitsamer Mensch. Früher habe ich es nicht verstanden, aber heute erbarmt er mich oft, wenn ich daran denke, wie er hungrig vom Tisch aufgestanden ist. Heute weiß ich, warum er es getan hat. Der Tisch war voller Kinder. Dann schaute er uns der Reihe nach an, legte den Löffel weg und ging hinaus. Es hat ihn bedrückt, daß wir Kinder zu wenig zu essen hatten. Was haben wir oft gegessen! Was sich biegen ließ, haben wir gegessen.

W. P: Was hat deine Mutter getan, wenn dein Vater nicht zu Hause war?

Die Mutter mußte alles tun. Den Stall ausmisten, Mist führen, Mist tragen. Im Haus mußte sie alles tun. Das bißchen Gerste und Roggen, das man anbaute, hat sie selbst gemahlen und zu Brot verbacken. In Mutters Elternhaus hatten sie eine Mühle, und dort hat die Mutter oft unser Korn gemahlen. Es hat uns nichts gekostet. Man mußte früher schauen, daß es nichts kostete.

Meine Mutter hat alles gekonnt. Wenn in der Nachbarschaft ein Vieh erkrankte, holte man immer unsere Mutter. Sie wußte immer Rat. Sie machte Tee und schüttete diesen dem Vieh ein. Da hat man die Mutter oft um Hilfe gebeten. Ich erinnere mich, wie sie mit einem Bündel Stroh dem Vieh den Rücken gerieben hat. Holen wir die Loise, hat es geheißen.

Wir haben nie einen Arzt gebraucht. Es war ja niemand krankenversichert. Uns hat immer die Mutter behandelt. Viel sind wir nicht krank gewesen. Da hat man gar nicht daran gedacht. Heute legen sich die Leute wegen jeder Kleinigkeit nieder, bei uns hat man da früher gar nicht geschaut. Die Mutter rief man oft zu Kranken oder zu einer Gebärenden. Früher gab es keine Medikamente. Die Mutter hat die Kranken umgebettet und für sie Tee gemacht.

Als die Männer im Krieg waren, ist den Frauen die ganze Arbeit geblieben. Wir Mädchen mußten im

Jedes Jahr kam ein Kind

Hätte man nicht jedes Jahr eines gehabt, wäre es eine Sünde gewesen. Eines kam auf die Welt, und das andere konnte noch nicht gehen. Was die Kinder da mitgemacht haben! Man legte sie aufs Feld, es war ihnen zu warm, und man hatte kaum zu essen. Was da die Mütter gelitten haben! Wenn unsere Mutter einen Hafen Erdäpfel auf den Tisch brachte, haben wir uns darum gerauft. Man hatte früher kaum Ansprüche, schon der Kirchgang war ein Erlebnis. Theresia Grassl

Wir Kinder wurden nicht verschont

Wir Kinder sind noch nicht einmal in die Schule gegangen, da hat der Vater für uns schon Körbchen zum Misttragen geflochten. Hundertachtzig Tragen voll mußten den steilen Acker hinaufgeschafft werden. Der Vater schöpfte zwei Gabeln Mist in jeden Tragkorb. Was mußten wir als Kinder arbeiten! Erde tragen, Mist tragen, Heu tragen. Wenn wir ein Stück Brot hatten, kam es uns wie ein Kirchtag vor. Was sich biegen ließ, haben wir gegessen, aus lauter Not. Heute schauen die Kinder das Brot gar nicht mehr an. Was für eine andere Zeit das ist…

Theresia Grassl

Böim umschnaide, in Wåld doube, und Holz åcheziache. Und 's Hai hå mer vo de Beargwiese gholt, in de Kietel! Miar håbe decht kua Hose und nicht gheit. D'Kietel sai gfroare gwest bis ze de Kniar auche, då sai mer båld it waiterköime!

W. P.: Viel Waiberlait sai af Saison gånge, wia isch döis gwest?

Ma håt hålt miaße giah, as Diarne håt ma's ghoaße. I bin Diarne gwest. I bin viel umanånd köime, und i hån ållerhånd mitgmåcht und gseje. I hån hålt miaße d'Dreckårbet tia. Um viare austiah, und um zehne, zwölfe z'Nåcht ins Bett giah, und ålli fortårbede, schlecht ongleit und schlecht gesse. Nåche håt ma hålt kenne a påår Mounet oder a påår Woche huamgiah. Und nåche hå ma wieder miaße årbede, wail ma's Gald braucht håt.

I hån mer d'Arbet it salber sueche kenne. 's sai d'Lait köime amea um Dianschtboute fråge, um Kinder, oder wås se hålt braucht håbe. Nå hå ma miaße giah, ob ma's guet gheit håt oder schlecht. Ma isch schua a siawets amål dervougschprunge, wail ma numme håt löibe kenne. Z'earsch håt mer d'Mueter nou a Gwånd gwasche und gflickt, daß man öppes onzlege gheit håt. Nå håt ma mi hålt gholt, galige. Mi håbe d'Lait houle miaße, wail miar håbe kua Gald it gheit zun Zugfåhre.

Nåche bin i z'Innschbrugg gwest, in Birgerlichen Braihaus. Durch an Vetter bin i åcheköime. Jöses Marante, sai miar åll fort gwest! Wenn mer nåche huamköime sai, hå mer ghuangerdet.

Nå bin i in Obere Gricht bai Baure gwest, schintige Baure. An Luah håbe se der schua göibe miaße. Den hån i nåche mit huam gnoume, derhuam håbe

Wald Bäume umschneiden und Holz herunterziehen. Und Heu haben wir von der Bergwiese geholt, in unseren Kitteln. Wir hatten keine Hosen. Unsere Kittel waren bis zu den Knien gefroren, wir wären beinahe nicht vom Fleck gekommen.

W. P.: Viele Frauen sind auf Saison gegangen. Wie war das?

Man hat halt gehen müssen, als Magd. Ich war auch Magd. Ich bin viel herumgekommen und habe allerhand mitgemacht und gesehen. Ich mußte halt die Dreckarbeit tun. Um vier Uhr aufstehen, um zehn Uhr nachts ins Bett, immerfort arbeiten, schlechte Kleidung und schlechtes Essen. Dann war man ein paar Wochen oder Monate zu Hause. Dann mußte man wieder arbeiten, weil man das Geld brauchte. Ich mußte all das tun, was die anderen nicht tun wollten. Ich habe mir die Arbeit nicht selbst aussuchen können. Früher sind die Leute gekommen und haben Dienstboten oder Kinder gesucht, wen sie eben gebraucht haben. Man mußte die Stelle annehmen, ob man es gut oder schlecht getroffen hat. Manchmal ist man schon davongelaufen, weil man es nicht mehr aushielt. Bevor ich fortgegangen bin, hat mir die Mutter mein Gewand gewaschen und geflickt, daß ich etwas anzuziehen hatte. Dann hat man mich schließlich geholt. Die Leute mußten mich holen, wir hätten kein Geld zum Zugfahren gehabt. Dann war ich in Innsbruck im Bürgerlichen Bräuhaus. Durch einen Onkel bin ich hinuntergekommen. Jesus, Maria! sind wir alle in der Fremde gewesen! Später war ich im Oberen Gericht bei Bauern, schäbigen Bauern. Einen Lohn mußten sie mir schon geben. Den brachte ich aber nach Hause, denn daheim haben die

◁
Zu wenig zu essen, zu wenig Liebe bekamen die Kinder. Besonders schwer hatten es die Mädchen und Buben von ledigen Müttern, die früher in einer verzweifelten wirtschaftlichen Lage waren.
Theresia Grassl

se hårt gwårtet af dia påår Grosche. I hån nia kua Gald it gheit. Z'esse håt mi kriagt. Und s'håt uan fai dunkt, wail ma's derhuam schlecht håt gheit.

W. P.: Isch dir döis als junge Frau it af d'Nerven gånge, daß denkt håsch: iez auße då?

Nicht! Då håt mi decht it waiter denkt. Döis isch hålt asou. Döis isch selbschverständli. Ma håt nuit ånders gwißt. Radio und Fernseh håt's jå it göibe. Bai ins doube isch uar gwest, der håt a Ziachoargle gheit, und der isch zu de Lait gånge spiele. Und miar håbe glousnt, håt ins döis schia dunkt! Döis håt's amea öfter göibe, daß d'Lait zåmmgånge sai. Oftramål af enen Abet oder Sunntiger Nåmittag, miar sai decht vier Madler gwest, sai oft Buebe köime und Lait. Uar håt gspielt, nå hå ma tånzt, und schia isch's gwest. Nå håt ins d'Mueter a Marend gmåcht. Miar håbe salber it viel gheit, nå sai mer ållwi froah gwest, wenn öpper köimen isch, daß d'Mueter håt miaßen öppes heatia. A siawets håt sen it gwißt, wo se's heanimmt.

In Kiachti, und wenn sou Zaite gwest sai, sai d'Lait i de Wiartshaiser dinne zåmmköime. Aber då håbe ou lai dia giah kenne, wo a Gald gheit håbe. D'inser Buebe håbe lång it giah kenne. Und schia håt's uan dunkt.

W. P.: Håt's di so schia dunkt, wail d 'Nåchbårn mit dir gredet håbe?

Jå, sal isch wåhr! Sai schua ou wieder Unfriedlige gwest, daß sen a påår Woche numme mitnånd gredt håbe, sal håt's schua göibe. Faindschåfte. 's ua håt's besser gheit, und 's ua håt's schlechter gheit. 's ua håt döis aughebt und 's ua sal. Nåche håt uan öppes gfahlt, nå håt man anånd wieder braucht, nåche isch ma wieder guet gwest mitnånd, a Wail, bis wieder öppes gwest isch.

Eltern auf die paar Groschen hart gewartet. Ich habe selbst nie Geld gehabt. Zu essen hat man bekommen. Es ist einem gut vorgekommen, weil man es daheim schlecht hatte.

W. P: Ist dir das als junge Frau nicht auf die Nerven gegangen, daß du dir dachtest: Jetzt weg von hier?

Nichts dergleichen. Da hat man nicht weiter nachgedacht. Das war halt so. Das war selbstverständlich. Radio und Fernsehen hat es ja nicht gegeben. Bei uns am Berg droben war einer, der hat auf seiner Ziehharmonika für die Leute gespielt. Wir haben zugehört, und es ist uns schön vorgekommen. Früher sind die Leute oft zusammengekommen. Am Abend oder am Sonntagnachmittag, wir waren vier Mädchen, sind oft Burschen und andere Leute gekommen. Einer hat gespielt, und wir haben getanzt. Schön war das. Dann hat uns die Mutter eine Jause gerichtet. Wir haben selbst nicht viel gehabt, deshalb waren wir immer froh, wenn jemand gekommen ist und die Mutter etwas herausrücken mußte. Manchmal hat sie nicht gewußt, wo sie es hernehmen sollte. Am Kirchtag und ähnlichen Anlässen sind die Leute in den Wirtshäusern zusammengekommen. Aber das konnten nur jene, die Geld hatten. Meine Brüder haben lange nicht gehen können. Schön ist es einem vorgekommen.

W. P.: Ist es dir so schön vorgekommen, weil die Nachbarn mit dir geredet haben?

Ja, das ist wahr. Es hat schon auch Unfriedliche gegeben, die dann ein paar Wochen nicht mehr miteinander geredet haben. Feindschaften. Der eine hatte es besser, der andere schlechter. Der eine hat den Streit angefangen und der andere jenen. Dann hat dem einen etwas gefehlt, und man hat einander wieder gebraucht. So ist man wieder miteinander ausgekommen, eine Weile, bis wieder etwas vorgefallen ist.

Unsere Eltern waren Künstler

. . ., weil sie in einer so elenden Zeit mit so geringen Mitteln die Familie ernähren konnten. Die besser gestellten Bauern haben geprotzt und großgetan, und sie haben die ärmeren ausgenützt. Wir mußten schon als Kinder für ein Vergeltsgott ins Tagwerk gehen. Die Eltern sagten: Geht da hin, da bekommt ihr eine Marend (Jause). In der Not schickte uns die Mutter zu den Nachbarn, damit zu Hause nicht alles verzehrt wurde. Agnes Schatz

W. P.: Sai d'ledige Müeter schecht ongschaugt woare?

Bai main Auwåchse håt ma ne mitn Finger nåchzoagt. Wenn uane a ledigs Kind gheit håt, döit isch es hålt a Huar gwest, daitsch gseit. Der håt ma nuit möige, dia isch in d'Höll köime. A Toal håbe gseit: daß ma dia gråd kirchli aigråbe kånn! Und döis und sal. Und d'Gaischtlige sai, i tue nuit såge driber, ou it viel besser gwest.

W. P.: Amea håt's viel ledige Mander und Waiberlait göibe. Dia miaße decht ou mitanånd a Löibe gheit håbe.

Håbe se jå gheit! Sai se z'Nåchts fenschterle gånge, håt ma se hålt aiglåt. Bai ins derhuam isch döis it gwest, åber wiaviel sai söllene umchegwest! Dia håbe 's ou it weckschwitze könne. Fir d'Waiberlait isch es nåche schiach gwest, wenn se schwånger gwest sai. Isch ålls menschli. Brauchsch an Mentsch jå it wegn an Kind verurtoale. Då hatt ma se sölle ånderschter derschåffe.

D'uan håbe hairede könne, und d'ånderen it. Döis isch it recht gwest. Isch decht a Selbschverständlikait, daß der junge Mentsch a tiawet öppes braucht. Und döis sai nåche Huare und Lumpe gwest, und i woaß it, wås ålls.

W. P.: Håbe's d'ålte Lait amea schia gheit?

Wo derhuam håbe sai kenne, schua; åber ou it ålli schia. Mit den ålte Lait isch ma hålt schiach. Amea isch es oft nou schiacher gwest. Döit håbe se kua Rente gheit. A Toal håbe drau gwårtet, daß d'Alte gstoarbe sai. Döis isch wåhr, döit sai se gnueg gwest!

W. P.: Hat man die ledigen Mütter schlecht behandelt?

In meiner Jugend hat man mit dem Finger auf sie gezeigt. Wenn eine ein lediges Kind hatte, war sie halt eine Hur, deutsch gesagt. Die hat man nicht gemocht, die ist in die Hölle gekommen. Ein paar haben sogar gesagt: Daß man der ein kirchliches Begräbnis gibt! Und dies und das. Und die Geistlichen waren, ich will nichts Schlechtes über sie sagen, auch nicht viel besser.

W. P.: Es hat früher viele ledige Männer und Frauen gegeben. Die müssen doch miteinander auch ein Leben gehabt haben.

Das haben sie freilich gehabt. Sie sind fensterln gegangen, dann hat man sie halt eingelassen. Bei uns daheim ist das nicht gegangen, aber es hat genug solche gegeben. Für die Frauen war es dann schlimm, wenn sie schwanger wurden. Ist doch alles menschlich. Man kann doch Menschen nicht wegen eines Kindes verurteilen. Da hätte man sie anders erschaffen müssen.

Die einen konnten heiraten, und die anderen nicht. Das war nicht recht. Ist doch selbstverständlich, daß der junge Mensch manchmal Liebe braucht. Und das waren dann Huren und Lumpen und was weiß Gott was.

W. P.: Hatten es die alten Leute früher schön?

Wer daheim sein konnte, schon; aber schön war es auch da nicht immer. Die alten Leute behandelte man halt schlecht. Früher war es oft noch schlimmer als heute. Sie hatten keine Rente. Manche warteten geradezu auf den Tod der Alten. Ist wahr! Solche hat es gegeben.

W. P.: Es håt åber ghoaße, du sollsch Våter und Mueter ehren.

Mai, Mentsch, sall håt man amea nicht, außer se håben öppes gheit. Wer weard an de Geboute denke in sou an Fåll. Der Heergott håt kua Schwågerliab derschåffe, wail er salt it verhairedet gwest isch. I såg oft zue nen: Håsch döis it mitgmåcht. Oft kimmt mar fir, wia wenn er knåppe tat.

I woaß nou guet, wia amea d'Lait glitte håbe. Den Alte håt ma kuan Acht göibe. Håbe hålt miaße stearbe. Oder dia, wo nicht gheit håbe, dia håbe miaße Koscht umchegiah. Von uan Haus zun åndern. Miar håben ålli Koschtgänger gheit. Ma håt se går it aicheglåt, håbe miaße daußeblaibe, und s'Esse håt man ållwi af a Bånk gschtöllt, dia håbe går it zun Tisch zuechedearfe. 's isch selbschverständli gwest: haint kriag mer d'Koschtgänger. Sövl ma Kiah gheit håt, sövl håt ma miaße Koschtgänger håbe, sövl Tåg. Dia håbe niamet gheit, dia sai af der Gmua gwest. D'Gmua håt ene a Gwånd göibe, und wås sinsch gwest isch, sal håbe se går it gschaugt. Und schlåfe håbe se miaßen in de Stall bain Viech. Miar håbe sen ålli in Ståll außegleit, wail se Lais gheit håbe. Håt d'Mueter gseit: I kånn se decht it in a Bett ichetia, hån i jå wieder d'Kinder voll Lais. Dia wo nicht gheit håbe und nicht årbede håbe kenne, håt ma hålt af d'Gmua tou. Niamet håt ene gwascht. Dia håbe jå miaße Lais håbe. Der Jousepp håt amål zur Mueter gseit: Loise, nah mer an Kopf in. Håt d'Mueter nåche gseit: Du muosch åber de Tschoapen åziache. — Nå håt er de Tschoapen åzouche. A schwårzes Laibele håt er af'n Rugge gheit, a dreckigs. As wia ma Sågmeahl auchegsant hatt, sövl Lais håt er doube gheit. Nå håt d'Mueter gseit: Na, Seppl, i hån an Haufe Kinder, döis kånn i der it måche. — Nå muoß i hålt giah, håt er gseit.

A tiawet amål håt d'Mueter d'Tir zuetou, wenn ma salber nuit gheit håt. Und nåche håt ma ne wieder a Stickle Brout göibe, und ma hatt's salber geare möige und braucht. Håndwerksbursche sai ou viel gwest. Sain ins Kinder kurious firköime.

W. P.: Es hat aber geheißen, du sollst Vater und Mutter ehren.

Mein Gott, das hat man nicht getan, außer die Alten haben etwas gehabt. Wer wird in so einem Fall an die Gebote denken. Der Herrgott hat keine Schwagerliebe erschaffen, weil er selbst nicht verheiratet war. Ich sag oft zu ihm: Du hast es nicht mitgemacht. Oft kommt mir vor, wie wenn er nicken würde.

Ich weiß gut, wie früher die Leute gelitten haben. Die Alten hat man nicht beachtet. Mußten halt sterben. Und wer nichts hatte, mußte als Kostgänger die Runde machen. Wir haben immer Kostgänger gehabt. Man hat sie nicht hereingelassen, sie mußten draußenbleiben. Ihr Essen stellte man auf die Bank vor der Tür, sie durften nicht an den Tisch kommen. Es war ganz selbstverständlich: heute haben wir die Kostgänger. So viele Kühe man hatte, so viele Kostgänger mußte man nehmen, so viele Tage. Die hatten niemanden. Die fielen der Gemeinde zur Last. Die Gemeinde gab ihnen Gewand, aber um das übrige kümmerte sich keiner. Schlafen mußten sie im Stall beim Vieh. Wir legten sie immer in den Stall, weil sie Läuse hatten. Die Mutter sagte: Ich kann sie doch nicht in ein Bett legen, da habe ich ja wieder die Kinder voller Läuse. Den Gemeindearmen hat niemand etwas gewaschen. Die mußten ja verlaust sein. Der Josef sagte einmal zur Mutter: Loise, näh mir bitte einen Knopf an. Die Mutter antwortete: Du mußt aber deine Joppe ausziehen. — Er tat es. Ein schwarzes Hemd hatte er auf dem Rücken, ein schmutziges. Wie wenn man Sägespäne hinaufgestreut hätte, so viele Läuse hatte er droben. Darauf sagte die Mutter: Nein, Seppl, ich habe einen Haufen Kinder, das kann ich nicht machen. — Dann muß ich halt gehen, sagte er.

Manchmal sperrte die Mutter die Tür ab, wenn wir selbst nichts hatten. Dann gab man ihnen wieder ein Stück Brot, und man hätte es selbst gerne gegessen und gebraucht.

Auch viele Handwerksburschen sind gekommen. Sie sind uns Kindern kurios vorgekommen. Ein Hanteler, haben wir gesagt. Dann sind wir in den

Wenn man ein Familienbild wollte, hat man den Photographen geholt. Der Josef war ein freundlicher, gutgelaunter Mensch. Er suchte einen Ort, wo es ruhig und das Licht günstig war. Er stellte den Apparat auf und zog ein schwarzes Tuch über den Kopf. Oft hat er lustige Photos von den Leuten gemacht.
Theofrieda Neururer

An Hånteler, hå mer ållwi gseit. Döit sai mer gschprunge in d'Löcher iche. Miar håben Angscht gheit, kannt ins mitnöihme oder öppes tia. D'Öltere håben ins firchte gmåcht, wenn mer it gfolget håbe. De Hånteler sai årme Lait gwest, sai vo Haus zu Haus gånge. Und glöige sai se i de Piller umanånd, i de Stall, wo sen a Loch gfunde håbe.

Zigainer sain ou köime. Sai Lait gwest, wo ou nuit gheit håbe. Zigetainer, hå mer ållwi gseit. Sai vo Haus zu Haus gånge wia d'Håndwerksbursche. Und sai in an Stådl, in an Pill oder in an Loch dinne glöige. In Summer håbe se's laichter gheit, åber in Winter, döit sai sen årm gwest.

W. P.: Sai ou Photographe köime?

Sal sai it viel köime. A tiawet amål uaner. Miar håbe decht it gwißt, was der tuet. Miar sai hålt zåmmgschprunge und håbe wieder amål firchegugget. Isch hålt an gånz åndrer Mentsch gwest, åndersch ongleit, oftramål a bißle zäggli, derisse. In Bearg kimmt seltn öpper auche. Mueß uar toll in Noat sai. Wundri isch ma schua gnueg gwest, in Bearg doube. Mi håt it viel gwißt und it viel gseje. Wenn a Mentsch köimen isch, an Frende, nå sai mer gschprunge und håbe gschaugt, wås der ålls håt. Umchetrågler, håt ma se ghoaße. Kraxe håbe se gheit, Schuechbantle und sou Zuig. I woaß, d'Mueter håt a siawets amål an Oale oder zwoa in d' Händ gheit, nå håt sen öppes aitauscht. Gald håt se kuas gheit. Håt ma miaßen an Oale nöihme, wenn man öppes welle håt. D' Henne hatte sölle in Tåg zwoamål löige.

W. P.: Wenn isch es diar am schlechteschte gånge?

Sal woaß i numme. Ma håt går it gwißt, daß es schlecht geaht. Isch ålls afanånd köime. 's håt hålt miaße sou sai. Mi tuet ålls nåchanånd gwöhne. Döis kimmt ålls sou verzue. Jå wenn öppe gråd ålls afamål af uan zuekam, kannt ma's it derpåcke. Nå fröbt em wieder öppes, nåche måcht ma wieder

Löchern verschwunden. Wir hatten Angst, so einer könnte uns mitnehmen oder uns etwas tun. Die Eltern machten uns angst, wenn wir unfolgsam waren. Die Hanteler waren arme Leute, die von Haus zu Haus gingen. Sie schliefen in den Heustadeln, in den Ställen oder in sonst einem Loch.

Zigeuner sind auch gekommen. Wir nannten sie Zigeteiner. Das waren auch Leute, die nichts hatten. Sie gingen von Haus zu Haus wie die Handwerksburschen. Sie schliefen in einem Stadel oder sonst einem Loch. Im Sommer hatten sie es leichter, aber im Winter waren sie arm.

W. P.: Sind auch Photographen gekommen?

Nicht viele. Manchmal einer. Wir haben doch nicht gewußt, was der tut. Wir sind halt zusammengelaufen und haben hinter einem Eck hervorgeschaut. Das war ein ganz anderer Mensch, er war anders gekleidet, oft etwas schäbig. Auf den Berg kommt selten jemand hinauf. Der mußte wohl arg in Not sein. Neugierig waren wir genug, da droben. Man hat nicht viel gewußt und nicht viel gesehen. Wenn ein Mensch gekommen ist, ein Fremder, dann sind wir gelaufen und haben geschaut, was der alles hat. Umchetragler (Hausierer) haben wir sie genannt. Sie hatten Kraxen, verkauften Schuhbänder und dergleichen. Ich erinnere mich daran, daß die Mutter manchmal ein oder zwei Eier in der Hand hielt, die sie eintauschte. Geld hatte sie keins. Man mußte ein Ei nehmen, wenn man etwas wollte. Die Hennen hätten zweimal am Tag legen sollen.

W. P. : Wann ist es dir am schlechtesten ergangen?

Das weiß ich nicht mehr. Man wußte nicht, daß es einem schlecht ging. Ist alles nacheinander gekommen. Es hat halt so sein müssen. Man gewöhnt sich langsam daran. Das kommt alles nach und nach. Wenn alles auf einmal käme, könnte man es nicht ertragen. Dann freut einen wieder etwas, und man

Die Wohnstube war das Gemeindeamt

Mein Vater, der vor dem auf einen Stadel genagelten Leintuch sitzt, war Bürgermeister von St. Leonhard. Die Wohnstube war früher auch das Gemeindeamt. Die Akten bewahrte man in einem Wandkasten neben dem Ofen auf. Oft sind Dokumente nach einer Neuwahl im Haus verblieben und waren so oftmals in den verschiedenen Häusern verstreut. Heute braucht man große Gemeindehäuser mit Angestellten. Früher ist es aber auch gegangen.
Theofrieda Neururer

Wer im Hause lebte, gehörte dazu

Der Katterer war ein Cousin meines Vaters. Nach dem Tod seiner Mutter kam er als Kind mit einem Bruder zu uns nach Piösmes. Wer im Hause gelebt hat, gehörte dazu. Wie ein Knecht hat er in der Landwirtschaft geholfen, und er hat uns Kinder aufgezogen. Er war Mesner der Wallfahrtskirche am Bichele. Wie viele Besitzlose war er ledig.
Maria Grießer

waiter. Und nå håt man an guete Gloube, und sal isch viel weart, und Hoffnung.

W. P.: Wia siechsch du döis a sou haint?

It recht isch es. Haint håbe's d'Lait z'guet, viel z'guet håbe s'es haint. Haint isch niamet mia zfriede. De kånnsch haint de Kinder göibe, wås de willsch. Um a Stickle Brot ware miar woaß Gott wohi gånge. Gib haint an Kind a Stickle Brot. A tiawet kimmt mer fir, der Heergott tuet ou it ålli recht. I tat a siawets åndersch, wia dumm as i bin.

W. P.: S'geaht ou lai ins so guet. S'gait gnueg Länder, wo's de Lait schlecht geaht. Draiviertel vo der Walt.

Der Heergott sött's besser austoale. It den uan schlecht giah låsse und den uanen ålls göibe. Warum låt der Heergott döis zue? Kannt er's it ausglaiche?...Aber er låt i de Lait de fraie Wille, der weard 'n denke, dia weare schua köime, it wåhr? 's isch årg ungrecht. Guet, daß i kua Heergott bin, sinsch wur i se heanöihme, a tiawets, dia wo in Wohlstånd dinne löibe und an årme Mentsch danebt hiweare låsse. I såg oft: Heergott, wenn d'doube bisch, warum tuesch döis? Kanntsch it a bißle a Glaichnis håbe i de Lait dinne?

macht weiter. Und man hat einen festen Glauben, das ist wichtig, und Hoffnung.

W. P. : Wie siehst du unsere heutige Lage?

Nicht recht ist es. Heute haben es die Menschen zu gut. Niemand ist zufrieden. Du kannst den Kindern geben, was du willst. Wir wären für ein Stück Brot weiß Gott wohin gegangen. Gib heute einem Kind ein Stück Brot. Manchmal kommt mir vor, der Herrgott tut auch nicht immer recht. Ich würde manchmal anders handeln, so einfältig ich bin.

W. P. : Es geht auch nur uns so gut. Es gibt genug Länder, in denen es den Menschen schlecht geht. Dreiviertel der Welt ist schlecht dran.

Der Herrgott sollte es besser verteilen. Er sollte es nicht den einen schlecht gehen lassen und den andern alles geben. Warum läßt er das zu? Könnte er es nicht ausgleichen?... Aber er läßt den Menschen den freien Willen, er wird sich denken, die krieg ich schon noch! Ist doch wahr! Es ist sehr ungerecht. Gut, daß ich nicht Herrgott bin, ich würde die schon manchmal hernehmen, die im Wohlstand leben und einen armen Menschen neben sich zugrunde gehen lassen. Ich sage oft: Lieber Gott, wenn du da droben bist, warum tust du das? Könntest du nicht mehr Gleichheit unter den Menschen schaffen?

Wenn einen die Scharfheit der Sinne anfängt, im Stich zu lassen

Kaum daß man sich auf der Höhe glaubt, wird man schon zu den Älteren gezählt. Der gebrechliche, alternde Leib wird dann dauernd daran erinnert, daß er keinen Bestand hat. Man kann sich auf ihn in keiner Weise keine Minute mehr verlassen. Betroffen wird man, wenn einen die Scharfheit der Sinne anfängt, im Stich zu lassen, und alles beschwerlicher wird, als es ohnehin im normalen Leben ist. Agnes Schatz

Die Arzler trieben das Vieh im Frühjahr ins Taschach

Kühe, Kälber, Schafe und später auch Pferde waren den ganzen Sommer auf der Alm und am Rifflsee. Es brauchte einige Leute, um die Tiere auf dem 40 km langen, beschwerlichen Weg durchs Tal zusammenzuhalten. Nach jedem Ort gab es früher Viehgatter. Meistens fuhr man den mit Steinmauern eingefriedeten Ochsenweg entlang, nur an Engstellen mußte man auf den Talweg ausweichen, der parallel zum Ochsenweg verlief. Wenn im Herbst der erste Schnee fiel, trieben die Hirten das Vieh zu niedriger gelegenen Sammelstellen. Oft kam es vor, daß die Tiere im Sommer tageweise eingeschneit waren.

Franz Pechtl

Früher lebten sie hauptsächlich von der Landwirtschaft

Bis zum Zweiten Weltkrieg arbeitete noch der Großteil der Pitztaler Bevölkerung in der Landwirtschaft. Die verkehrsmäßige Erschließung des inneren Tales erfolgte spät, so daß dieses Gebiet erst in den sechziger Jahren für den modernen Tourismus eröffnet wurde. Die »alte« Zeit, in der die Bauern auf dem eigenen Hof fast alle Lebensmittel selbst erzeugten, liegt hier also nicht so weit zurück wie anderswo, und das harte Leben in einem rauhen, kargen Gebiet ist in der Erinnerung der alten Menschen noch fest verankert.

Wenn von den wirtschaftlichen Verhältnissen des Pitztales die Rede ist, muß beachtet werden, daß sich das Tal in zwei deutlich voneinander abgehobene Teile gliedert. Das vordere Tal mit den Hauptorten Arzl, Wenns und Jerzens ist weit und gegen das Inntal hin offen. Die Hänge des Venets im Westen und die des Zeigerkamms im Osten steigen sanft an und erlauben bis in höhere Lagen Ackerbau. Das milde Klima und die fruchtbaren Böden führten hier schon früh zu Dauersiedlungen.

Das eigentliche Pitztal, das Gemeindegebiet von St. Leonhard, beginnt dort, wo die Wände südlich von Jerzens schluchtartig zusammentreten. Es ist ein enges, klimatisch rauhes, steiniges Tal, das mit seinen Lawinenstrichen für Siedlungen und Anbauflächen nur wenig Raum bietet. Es steigt von 1100 m auf 1734 m an und grenzt unmittelbar an die Gletscherregion der Zentralalpen. Im Mittelalter war dieses Gebiet mit seiner kurzen Vegetationsperiode eine Alm der Gemeinde Imst. Der Vorstoß von Dauersiedlungen ging nur langsam vor sich und war nur aufgrund einer intensiven Viehwirtschaft möglich, die bis zum Einzug des Fremdenverkehrs die Haupterwerbsquelle darstellte.

Sie hatten nicht genug zu essen

Die starke Zunahme der Bevölkerung im 18. und zu Beginn des 19. Jahrhunderts führte im Pitztal wie in anderen übervölkerten Regionen Tirols zu einer mehr als ein Jahrhundert andauernden Nahrungsmittelknappheit, die durch die von alters übliche Zerstückelung der Güter weiter verschärft wurde. Um dieser Not zu begegnen, trieb man die Anbauflächen in Gebiete vor, wo nur noch Kartoffeln und Gerste gediehen. Man rodete Wälder, um Almgebiete dazuzugewinnen und erhöhte dadurch die Muren- und Lawinengefahr. Notorischer Geldmangel machte den Zukauf von Lebensmitteln schwierig, so daß die Leute im inneren Tal trotz größter Genügsamkeit ihre kinderreichen Familien kaum versorgen konnten. Die staatlichen Behörden der Österreichischen Monarchie erkannten das Übel zwar seit dem Beginn des 19. Jahrhunderts, die zu seiner Beseitigung getroffenen Maßnahmen blieben aber wirkungslos. So waren die Menschen in den bäuerlichen Notstandsgebieten ganz auf sich selbst angewiesen. Jene, deren Güter so klein waren, daß sie zum Unterhalt der Familie nicht ausreichten, schufen sich durch die Ausübung eines Hausgewerbes einen Zuverdienst. Besonders häufig treffen wir in Tirol schon im 18. Jahrhundert die Leinen- und Wollweberei an. »Die meisten Leinenweber finden sich im Pusterthale,...auf dem Mittelgebirge von Axams und Oberperfuß; dann im Ötzthale und im Pitzthale«, schreibt Staffler im ersten Teil seiner 1839 erschienenen Topographie (S. 353). Und er fügt hinzu: »Wenige Bauersleute gibt es dort, die nicht der Weberei kundig sind.« Daß gerade im Ötztal und im Pitztal die Leinenweberei als Hausgewerbe so fleißig betrieben wurde, hängt mit dem ausgedehnten Flachsbau zusammen. Das Unternehmen der Gebrüder Strehle, das 1747 in Imst gegründet worden war, beschäftigte im Jahre 1791 rund 8000 Personen (4106 Familien), die in Heimarbeit Textilien herstellten. Durch die Kontinentalsperre Napoleons erlitt die Fabrik erheblichen Schaden, so daß die Zahl der Beschäftigten 1806 auf 905 fiel.

Der Konkurs war nicht mehr aufzuhalten. Die Textilmanufaktur konnte nach der Wiedervereinigung Tirols mit Österreich (1814) ihre frühere Bedeutung nicht wiedergewinnen. Damit hängt auch die Zunahme der Zahl der Schwabenkinder und Wanderarbeiter in den Jahren nach 1814 zusammen.

Den Wanderarbeitern ging es oft schlecht

Neben dem Hausgewerbe betrieben zahlreiche Kleinbauern ein Handwerk oder handelten mit Fellen. Die Abgeschlossenheit der Berggebiete und der andauernde Geldmangel hatten dazu geführt, daß viele handwerkliche Tätigkeiten selbst erledigt werden mußten. Im Pitztal gab es besonders viele Zimmerleute und Maurer, die im Tal selbst nur wenige Beschäftigungsmöglichkeiten fanden. Ein Ausweg war schon im 17. Jahrhundert üblich: Zahlreiche Männer zogen im Frühjahr ins benachbarte Ausland, um dort Arbeit zu suchen. Sie gingen bevorzugt nach Bayern und in die Schweiz, wo sie sich als Holzfäller, Zimmerer, Maurer und Hilfsarbeiter verdingten. Mit dem Geld, das sie im Herbst nach Hause brachten, konnten sie ihre Familien mit Dingen versorgen, die sie nicht selbst erzeugten.

Genaue Angaben über diese zeitliche Auswanderung finden wir in Lässers gründlicher bevölkerungsgeographischer Untersuchung. Er kann belegen, daß die Zahl der alljährlich auf Arbeit fortziehenden Männer der Gemeinde St. Leonhard in den Jahren von 1880 bis 1914 zwischen 50 und 70 pro Jahr schwankte. Die Kinder, die man als Hirten ins Lechtal und ins Schwabenland schickte, sind dabei nicht mitgezählt (Lässer, S. 58). Das bedeutet, daß die Hälfte der im Mannesalter stehenden Einwohner des inneren Tales in der arbeitsintensivsten Phase des Jahres fort waren und somit die harte Arbeit in der Landwirtschaft von den Frauen, Kindern und alten Verwandten bewältigt werden mußte. Ein Brief, den zwei Burschen um 1880 an einen Bekannten im Pitztal schrieben, gibt uns eine eindringliche Vorstellung von den Verhältnissen, denen die Wanderarbeiter ausgeliefert waren.

»Bester Freund!
Nun sind seit dem Tage, als wir voneinander Abschied genommen haben, 15 Tage verflossen, und noch haben wir keine Arbeit und noch keine zu hoffen, also noch immer auf der Reise, und wer weiß wie lang. Dein Bruder, das Hannesle, hat eine bekommen in Lindau am Bodensee, die Adtresse schreibe ich Dir nicht auf ihn, denn es wäre umsonst, weil man nicht weiß wie lang er dort ist, denn es ist ein gar schlechtes Ort, ungemein strenger, thut Handlangen.

Obwohl es schon auf die dritte Woche bei uns geht, und auch ich sehr schlecht zu Fuß bin, und auch noch keine Arbeit zu hoffen haben, sind wir eben dennoch immer gutes Muthes und ohne Jammer. Nicht so hat es aber das Hannesle, denn es hat schon im dritten Tage gejammert und geklagt, den vierten Tag noch ärger, den fünften und letzten Tag, war es schon so traurig, das auch wir hätten mögen verzagen, wie würde es mit ihm gegangen sein, wenn es einmal auf 15 oder 16 Tage gegangen sein, wie es bei uns der Fall ist.

Unser Weg war von Hause nach Kempten, von dort fünf Stunden weit hinab in das Untere Schwaben, von dort sind wir wieder zurück nach Kempten und hernach auf Immenstadt und von dort nach Lindau, wo das Hannesle ist, dann sind wir über den Bodensee nach Bregenz und den Bregenzer Wald, von dort über den Dammberg (Tannberg), und dann noch über ein Joch bis in die Stube (Stuben am Arlberg). Was wir aber auf den zwei Jöcher von Bregenzer Wald bis in die Stube ausgehalten haben, kann ich Dir nicht schreiben, denn es hat im allgemeinen zehn Schuh Schnee, und das hat eine Länge von gut vier Stunden, und der Schnee war ganz weich. Von der Stube sind wir über den Arlberg nach Landeck. Am Kristi Himmelfahrtstag um 1/2 1 sind wir in Brennbichl (bei Imst) in der Schnelle vorbei.

Lieber Seppel, sage von diesem Brief keinem Menschen nichts mit Ausnahme der Karolina, aber sonst niemandem, auch dem Vater und den Geschwistern nichts, wenn wir doch vielleicht eine Arbeit bekommen sollten, werde ich Dir schon schreiben.
Wir grüßen Dich und besonders Deine Schwester, die Karolina, wir bleiben

Deine
beste Freundt
Josef und Alois Prantl«

Die Handwerker hatten im Tal nicht viel zu tun

Der alte Schranz vom Flickerloch war Zimmermann. Man hat ihn geholt, wenn man einen Dachstuhl aufstellte oder ein Dach reparierte. Die Handwerker hatten nicht regelmäßig Arbeit und waren auch nicht versichert. Meine Eltern betrieben in Leins eine Mühle. Wenn die Mühlräder erneuert werden mußten, haben wir die Zimmerleute geholt. Vor dem Haus schalten sie einen großen Bogen, auf dem sie das neue Rad genau nach den Maßen des alten nachbauten. Zwei Männer haben daran etwa zehn Tage gearbeitet. Die Verbindungen waren alle aus Holz, und die Löcher für die Zapfen haben sie von Hand gebohrt. Wenn das Rad fertig war, zerlegten sie es in die Einzelteile, die sie an der Mühle wieder zusammensetzten.

Leopold Huter

Pitztaler sind nach Deutschland, Frankreich und Amerika ausgewandert. Sicher hatten es die Auswanderer in der Fremde auch nicht immer gut. Vor allem die Unselbständigen, die immer einen Halt brauchten, gingen leicht unter. Ein schwacher oder ein geistig wenig flexibler Mensch hatte in der Fremde fast keine Chance. Bevor sie wegzogen, verteilten manche Auswanderer ihre Güter mit der Auflage, daß sie das Wohnrecht behielten. Herbert Eiter

Nach dem Ersten Weltkrieg ging die Zeitwanderung der Männer stark zurück. Es war nach 1918 nicht mehr so leicht, im Ausland eine Arbeitsbewilligung zu erhalten. Und innerhalb der Landesgrenzen gab es für Saisonarbeiter immer weniger Verdienstmöglichkeiten. *Rudolf Schöpf* aus Ritzenried gelang es in den dreißiger Jahren, in Vorarlberg als Holzarbeiter unterzukommen. Sein Vater war noch ins Bayrische gegangen. »Damals habe ich wie mein Vater als Holzfäller gearbeitet, zuerst im Tal. Da ich aber hier zu wenig verdiente, versuchte ich auswärts eine Anstellung zu finden. Zwei Burschen hatten im Jahr zuvor die Lage in Vorarlberg sondiert. Im Frühjahr zog ich dann mit einer Partie Leute aus Ritzenried los. Bis zum Bahnhof Imst gingen wir zu Fuß. Von dort fuhren wir mit dem Zug...«

Während die Zeitwanderung der Männer in unserem Jahrhundert allmählich aufhörte, stieg seit 1900 die Zahl der Frauen, die als Saisonarbeiterinnen im Gastgewerbe tätig waren. Die an eine Pitztaler Wirtin gerichtete Post läßt erkennen, welche Orte von den Mädchen aus dem Tal um die Jahrhundertwende bevorzugt wurden. Sie arbeiteten in den frühen Fremdenverkehrsgebieten: im Ötztal, in St. Anton, aber auch in Innsbruck, in Meran und im Pustertal.

Die Bauern waren gegen Neuerungen mißtrauisch

In der zweiten Hälfte des 19. Jahrhunderts war die Landwirtschaft, die damals die wichtigste Einnahmequelle der Tiroler war, am allgemeinen ökonomischen Aufschwung, der sich in den anderen Bereichen abzeichnete, kaum beteiligt. Ungünstige Witterung schädigte die Ernten, Murenabgänge und Hochwasser vernichteten wertvolles Ackerland, Schädlinge und Mißwachs nahmen überhand. Waren schon die besten Gebiete von diesen Plagen betroffen, um wieviel schlechter stand es da um die ohnehin benachteiligten Bergregionen. Kalte Sommer führten dazu, daß in höheren Lagen Kartoffeln und Gerste nicht ausreiften. Dazu kam, daß die Absatzchancen für Vieh von einer übermächtigen Konkurrenz beeinträchtigt wurden. Die Überschwemmung des Marktes durch Schlachtvieh aus Ungarn und dem Balkan ließ die Preise fallen, was die Bauern des Pitztales, deren einzige Einnahmequelle der Viehverkauf war, in arge finanzielle Bedrängnis brachte.

Es wäre nun die Aufgabe des Staates gewesen, einzugreifen und durch zielführende Maßnahmen eine Verbesserung der Lage herbeizuführen. Der Tiroler Landtag wußte um die Probleme der Landwirtschaft, war aber so sehr mit anderen Dingen beschäftigt, daß Jahrzehnte verstrichen, ohne daß etwas geschah. Der Verfassungs- und Kulturkampf, der Widerstand gegen das liberale Wien verbrauchte alle Kräfte. Die Reformen, die dann schließlich doch in Gang kamen, waren hauptsächlich vom Idealismus einzelner Personen getragen. Hervorzuheben ist hier vor allem der unermüdliche Einsatz der landwirtschaftlichen Wanderlehrer. Sie hatten den Auftrag, den Bauern effizientere Produktionsmethoden zu vermitteln. Der aus dem Ötztal gebürtige Priester *Adolf Trientl* wirkte vierundzwanzig Jahre (von 1871 bis 1895) in Nordtirol, im Vinschgau und im Pustertal. Er kannte die Notlage der Bauern aus eigener Erfahrung. In allen größeren Orten hielt er Vorträge, und er kümmerte sich auch um eine Verbesserung der Absatzbedingungen, indem er die Errichtung von Genossenschaften in die Wege leitete. Die Gründung der ersten Raiffeisenkasse Tirols (in Oetz) ging ebenfalls auf die Initiative Trientls zurück.

Daß die Bauern Tirols allen Neuerungsbestrebungen mißtrauisch gegenüberstanden, ist nicht weiter verwunderlich. Zu lange waren sie ausschließlich auf eigene Erfahrungen angewiesen gewesen, zu lange hatten sie selbst Auswege suchen müssen, zu lange hatte sich der Staat nicht um sie gekümmert. Es ist verständlich, daß sie die Änderungsvorschläge »Gstudierter« als Besserwisserei und Einmischung empfanden. Die angepriesenen neuen Methoden setzten oftmals den Einsatz finanzieller Mittel voraus, die den Bauern kaum zur Verfügung standen. Rückblickend kommt uns zu Bewußtsein, welche Strukturprobleme der Einsatz von Mineraldünger, Pestiziden und Maschinen gebracht hat. Wir sollten deshalb das Mißtrauen der Menschen von damals nicht nur verächtlich als Rückständigkeit abtun.

Hatte der Widerstand der Tiroler Landesregierung gegen alles, was aus Wien kam, viele notwendige Reformen aufgehalten, so war er doch in einem Punkt für die Bauern nützlich. Das Staatsgesetz von 1868, das die Teilbarkeit und den Verkauf bäuerlicher Güter freigab, stieß in Tirol auf Ablehnung. So hielt man am geschlossenen Hof fest, und das Bauerntum blieb vor dem Zugriff kapitalkräftiger Spekulanten bewahrt.

Die Aufklärungstätigkeit der Wanderlehrer und die Gründung landwirtschaftlicher Lehranstalten hoben den Bildungsstand der Landbevölkerung und führten zu dem wirtschaftlichen Aufschwung, der im letzten Jahrzehnt vor dem Ersten Weltkrieg zu verzeichnen war. Die alten Problemgebiete Tirols, das Pitztal war eines davon, hatten allerdings daran keinen Anteil. *Josef Fontana* vermerkt in der »Geschichte des Landes Tirol«: »Der Wohlstand war allerdings nicht gleichmäßig verteilt. In den notorischen Krisengebieten des Oberinntals und des oberen Vinschgaus blieb weiterhin Schmalhans Küchenmeister« (Band 3, S. 320).

Die Arbeit in der Landwirtschaft war hart

In all den lebensgeschichtlichen Erzählungen, die wir für dieses Buch gesammelt haben, ist immer wieder die Rede von den eingeschränkten Möglichkeiten einer eigenständigen Lebensgestaltung, von der Lebensmittelknappheit, von der Heunot, von der Enge des Wohnraumes und der Mühsal, die mit der Bewirtschaftung der Anbauflächen, Bergwiesen und Almen verbunden war. Aus zahlreichen Gesprächen, die Willi Pechtl mit alten Menschen führte, wählten wir jene aus, die sich durch besondere Ausführlichkeit, Genauigkeit und Anschaulichkeit auszeichneten. Besonders treffend waren vor allem die Erzählungen von *Hilde Eiter* aus Plangeroß. Sie war nicht nur mit den frauenspezifischen häuslichen Tätigkeiten befaßt, sondern mußte, wie viele Frauen, immer wieder Arbeiten verrichten, für die sonst die Männer zuständig waren.

Das Leben der Bauern und Hirten richtete sich nach dem Rhythmus der Jahreszeiten. Ihre Arbeit basierte auf den Erfahrungen, die von Generation zu Generation weitergegeben wurden. Der Ablauf der einzelnen Tätigkeiten war vorgezeichnet und ritualisiert.

Die erste Arbeit, die im Winter und Frühjahr neben dem Heuziehen anfiel, war die Ausbringung des Stalldüngers auf die Felder. *Josef Neururer*, der noch heute auf dem Gut seiner Eltern in Grenzstein, einem Bergweiler bei Wenns, lebt, erklärte uns, wie das vor sich ging: »Den Mist hat man schon im Winter ausgeführt. Nicht nur, um ihn abliegen zu lassen, sondern weil man ihn zu bestimmten Grundstücken nur im Winter transportieren konnte. Zu vielen Äckern hat man keinen Weg gehabt, oder die Wege waren so schlecht, daß man sie nicht mit einem Wagen befahren konnte. Deshalb hat man den Mist im Winter auf dem Schlitten ausgebracht.« Der Bauer hat genau gewußt, wieviel Dünger er für jedes Feld brauchte. Die Menge richtete sich danach, ob es sich um einen Acker oder eine Wiese handelte, und danach, was angebaut werden sollte. Kartoffelfelder hat man immer besonders gut gedüngt. Hilde Eiter aus Plangeroß erinnert sich daran, wie mühevoll das Auf- und Abladen des Düngers war, besonders während des Krieges, als die Frauen alle Arbeiten allein bewältigen mußten. »Das Mistführen war eine Schinderei. Wenn du Glück hattest, hast du einen Mistzieher gehabt. Auf den Äckern im Tal hast du die Kühe und Kälber eingespannt, auf die steileren Grundstücke mußte man aber den Mist in Ruckkörben hinauftragen. Mit der Gabel oder mit der Haue hast du den Mist vom Schlitten häufchenweise heruntergeholt. Dann hat man ihn zerkleinert und gleichmäßig ausgebreitet.«

In einem Rupfensack trug er das Geld von Bayern ins Tal

Der alte Engelsbua, ein Lediger, ist immer nach Bayern ins Holz gegangen. Er hat genau gewußt, wie viele Stunden jeder Holzer gearbeitet hat! Das Geld, das die 50 Männer den Sommer über verdient hatten, trug er in einem Rupfensack von Bayern ins Tal. 42 Sommer ging er der Wanderarbeit nach. Manchmal kamen sie erst kurz vor Weihnachten zurück. Am Sonntag wurde nach der Messe das Geld verteilt und gefeiert. Herbert Eiter

Mit dem Anbau konnte man erst beginnen, wenn der Schnee abgeschmolzen war. *Richard Schucht*, der Postmeister aus Braunschweig, ein Pionier des Alpinismus, der in der Zeitschrift des Deutschen und Österreichischen Alpenvereins im Jahre 1900 eine eingehende Beschreibung des Pitztales veröffentlichte, widmete der Landwirtschaft vier Seiten. Er erwähnt unter anderem die Methode der Pitztaler, den Schnee auf ihren Feldern vorzeitig zum Schmelzen zu bringen. »Auf der Thalsohle, wo der Winter bis Mai seinen eisigen Mantel ausbreitet, muss auch angebaut werden, und zwar je eher desto besser, da der Sommer zu kurz ist, um Gerste und Kartoffeln reifen zu lassen... Auch da weiss sich der Bauer zu helfen, um den fremden, unwirthlichen, weissen Besitzer seines Eigenthums, den Schnee zu vertreiben: er geht dem Schnee mit einer einfachen Waffe ganz vortrefflich zu Leibe. Er schaufelt an irgend einer Stelle den Schnee bei Seite, gräbt die Scholle aus, füllt einen Schlitten damit an, wandert so von Acker zu Acker und breitet die Erde auf dem Schnee aus, der dann auch bald verschwindet. Der Bauer freut sich seines Sieges und baut seine Kartoffeln wie Gerste an, während der Schnee rings um den freigegebenen Acker noch seine Dämme und Schutzwehren in nicht unbeträchtlicher Höhe aufrecht stehen hat« (Zeitschrift des Deutschen und Österreichischen Alpenvereins, Bd 31, S. 132-133).

Statt der Erde, von der Schucht berichtet, verwendete man auch Holzasche, die im Laufe des Winters durch die Heizung der Stubenöfen reichlich anfiel. Die Asche konnte früher ausgebracht werden und führte dem Boden zudem wichtige Stoffe zu.

Sie bauten Kartoffeln und Gerste

Während im vorderen Tal Mais und Obst gedeihen, beschränkte sich der Ackerbau im inneren Tal auf Kartoffeln und Gerste. Hilde Eiter erinnert sich: »In Plangeroß waren acht Behausungen. Jede Familie hatte drei, vier Erdäpfeläcker. Die größeren Kartoffeln hat man im Keller eingelagert, die kleineren hat man an die Schweine verfüttert. In einem Jahr baute man auf einem Acker Erdäpfel an, im Jahr darauf Gerste. Dieser Fruchtwechsel wurde von allen eingehalten und war für die Gesundheit der Früchte wichtig.«

Franz Pechtl weiß zu berichten, daß man früher selbst im hinteren Tal gute Ernten erzielte. »Wir hatten hier in Mandarfen auf Nr. 25 bis zu 5000 kg Kartoffeln im Jahr, dazu kamen 200 bis 250 kg Gerste. In der Hitlerzeit hat man dann den Fruchtwechsel aufgegeben. Es hat geheißen: Die paar Streumaß Gerste rentieren sich nicht mehr. Zehn oder fünfzehn Jahre baute man danach noch Erdäpfel an. Sie wurden aber immer schorfiger und kleiner und faulten. Man versuchte es mit neuen Sorten, aber es war zu spät. In den sechziger Jahren hörte man endgültig damit auf.«

Früher haben die Bauern das Saatgut selbst erzeugt. Die alten Sorten waren weniger krankheitsanfällig, und es genügte, wenn man von Zeit zu Zeit Kartoffeln aus dem Nachbardorf anbaute. Auch den Gerstensamen haben die Bauern aus der eigenen Ernte gewonnen.

Die Touristen wunderten sich

Jahr für Jahr mußten die Pitztaler die von den steilen Hängen herabrutschende Erde in Ruckkörben an den oberen Rand des Ackers befördern. Während in anderen Gegenden, im Pustertal oder in Vorarlberg etwa, bei dieser Arbeit Zugtiere zum Einsatz kamen, wurde das Erdtragen im Pitztal ausschließlich von Menschen geleistet. Richard Schucht beschreibt diese Tätigkeit so: »Wie hart im oberen Pitzthale die Arbeit wird, um eine erträgliche Ausbeute zu gewinnen, wie viele künstliche Mittel der Bewohner anwenden muß, um die Natur gefügig zu machen, das wird im Folgenden gezeigt werden. Im Frühlinge sollen die Äcker bestellt werden. Es ist dies ja die gewöhnliche Arbeit des Landmannes, aber wie schwierig gestaltet sie sich hier.

Das Fuhrwerken war eine elendige Arbeit

Wenn die Fuhrleute mit ihren Leiterwagen an Engstellen zu weit über den Rand des steinigen Weges hinauskamen oder wenn sie zu schwer aufgeladen hatten, drückte es den Wagen zur Seite, und er fiel um. Das Fuhrwerken war eine elendige Arbeit. Stell dir vor, wie kalt es in den Wintern früher war! Der Joel von Moosanger ist einmal die Woche mit seinen Rössern ins Tal hineingefahren. Er hat die Fracht vom Bahnhof Imst zu seinem Stadel nach Wenns transportiert, und von dort haben die Pitztaler die Sachen kleinweise geholt. Gottfried Lechthaler hatte auch Rösser und ist immer beim Gasthof Liesele in St. Leonhard eingekehrt, um zu jausnen und um sich zu wärmen. Der Größere auf dem Bild ist Ludwig Haid von der Au. Die Fuhrleute haben hier Station gemacht und ihre Pferde gefüttert, bevor sie weiter durchs Tal fuhren.

Rudolf Schöpf

Er wollte nicht mehr verdienen, als er zum Essen brauchte

Der Pitzeschmied in Wenns hat Wagenräder und Schlitten beschlagen, er hat für die Bauern Arbeitsgeräte gemacht. Er hätte der beste Schmied sein können. Das Wasser floß an seinem Haus vorbei, der Treibstoff kostete ihn nichts. Er wollte aber nicht mehr verdienen, als er zum Leben brauchte. Mich mochte er, für mich hat er alles getan.

Leopold Huter

Man denke sich im oberen Pitzthale die steilen Hänge, an denen die Häuser gleichsam kleben, so dass man fürchtet, sie möchten abstürzen; und an diesen Berglehnen hängen so zu sagen auch die meisten Äcker der Insassen. Der Acker muss umgestochen werden; damit aber die Scholle nicht innerhalb einiger Jahre in das Thal kollert, bedarf es besonderer Arbeit. Was also machen? Der Eigenthümer muss am unteren Ende des Ackers eine Furche graben und die ausgeschöpfte Erde auf seinem Rücken wieder in die Höhe tragen an das obere Ende des Ackers. Man bedient sich hierbei gewöhnlich einer Rolle, die oben befestigt ist; daran ziehen sich zwei Leute abwechselnd hinauf…« (Schucht, S. 132).

Das Bild, das Schucht seinen Ausführungen beigegeben hat, veranschaulicht den beschriebenen Vorgang. Eine Frau und ein kleines Mädchen ziehen einen Mann mit einem gefüllten Ruckkorb am Seil, das über eine Rolle läuft, hinauf. Der Ruckkorb der Frau ist leer; sie wird ihn unten füllen, und der Mann wird sie beim Herabgehen am Seil hochziehen. Die Zeichnung, die von einem Braunschweiger Professor und Freund Richard Schuchts stammt, zeigt, daß diese frühen Touristen mit Interesse und Respekt das Alltagsleben der Einheimischen beobachteten und einem städtischen Publikum verständlich zu machen versuchten. Es ist ihnen nicht entgangen, welcher Gegensatz sich hier abzeichnete. Schucht, der das Pitztal wegen seiner grandiosen Gletscherwelt liebte, gelang es, das Vertrauen der Talbewohner zu gewinnen, und ein freundschaftliches Verhältnis zu ihnen zu entwickeln. Jahrelang bemühte er sich, die Armut der Menschen im hinteren Tal durch Spenden, die bei Ballveranstaltungen in Braunschweig zusammenkamen, zu lindern. Dennoch war er aber nicht frei von der Überheblichkeit des aufgeklärten Städters. Er konnte es sich nicht verkneifen, die Bauern des Pitztales zu ermahnen, ihren Stalldünger besser zu verwahren oder ihn wenigstens mit Fichtenzweigen abzudecken. Er hatte mit seiner Kritik zwar recht, wir werden allerdings den Verdacht nicht los, daß er sie aus ästhetischen Gründen vorbrachte. Die vornehmen Touristen, die mit ihm ins Tal kamen, störte nicht nur der Anblick der Mistlegen, sondern vor allem der unangenehme Geruch und die Mistlachen, die nach Regenfällen die Dorfwege herunterrannen und ihre Schuhe und Kleider beschmutzten.

Die Kinder wurden nicht verschont

Das kleine Mädchen auf dem oben erwähnten Bild erinnert uns daran, daß die Kinder in den alten Agrargesellschaften vor der Mechanisierung fast bei allen Arbeiten mithelfen mußten. Kinderarbeit war etwas Selbstverständliches, und besonders in jenen Teilen des Landes, in denen die Betriebe so klein waren, daß die Anstellung fremder Personen nicht in Frage kam, wurden die Kinder angehalten, den Erwachsenen an die Hand zu gehen und bereits im schulpflichtigen Alter bestimmte Aufgaben selbständig auszuführen. Viele dieser Tätigkeiten waren anstrengend, manche setzten Geschick und Ausdauer voraus. Wenn der Vater nicht zu Hause war, mußte so mancher Bub den Stall ausmisten, eine Arbeit, die schon für Erwachsene hart genug war. Beim Ausbringen des Düngers auf die Felder führten Kinder im vorderen Pitztal die »Mähn«, wie man das Kuh- oder Ochsengespann nannte. Sie halfen beim Setzen der Kartoffeln und des Maises. Schulbuben übten mit kleinen Sensen das Mähen, Mädchen wendeten das Heu, und alle kamen beim Kornschnitt als Ährenklauber zum Einsatz. Die größeren Mädchen halfen der Mutter im Haus und mußten kleinere Geschwister beaufsichtigen. Zum Hüten wurden alle früher oder später herangezogen.

Ein besonders trauriges Kapitel sind in diesem Zusammenhang die Schwabenkinder. Man nannte sie so, weil sie in schwäbischen Landschaften, im Allgäu und nördlich des Bodensees von den dort ansässigen Bauern während des Sommers hauptsächlich zum Viehhüten in Dienst genommen wurden. Um 1830 belief sich die Zahl der aus Tirol und Vorarlberg jährlich ins Schwäbische wandernden Kinder auf 5000. Für die harte Arbeit erhielten die Kinder neben der Verpflegung Kleidung, ein Paar Schuhe und einen Geldlohn. Sie zogen im März fort und traten Ende Oktober ihre Heimreise an. Die Eltern hatten während dieser Zeit einen Esser weniger zu versorgen und schätzten es, daß die Kinder Kleidung und Geld nach Hause brachten. Im Nachlaß des Landtagsabgeordneten *Monsignore Josef Greuter* (1817—1888) findet sich ein bislang unveröffentlichtes Protokoll, das uns die schwierige Lage dieser Kinder deutlich vor Augen stellt. In der Sitzung des »Kath. Stammvereins«, der am 8. Mai 1851 in Innsbruck tagte, stand neben der Betreuung Strafentlassener das Problem der Schwabenkinder auf der Tagesordnung. In einem Schreiben nimmt der Vorarlberger Filialverein zur jährlichen Auswanderung der Kinder Stellung: »... er äußert sich dahin, daß obwohl diese Kinder nur 3 bis 4 Monate die Schule besuchen, die Seelsorger dennoch diese Auswanderung lieber sehen, als daß sie die Fabriken besuchen, und dem Gassenbettel nachleben. Auch habe der Klerus die Vorsorge getroffen, daß diese Kinder im Schwabenlande bei guten Familien untergebracht werden. Übrigens könnte der Verein diesem Übel wohl auch wegen Unerschwinglichkeit der Kosten nicht abhelfen, indem (aus Vorarlberg) jährlich 4-500 auswandern, im Schwabenlande als Lohn doppelte Kleidung von Fuß auf und 3—12 Fl erhalten, und größtenteils Handwerke erlernen.«

Etwas später meldet sich der Dekan von Zams zu Wort. Er beschreibt die Lage in eindringlichen Worten und deutet an, wie er sich eine Lösung des Problems vorstellt: »In meinem Dekanate, so wie in den Dekanaten Mals, Prutz, Reutte und zum Theil Imst (das Pitztal gehört zum Dekanat Imst) wandern jedes Frühjahr Hunderte von Kindern ins Ausland. Die Eltern schicken sie fort und wenn sie nicht 3—4 Gulden und ein neues Kleid mitbringen, so werden sie nicht mehr aufgenommen. Im Auslande werden sie gleichsam auf den Markt gestellt, wie Sklaven angekauft und zum Viehhüten oder zu Hausarbeiten verwendet. Der Knabe kommt zum Knechte, das Mädchen zur Magd. Gewöhnlich stehen sie unter keiner Aufsicht, daher der Verführung preisgegeben. Und wirklich vieljährige Erfahrung belehrt, daß solche Kinder in religiöser sowie sittlicher Beziehung vielfältig verkommen zurückkehren. Der kath. Verein nun möge die Wege andeuten und die Mittel angeben, worauf und womit man diesem Übel steuern könne. Wäre es nicht möglich, diese Kinder anstatt zum Verkaufe ins Ausland zu schicken, im Lande zu kaufen, d. h. sie bei Bauern, die sie um die Kost schon annehmen, unterzubringen und den Eltern, die wohl auf das neue Kleid aber nicht auf die 3 - 4 Gulden Lohn verzichten, diesen zu verschaffen?« Der Dekan von Innsbruck verweist auf den Verein der hl. Kindheit Jesu, der eben im Entstehen sei und Mittel zum Loskauf von Kindern in China bereitstelle. Bevor man an die chinesischen Kinder denke, solle man zuerst eine Organisation gründen, die sich um die einheimischen Kinder kümmere. *Appellationsrat von Moy* wird deutlicher: Zuerst solle man sich der Kinder des eigenen Landes annehmen, dann erst der des Auslandes. In Bozen gebe es bereits einen Verein, der hundert Mädchen betreue. Ein Verteidiger des angesprochenen Chinavereins lehnt aber eine Umwidmung der bereits eingegangenen Gelder entschieden ab: »Der Verein der hl. Kindheit Jesu hat ausschließlich den Zweck, sich der Kinder in China anzunehmen. Verwendete man nun das Geld für die Kinder in unserem Lande, so würde dieser Zweck vereitelt und die Mitglieder dieses Vereines giengen der Ablässe verlustig ...« Erleichtert stimmt der Ausschuß zu, als einer der Anwesenden vorschlägt, daß die Ortsseelsorger mit den Dienstherren in Korrespondenz treten bzw. diese beaufsichtigen sollten. In einer weiteren Sitzung, die am 19. Mai 1851 stattfand, kommt die Sache noch einmal zur Sprache, und es wird deutlich, daß keiner von den Herren ernstlich an der Beseitigung des Skandals interessiert ist: »Der Herr Vizepräsident bemerkt, daß sich dieses zeitliche Auswandern auf Arbeit, als durch die Natur der Verhältniße geboten, nie ganz werde abstellen lassen, und daß es sich also hier wohl nur um Verminderung und Regulirung derselben handeln könne. Er meint, viel wäre schon geholfen, wenn die Eltern, wie es in der Pfarre Breitenwang und theilweise auch in Vorarlberg geschieht, vorläufig selbst um gute Arbeitsplätze im Auslande umsehen, und dann auch für eine verläßliche Begleitung der Kinder auf der Reise sorgen würden. Herr Präsident äußert die Ansicht, daß man mit einem einzigen Mittel diesem Übel nicht werde steuern können, sondern daß man dagegen auf mehrfache Weise werde wirken müssen. Man werde es dahin wirken müssen, daß solche Kinder in inländischen Gemeinden untergebracht werden können, man werde Geldmittel schaffen müssen, um den Eltern den Betrag von 4 Fl bezahlen zu können, den diese verlangen, wenn man die Kinder gegen Verpflegung im Inlande in Arbeit geben will, man werde sich verwenden müssen, daß die Auswanderung von Seiten der politischen Behörden erschwert werde u. dgl. Der Hochw. H. Huber bemerkt, daß die Geistlichkeit in Vorarlberg dieses Auswandern auf Arbeit, wenn es anders geregelt ist, nicht so ungern sehen, weil die Kinder dem viel verderblicheren Fabriksbesuche entzogen werden …«

Ein Verein, der sich der Schwabenkinder annahm, wurde erst vierzig Jahre später 1891 auf Anregung eines alten Geistlichen, der die Kirche von Schnann (Stanzertal) betreute, gegründet. *Venerand Schöpf* stammte aus dem Ötztal, und er hatte selbst als Kind nach Schwaben gehen müssen. Der Verein sorgte für einen geordneten Ablauf der Reise, die nun ab Landeck mit der Eisenbahn erfolgte. Zwei Geistliche begleiteten die Kinder bis zum Markt in Friedrichshafen und brachten die »Nichtverkauften« zum Nebenmarkt in Ravensburg. Der Verein überwachte auch die Einhaltung der Dienstverträge. *Pfarrer Alois Gaim*, der letzte Vorsitzende suchte Sommer für Sommer von 1901 bis 1914 die Kinder in Schwaben auf und erkundigte sich über ihr Ergehen und Verhalten. Der Bischof von Brixen erteilte Gaim die Erlaubnis, auf seiner Tour das Fahrrad zu benützen (Uhlig, S. 207). Im Ersten Weltkrieg hörte das Schwabengehen auf.

Aber auch jene Kinder, die daheim blieben, mußten arbeiten. *Theresia Grassl* erinnert sich daran, wie sie sich als Schulmädchen nicht zu helfen wußte, als sich die Kühe wild gebärdeten und davonliefen. Sie erzählte, wie sie und ihre Geschwister in eigens vom Vater angefertigten Kinderruckkörben den Mist die steilen Äcker hinauftrugen. *Alois Melmer* begleitete seinen Vater auf vielen Arbeiten bereits in einem Alter, als er noch nicht zur Arbeit herangezogen werden konnte. Als Bub half er dann beim Mähen der Bergwiesen. Er erinnert sich: »Die Sensen haben nicht sofort geschnitten. Erst nach und nach habe ich Schneid bekommen. Der Vater sah, wie ich mich plagte. Ich durfte vorerst einmal aufhören. Am nächsten Tag ging mir dann die Arbeit schon besser von der Hand. Ich hatte das Mähen aber noch lange nicht so richtig los. Meine Sense hat nie so gut geschnitten wie die meines Vaters.« Melmer erzählte auch, daß die Heuarbeit im steilen Gelände für die Kinder nicht ungefährlich war. »Einmal mußte ich das Heu zusammenkehren. Dazu verwendeten wir Bauschen, die man aus Almrosenzweigen gebunden hatte. Das Mahd war steil, und ich wäre beinahe unter eine Heuwalgle (Heubündel) gekommen und verkugelt. Ich habe die Gefahr nicht erkannt. Der Vater hat mich dann diese Arbeit eine Weile nicht mehr tun lassen.«

Für Spiele blieb wenig Zeit, und es kam auch vor, daß sich Kinder der Arbeit zu entziehen suchten. Alois Melmer hat sich, um der schweren Arbeit auf dem Acker zu entgehen, ein paar Tage versteckt. »Mit acht war mir einmal die Arbeit auf dem Acker zu schwer. Deshalb habe ich mich in einen Heustadel verkrochen. Nach einem Tag kam der Hunger. Meine Leute waren auf dem Acker, und das Haus war abgesperrt. Da kam mir in den Sinn, ich könnte bei den Hennen nach Eiern suchen. Ich fand sechs Eier und schlich damit ins Lebensmittelgeschäft, um dort die Eier gegen einen Brotwecken

Man mußte zusammenhelfen

Im hinteren Tal hatte jeder etwa fünf bis sechs Stück Vieh. So war es wichtig, genügend Heuvorräte anzulegen. Nach der Heuernte im Tal ging man gemeinsam auf die Bergwiesen. Im vorderen Tal hatten die Bauern Hochmähder, die man jedes Jahr mähen konnte. Bei den Bergwiesen im inneren Tal mußte man aber drei, vier und mehr Jahre warten, bis das Bergheu dicht war. Jeder Bauer erntete ca. 40 bis 50 Bürtlen *(Heubündel). Die Burt wog 100 bis 120 kg. Wir haben immer 5000 bis 7000 kg Bergheu gewonnen. Einen ganzen Monat, von August bis September, waren wir am Berg. Die Frauen besorgten in dieser Zeit im Tal die Stallarbeit. Man hat die ganze Woche droben geschlafen. Am Sonntag ging man herunter, am Montag brachte man das Essen für die nächste Woche hinauf. Auch Frauen haben auf den Bergwiesen gearbeitet und übernachtet. Einmal waren wir im Pill (Heustadel) zu zwölft. Bei Tagesanbruch begannen wir mit der Arbeit. Wir benützten kleine Sensen. Es ist da droben nicht steinig, man konnte richtig mähen. Am Berg mußte man zusammenhelfen.* Franz Pechtl einzutauschen, wie es die Mutter immer tat. Ein Ei zerbrach mir im Hosensack. Die Ladin nahm es aber doch. Sie wolle es in die Knödel geben, sagte sie. Den ganzen Tag habe ich an dem Brot herumgekaut. Einen Rest versteckte ich als Vorrat unter einem Stein. Buben verrieten schließlich den Eltern, wo ich war. Ich bekam zuerst in der Küche zu essen, und hinterher hat mich mein Vater in der Stube versohlt.«

Das Schuljahr dauerte für die älteren Kinder von Oktober bis April, der Schulbesuch beschränkte sich also auf die Wintermonate. Da aber die Kinder auch während der Schulzeit zur Arbeit herangezogen wurden, blieben die Schulaufgaben oft unerledigt. Alois Melmer: »Während meine Schulkollegen im Winter rodeln gingen, mußte ich als Ältester mit dem Vater ins Holz gehen. Am Abend, nachdem wir heimgekommen waren, mußte ich im Stall helfen. Danach gab es Abendessen. Dann ging der Abendrosenkranz los, jeden Abend. Wir Kinder sind dabei regelmäßig eingeschlafen. Mir sind oft schon vor dem Gebet die Augen zugefallen. Dann habe ich einen Renner (Stoß) bekommen. Tagelang habe ich keine Hausaufgaben gemacht, und der Lehrer war darüber nicht sehr erfreut.« Manchen Eltern gelang es sogar, den Lehrer dazu zu bringen, ihren Kindern durch die Änderung von Geburtsdaten ein Schuljahr zu ersparen.

Die Kinder waren schlecht ernährt und schlecht gekleidet. Wenn Alois Melmer von seiner Schulzeit berichtet, denkt er immer wieder an den Hunger und die kratzende Hose. »Wir hatten Wassersuppe. Und dabei haben wir noch gespart und um den letzten Löffel gebettelt. In die Schule haben wir Kinder immer ein Stück Brot mitbekommen, als Pausenmahlzeit. Vor Hunger habe ich oft mein Brot schon auf dem Schulweg gegessen. Wenn dann die Pause kam, ging ich zu meinen Geschwistern und bettelte: Gebt mir ein bißchen von eurem Brot. Erst im zweiten oder dritten Schulwinter habe ich eine Unterhose bekommen. Die rauhe Lodenhose hat meine Oberschenkel wund gerieben.«

Die Kinder mußten nicht nur auf dem eigenen Hof zupacken, die Eltern hielten sie darüber hinaus oft genug an, auch den Nachbarn zu helfen. Man konnte ja nie wissen, ob man nicht eines Tages selbst auf fremde Hilfe angewiesen war. Die Tatsache, daß Kinder als Hilfskräfte wichtig waren, mag neben religiösen Motiven ein Grund für den Kinderreichtum in früherer Zeit gewesen sein.

Das Vieh war wichtig

In den hochgelegenen Gebieten Tirols, wo der Ackerbau keine große Rolle spielte und die Güter klein waren, kam der Viehzucht besondere Bedeutung zu. Der Verkauf von Kühen und Kälbern stellte für die Bauern des Pitztales die einzige Einnahmequelle dar. Es ist daher nicht verwunderlich, daß jeder bestrebt war, möglichst viele Rinder zu halten, was nur durch eine intensive Nutzung der Bergwiesen und Almen zu bewältigen war. Die Leute des Pitztales haben bis in die sechziger Jahre unseres Jahrhunderts die Bergwiesen bearbeitet und sind, wenn Heunot herrschte, ins »Zuetraget« gegangen (sie haben Wildheu gesammelt). Da man das Vieh hauptsächlich mit Heu fütterte, wurden die Vorräte gegen Ende des Winters knapp, und niemand hatte das Geld, Futter zuzukaufen. So stiegen die Bauern in abgelegene Regionen hinauf, um den Berg nach wildwachsendem Gras abzusuchen. Mit einer Art Sichel schnitt man die Büschel ab und trug sie in einer Blahe ins Tal. Wenn besondere Heuknappheit herrschte, haben viele das Futter für Klein- und Galtvieh mit Heidekraut und zerhackten Fichtenzweigen gestreckt. In Notzeiten verfütterte man sogar die Füllung der Strohsäcke, auf denen man schlief. Alois Melmer erzählte: »In Unterrain bei den Eltern meiner Frau hatten sie viel Vieh. Sie litten deshalb oft unter der Heunot. In solchen Zeiten mußten sie jeden Tag ins Zuetraget gehen, Heu vom Berg holen. Dann hat es geschneit, viel geschneit, so daß man keinen Halm mehr finden konnte. Weißt du, was der Vater meiner Frau getan hat? Er hat die Strohsäcke der Völker (Kinder) ausgeleert und mit dem Gerstenstroh das Vieh gefüttert, damit es nicht verhungerte.«

Im Sommer machten die Bauern das Bergheu. Hilde Eiter erzählte, wie es auf dem Bergmahd zuging: »Am Montag sind wir hinaufgestiegen, am Sonntag sind wir wieder heimgekommen. Zuerst hast du soviel Heu gemacht, daß du drauf liegen konntest. Man hat im Pill (Heustadel) geschlafen. Mit einem groben Lodenmantel, dem Bergmantel, hast du dich zugedeckt. Wir haben da droben Mus und Brennsuppe gekocht, und wenn die Ziegen in der Nähe waren, haben wir auch Milch gehabt. Manchmal brachte man uns das Essen in einem Kübel hinauf, meistens Türkenpulten (Speise aus Maisgrieß) mit Moosbeeren. Das Heu wurde, sobald es trocken war, im Pill eingelagert. Im Winter haben es dann die Männer auf Schlitten ins Tal gezogen. Während die Männer im Krieg waren, haben wir Frauen diese Arbeit tun müssen. Man mußte das Heu über weite Strecken ziehen, und die Heuries war oft steil und gefährlich.«

Die Almleute lebten bescheiden

Nach einem langen Winter warteten die Bauern schon hart darauf, das abgemagerte Vieh auf die Almen zu treiben. Die Nutzungsrechte waren früher nicht einheitlich geregelt. Nach örtlichem Brauch wurde jedem Bauern ein entsprechender Weideumfang zuerkannt, was nicht immer ohne Unstimmigkeiten abging. Gegen Ende des 19. Jahrhunderts, als die Bevölkerung in den Tälern durch stete Abwanderung abnahm, ging man daran, einzelne bis an die äußerste Höhengrenze vorgeschobene Nutzungsgebiete in Weiden umzuwandeln. Alte, tiefer gelegene Dauersiedlungen, wie Tieflehn und Mittelberg, wurden in der Folge nach 1900 nur noch den Sommer über als Almen genutzt. Andererseits entstanden, bedingt durch den einsetzenden Alpinismus, oberhalb der alten Almhütten die Schutzhäuser, Betriebe, die den Talbewohnern neue Verdienstmöglichkeiten boten und der Abwanderung entgegenwirkten.

Die Hirten und Sennerinnen lebten bescheiden und verdienten wenig. Viele von ihnen, von Jugend auf mit dieser Tätigkeit vertraut, versahen ihren Dienst auf den Almen mehrere Jahrzehnte hindurch. Eine Frau aus Plangeroß war z. B. über vierzig Jahre Sennerin auf der Alm in Tieflehn. Hilde Eiter erinnert sich auch an die Almhütte, die am Weg zur Kaunergrathütte stand, und an den alten Mann, der da droben Sommer für Sommer anzutreffen war, und dessen einfaches Leben nicht selten die Bergsteiger beeindruckte: »Auf dem Weg zur Kaunergrathütte stand früher die alte Almhütte. Der alte Polt *(Franz Dobler)* hat dort droben gehütet und gehaust. Als Kochplatz benützte er eine Steinplatte, auf die er den Dreifuß stellte. Der Rauch zog durch die Hütte ab. Später hat er sich einen primitiven Herd aufgemauert. Das einfache Gebäude bestand in seinem Unterbau aus einer Trockenmauer. Die Ritzen und Fugen zwischen den Steinen hat er mit Moos verstopft und mit Lehm verschmiert. Er ist 86 Jahre alt geworden. Fast bis zu seinem Tod hat er gehütet. Wenn die Leute vorbeigegangen sind, haben sie von ihm Milch bekommen. Er hat auch zur Kaunergrathütte Milch geliefert und im Treibkübel Butter gemacht. Heute will da keiner mehr hinauf.«

Im Herbst trieb man das Vieh wieder ins Tal. Es kam aber nicht gleich in die Ställe, sondern vorher noch einmal auf die Weide. Das Gras, das im Tal nach dem zweiten Schnitt wuchs, nannte man »Povel«. Um möglichst viel Futter zu sparen, hat man die Rinder auf diese Wiesen getrieben, wobei meistens schulpflichtige Kinder zum Hüten herangezogen wurden.

Eine wichtige Arbeit, die neben der Kartoffel- und Getreideernte im Herbst anfiel, war dann das Aufräumen der Almen. Man sammelte die Steine ein, zerstieß die Kuhfladen mit einer Gabel und verteilte sie gleichmäßig als Dung. Dadurch verhinderte man das Überhandnehmen der borstigen Pflanzen, die das Vieh nicht anrührte. Die Nach-

Schwere Lasten transportierte man im Winter

Früher gab es keine Traktoren oder Lastwagen. Die harte Arbeit mußte von Mensch und Tier bewältigt werden. Man war auf Erleichterungen und Vorteile angewiesen. So richtete man im Herbst die Steine her, die man gemeinsam im Winter auf Schlitten zu den wenigen Baustellen zog.
Herbert Eiter

Das Viehstellen ist in Plangeroß unterblieben

In Plangeroß war früher ein guter Zusammenhalt. Nach dem Ersten Weltkrieg mußten die Bauern Vieh stellen. Die Plangerosser haben sich geweigert. Zuerst kamen zwei Gendarmen, ohne Erfolg. Dann schalteten sie das Gericht ein und schickten zwölf Gendarmen. Diese meinten, sie würden es den Pitztalern schon zeigen. Es war Winter, und ich erinnere mich noch gut daran, wie es damals zuging. Die Bauern hätten die Gendarmen am liebsten umgebracht, so zornig waren sie. Ein Gendarm zog seinen Säbel, und der Polten Seppl (Josef Dobler) fing die Waffe mit der bloßen Hand ab. Der Gendarm schnitt dem Seppl die Hand auf. Da riß der Fergn Seppl (Josef Eiter) sein Hemd auf und schrie: »Feiglinge, schießt her, wenn ihr euch traut! Wenn ihr auch nur ein Stück Vieh mitnehmt, kommt ihr nicht lebend davon.« Hinter den Fenstern haben die übrigen Bauern gepaßt. Sie hätten auf die Gendarmen geschossen. Diese zogen ab und waren froh, daß sie mit heiler Haut davonkamen. Damit war es mit dem Viehstellen vorbei. Es ist durch den Widerstand der Bauern unterblieben.

Franz Rimml

barn halfen einander bei dieser Arbeit, die meistens eine Woche in Anspruch nahm. Heute verwildern viele Almen, da niemand mehr bereit ist, diese Arbeiten zu leisten.

Die Tätigkeiten auf den Bergwiesen und auf den Almen erregten nicht selten die Aufmerksamkeit und Verwunderung Fremder und Außenstehender. Franz Pechtl erinnert sich daran, wie es sich seine Mutter nicht nehmen ließ, trotz des schlechten Wetters ins Bergheu zu gehen. »Der Pfarrer Fürutter stieg zufällig an diesem Tag in die Bergwiesen hinauf und sah plötzlich meine Mutter im Nebel. Etwas erschrocken fragte er sie: ›Ja, was tun Sie denn da?‹ Es war in den Leuten so richtig verwurzelt. Du hast gemeint, du mußt Bergheu machen, sonst kannst du nicht mehr leben. Es hatte sich über Jahrhunderte eingeprägt.« Die Frau auf der Bergwiese hätte allerdings ebensogut den Pfarrer fragen können, was er bei diesem Wetter auf der Alm verloren hatte. Er war ein Kräutersammler.

Tierarzt war keiner da

Da das Vieh aus den bereits dargelegten Gründen für die Bauern im Tal von lebenserhaltender Bedeutung war, grenzte es an eine Katastrophe, wenn ein Tier erkrankte, verunglückte oder einging. Zwar wiesen die Rinder, die man auf die Almen trieb, einen besseren Gesundheitszustand auf als das Stallvieh, dennoch geschah es oft genug, daß eine Kuh erkrankte. Im Tal gab es früher keine Tierärzte. So waren die Bauern froh um jede Hilfe, und sie fragten nicht nach Zeugnissen. *Theresia Grassl* erinnert sich, daß die Nachbarn die Heilkunst ihrer Mutter hoch schätzten, so daß man bei Erkrankung von Tier und Mensch ihren Rat und ihre Hilfe suchte. Hilde Eiter erzählte, daß sich in Plangeroß der Pfarrer auf die Heilkunde verstand und die Leute mit selbst gesammelten Kräutern versorgte. Und dann war da noch der »Miges« *(Remigius Neururer)*, der veterinärmedizinische Kenntnisse besaß, ohne studiert zu haben. *Rudolf Schöpf* aus Ritzenried (geb. 1898) hat die Tätigkeit dieses Mannes, den er noch persönlich gekannt hat, gewürdigt: »Wenn man ein krankes Vieh hatte, hat man den Miges geholt. Der hat sich gut ausgekannt, obwohl er keine richtige Ausbildung hatte. Er hatte sich sozusagen selber ausgebildet. Er war im ganzen Tal angesehen, und man holte ihn oft. Er ist meistens mit seinem Fahrrad gekommen, und wenn es nicht anders ging, auch zu Fuß. Er hat nie viel verlangt. Eigentlich hätte er überhaupt nichts verlangen dürfen, aber man hat ihm freiwillig etwas gegeben. Er war in der Gemeinde ein wichtiger Mann, das steht fest. Das Vieh hat den Leuten viel bedeutet.«

Remigius Neururer starb im Jahre 1938 im 76. Lebensjahr. Das Sterbebildchen zeigt ihn als alten Mann mit einem langen weißen Bart. Es nennt auch seinen Beruf: »Nottierarzt in Neurur im Pitztal«.

Daß die Heilkunst dieser engagierten Autodidakten ihre Grenzen hatte, versteht sich von selbst. Wahrscheinlich hat *Hermann Schöpf*, der Bruder des Photographen, im Bewußtsein dieses Mangels den Beruf des Veterinärs ergriffen. Er eröffnete seine Praxis allerdings nicht in seinem Heimattal, sondern in Landeck, im Hauptort des oberen Inntals. Dort konnte er mit besseren Verdienstmöglichkeiten rechnen. Aus eigener Erfahrung wußte er, daß die Bauern im Tal kein Geld hatten und dem Tierarzt kein angemessenes Honorar zahlen konnten.

Der weite Weg zum Markt

Noch nach dem Zweiten Weltkrieg trieben die Pitztaler ihr Vieh einmal oder zweimal im Jahr nach Imst, um es dort auf dem Markt zu einem möglichst günstigen Preis zu verkaufen. *Lechthaler* erwähnt in seiner Talkunde, daß auf diesen Märkten jeweils über 1000 Stück Großvieh von den Bewohnern des ganzen Umkreises feilgeboten wurden. Im Jahre 1885 sollen es sogar 2500 Rinder ge-

Wir haben die Füchse aufgespürt

Die Füchse hat man wegen der Pelze gejagt. Wir bauten Fuchshütten. Man konnte sich zu zweit hineinlegen und durch die Lichtschlitze die Füchse beobachten. Geredet hat man nichts, man hat sich nur angestoßen, wenn ein Fuchs zum Luder ging. Das Luder hatten wir in ein Schneeloch gelegt. Wenn der Fuchs aus dem Loch herauskam, wurde geschossen. Franz Rimml wesen sein. Mit dem Geld, das die Bauern hier einnahmen, bezahlten sie die Schulden des Vorjahres. Das Problem war, daß die meisten dann wieder ohne Geld dastanden.

Der Weg durch das Tal, den man mit dem Vieh zu Fuß zurücklegte, war weit. Je nach Wohnort mußten die Leute 30 bis 40 km zurücklegen, um zum Markt zu gelangen. Das bedeutete, daß manche von ihnen bis zu drei Tagen unterwegs waren. Die Krämer warteten bereits auf die vom Markt heimkehrenden Bauern und ermahnten sie, ihre Schulden sofort zu begleichen. Waren die Viehpreise schlecht, oder fand man keinen Käufer, wurde die wirtschaftliche Lage der Betroffenen kritisch. Wer die Schulden des Vorjahres nicht zahlte, erhielt keinen neuen Kredit.

Der Verkauf von Vieh war grundsätzlich Männersache. Es war aber selbstverständlich, daß die Kinder und Jugendlichen ihre Väter auf dem Weg zum Markt als Viehtreiber begleiteten. Wir wissen, daß auch Josef Schöpf häufig zu dieser Arbeit herangezogen wurde. In Notzeiten haben auch Frauen und Kinder auf dem Markt Vieh feilgeboten.

Die Bewohner des inneren Tales waren bei den Leuten in Wenns oder Imst nicht sehr angesehen. Franz Pechtl erinnert sich daran, daß man dort die Pitztaler spöttisch »Gstatteler« nannte, weil sie immer mit Schachteln, Körben oder Rucksäcken unterwegs waren, sich selbst versorgten und nichts konsumierten.

Hilde Eiter erzählte, wie sie mit ihrem Vater und mit anderen Dorfbewohnern den 35 km langen Weg zum Markt nach Imst gegangen ist: »Zu Fuß sind wir mit dem Vieh auf den Markt gegangen. Die Wege waren früher schlecht. Beim Gasthof Wiese war die erste Rast. Wir sind dort nie eingekehrt. Wir hatten zuwenig Geld. Speck und Brot hat man selbst mitgenommen. Am Abend erreichte man Wenns, wo wir beim Post-Seppl das Vieh einstellten. Dort haben wir dann ein Würstel und eine Limonade bekommen. Aus diesem Grund bin ich als Kind immer gern auf den Markt gegangen. Am nächsten Tag ging es dann in Richtung Brennbichl weiter. Dort hat man die ersten Viehhändler angetroffen. Wenn du hier dein Vieh verkaufen konntest, warst du oft besser dran als auf dem Markt in Imst droben. Hast du keinen Käufer gefunden, mußtest du mit deiner Kuh wieder den Heimweg antreten. Meistens ging ich mit meinem Vater oder mit jemandem aus unserem Dorf.«

Das Kleinvieh nannte man Kuntervieh

Die Bauern des Pitztales hielten neben dem Großvieh Schweine, Schafe, Ziegen und Hühner. Das Fleisch des Kleinviehs wurde durch Selchen konserviert, während Kühe und Kälber der Milchproduktion dienten oder verkauft wurden. Ziegen und Schafe sind äußerst genügsam und weideten in Gebieten, die für die Kühe nicht mehr zugänglich waren. Zeitig im Frühjahr trieb man das »Kuntervieh« auf die Sonnenhänge, auch wenn sich dort noch kein Grashalm zeigte. Es kam vor, daß überraschend Schlechtwetter einbrach und die Tiere eingeschneit wurden. Hilde Eiter erzählt: »Im Winter wurde meistens das Futter knapp. So hat man getrachtet, das Kuntervieh möglichst früh auf die Weide zu treiben. Einmal, ich weiß es noch genau, haben wir am Josefstag (19. März) die Böcke und das Kleinvieh zur Ochsenhütte getrieben. Drinnen war es schon aper, und der Vater hatte bereits die ersten Zeitlosen gefunden. Man war froh, daß man das Vieh nicht mehr füttern mußte. Von einem Tag auf den anderen hat es dann auf der Alpe geschneit, so viel, daß uns nichts anderes übrig blieb, als dem Vieh das Futter auf Schiern hineinzubringen. Die Tiere hat man in der Hütte notdürftig untergebracht, aber es gab kein Wasser. Wir haben Schnee aufgetaut, damit das Vieh nicht verdurstete.«

Jedes Dorf hatte einen Geißhirten. Es war seine Aufgabe, die Tiere täglich abzuholen und auf die Weide zu treiben. Die Hirten wurden in der Runde von den Viehbesitzern verköstigt. Eine Familie mußte dem Hirten so viele Tage Essen geben, wie sie Tiere hatte. Wer die Schlafstelle bereitstellte, war davon befreit. Die Hirten — viele von ihnen waren fast noch Kinder — erhielten für ihre Arbeit nur wenig Lohn, meistens eine Lodenhose und ein Paar Schuhe. Die Schuhe, die ein Schuster des Ortes anfertigte, trug der Hirte am Sonntag und im Winter, bei seiner Arbeit ging er barfuß.

Die Nahrungsmittel mußten konserviert werden

In der Zeit, als die Talbewohner weitgehend auf Selbstversorgung angewiesen waren, kam der Bereitstellung von Nahrungsmitteln für den Winter eine lebenserhaltende Bedeutung zu. Die Aufgabe, das Essen zuzubereiten und die Lebensmittel zu konservieren, fiel den Frauen zu. Hilde Eiter erinnert sich: »Früher hat man das Fleisch durch Selchen konserviert. Nach dem Zweiten Weltkrieg kauften die Leute von Plangeroß gemeinsam eine Dosenmaschine. Wir haben hauptsächlich Ziegen, Schaf- und Schweinefleisch gegessen.«

Die Eßgewohnheiten unterschieden sich in vielem von dem, was heute üblich ist. »In der Früh hatten wir meistens Brennsuppe, Riblsuppe oder Gerstensuppe mit etwas Geselchtem drin. Um 9 Uhr hat es dann Speck und Brot gegeben. Zu Mittag kam oft Mus auf den Tisch, am Abend hatten die meisten Kartoffeln und Milch.« (Franz Pechtl)

Aus allen Berichten geht hervor, daß man im Winter kein frisches Gemüse kannte. »Im Winter hatten wir wenig Obst und kaum Gemüse. Jedes Jahr machte man ein Faß Kraut ein. Man nannte es ›Kraut‹, in Wirklichkeit handelte es sich um Rüben, die man wie das Kraut einhobelte und einstampfte. Wenn man kein Brot hatte, gab es oft vormittags warmes Kraut mit Erdäpfeln.« (Hilde Eiter)

Das Brot wurde in jedem Haushalt in regelmäßigen Abständen von den Frauen aus selbst erzeugtem Mehl gebacken. Der Backofen war gemauert und befand sich im Hof oder als vorragender Erker am Haus. Weißbrot hat man nur sonntags für die Knödel verwendet, sonst aß man ausschließlich Roggenbrot. Das Backen war aufwendig. Deshalb hat man sich für längere Zeit versorgt. Das Brot, das in der Vorratskammer in ein luftiges Gestell geschlichtet wurde, war aber dann so hart, daß man es zerschlagen mußte. Man konnte es nur essen, nachdem man es eingetunkt hatte. Frisches Brot war für die Kinder etwas Besonderes. »Wenn man Brot gebacken hat, haben wir Kinder stillschweigend zwei oder drei Laibchen versteckt. Die Eltern haben das Brot unter Verschluß halten müssen. Wir hätten es an die Nachbarskinder verteilt.« (Alois Melmer)

Die Küche, seit den dreißiger Jahren der Hauptaufenthaltsort der Familie, war früher ein dunkler, rußiger Raum. In einer Ecke befand sich der gemauerte Herd, auf dem die Frauen mit Hilfe des Dreifußes und des Schwenkarmes über dem offenen Feuer die Speisen kochten. Von der Küche aus beheizte man den Stubenofen, dessen Rauch durch die Küche abzog und dabei zum Selchen genutzt wurde. Das Essen nahm man grundsätzlich in der Stube ein, da dies im Winter der einzige Raum des Hauses war, den man beheizen konnte. Die Wärme war kostbar. Sie wurde am Abend, bevor man zu Bett ging, durch die Öffnung über dem Ofen ins obere Stockwerk geleitet.

Das Essen kam in einer großen Pfanne auf den Tisch. Franz Pechtl erzählte, wie es in den meisten Familien zuging: »Es gab Speisen, die man in einer großen Pfanne zubereiten konnte. Die Pfanne kam vom Herd auf den Tisch. Jeder hatte seinen Löffel, den man nach dem Essen am Tischtuch abwischte, bevor man ihn in die Schublade legte. Die Frauen hatten mit dem Geschirrspülen nicht so viel Arbeit. Wären bei Tisch so viele Gefäße in Verwendung gewesen wie heute, man hätte das Abspülen als Zeitverschwendung betrachtet. Die Zeit wäre einem abgegangen.«

Es war auch schwierig, verschiedene Nahrungsmittel den Sommer über kühl zu lagern. Hilde Eiter erinnert sich daran, wie man den Käse frisch gehalten hat. »Den Käse hat man über den Sommer in den sogenannten Kasgrant, ein eigens dafür bestimmtes Faß, gegeben, das man mit einem Deckel

Die Frauen mußten hart arbeiten

Meine Mutter hat einen Haushalt mit zehn Leuten versorgt. Sie hat die Kleider für acht Kinder genäht, das Korn in die Mühle getragen, das Vieh versorgt und den Stall ausgemistet. Meine Mutter ist jeden Tag um drei oder vier Uhr früh aufgestanden. Am Abend hat sie ein Kind zur Welt gebracht, und am nächsten Morgen war sie schon wieder die erste auf. Theresia Grassl verschloß. An einem schattigen Ort in der Nähe des Hauses hat man das Gefäß vergraben, das Platz für 10 oder 12 Laibe bot. Man legte Fichtenzweige darauf, damit man es später wieder fand. Im Herbst hast du dann den Käse ausgegraben. An den so verwahrten Käse kam nie ein Wurm dran.«

Die Art der Speisen, ihre Zubereitung und der Zeitpunkt, zu dem sie gereicht wurden, waren von alters her festgelegt. So war es in manchen Orten Brauch, daß die Heuzieher, bevor sie in der Früh aufbrachen, Knödel, Kraut und Fleisch bekamen. Am Abend gab es dann Krapfen, allerdings nur, wenn sie das Heu unbeschadet zu Tal brachten. Wenn sie eine Burt (Heubündel) »verkegelten«, gab es keine Krapfen. Hilde Eiter erinnert sich, daß die Holzschneider nach der Arbeit immer »gschraufte« Türkennudeln mit Granten (Preiselbeeren) erhielten. Besonders gutes Essen gab es nach dem Dreschen der Gerste. »Es war Brauch, bei der Gerstenernte einen Bock zu schlachten. Das Fleisch wurde zusammen mit Erdäpfeln gesotten. Dazu hat es eine Schüssel Fisolensalat mit brauner Butter und gerösteten Zwiebeln gegeben. Es war ein schönes Erlebnis, wenn nach der Arbeit alles zusammengekommen ist.«

Das Wasser holte man vom Dorfbrunnen

Da es in den einzelnen Häusern noch nach dem Ersten Weltkrieg kein Wasser gab, mußten es die Leute vom Dorfbrunnen holen und in die Küche und in den Stall tragen. Das Wasser kam in ein Holzschaff. Die Küche war im Winter oft so kalt, daß man in der Früh die Eisschicht mit der Schöpfkelle zerbrechen mußte, um an das Wasser heranzukommen. Als die Orte des hinteren Pitztales 1956 an das Stromnetz angeschlossen wurden, erhielt Hilde Eiter eine halbautomatische Waschmaschine. Vorher hatten die Frauen die Wäsche in der Pitze gewaschen. Hilde Eiter: »Im Winter ist dir die Wäsche im Kübel eingefroren. Du hast sie auf die Ofenbank zum Auftauen gestellt, erst dann konntest du sie aufhängen. Im Dachboden ist die Wäsche eine Woche lang gehangen, auch über dem Stubenofen haben wir ein Seil gehabt. Beim Waschen an der Pitze knietest du auf einem Brett, auf einem Fetzen, aber im Winter war der immer gefroren. Wenn man baden wollte, hat man in einem Kessel das Wasser erhitzt. Gebadet hat man im Waschzuber. Und das Badewasser hat man danach noch zum Einweichen der Wäsche benützt.«

Obwohl die Bauern in den Berggebieten alle Hände voll zu tun hatten, um ihre Familien durchzubringen, wurde die Nachbarschaftshilfe hochgehalten. So haben etwa die Frauen von Plangeroß Jahr für Jahr im Frühjahr gemeinsam die getäfelten Stuben des Ortes geputzt. Die Lauge haben sie selbst aus Asche hergestellt. Danach gab es ein gemütliches Beisammensein bei einer Marend (Jause).

Die Last der Abgaben und Dienstleistungen im Tal

»Zu den Beschwerden des Bauernstandes zählet man die anhaltende Arbeit, welche der Bauer thun muß; die rauhe, an die meistens in allen Jahreszeiten unbequeme Witterung, das ist: grosse Hitze, strenge Kälte, Regen, welchen allem der Bauer bei seiner Arbeit beständig ausgesetzt ist. Hierzu kömmt noch, daß er von geringer Kost lebet, schlecht bekleidet, mit geringem Hausrathe und schlechter Wohnung versehen ist.« Diese Sätze, die sich in einem Tiroler Lesebuch für Landkinder aus dem Jahre 1783 finden, beschreiben eine Situation, die auf das Pitztal noch nach dem Zweiten Weltkrieg zutraf. Das Leben war geprägt von einem unausgesetzten Kampf gegen den Mangel. Deshalb empfanden die Bauern der ärmsten Gebiete die Abgaben und Steuern als ungerechte Last. Der Zehent, der an die Grundherrschaft abzuführen war, und andere Dienstleistungen der Feudalzeit waren in Österreich zwar durch die Grundentlastung des Jahres 1848 beseitigt worden, gewisse Leistungen, die der einzelne für die Gemeinde zu erbringen hat-

Steinig und rauh war der Talweg

Die alte Straße durchs Pitztal war bis in die dreißiger Jahre ein Schotterweg, den hauptsächlich die Talbewohner und Fuhrleute benützten. Touristen gab es nur wenige. Typisch waren die vielen Viehgatter, die man auf- und zumachen mußte. Was bin ich mit meinen Körben im Pitztal herumgezottelt! Und überall lagen Schuhnägel herum, so rauh und steinig war der Weg. Karl Götsch

Wenn man schießen hört, schauen die Leute

Früh war ich als Hüttenträger von Mandarfen in Richtung Braunschweiger Hütte unterwegs. Schon vom Tal aus konnte ich im Wald droben die balzenden Hähne sehen. Mein Vater meinte: »Das Gebiet ist zu exponiert, sie hören es knallen ...« Ich verbarg das Gewehr in meinem Rucksack. In Mandarfen lud ich meine Traglast auf. Es war drei Uhr, und bald ging die Balz los. Ich zielte, der Hahn begann zu flattern und fiel zu Boden. Nun mußte ich aber schauen, daß ich wegkam . . . Josef D.

te, blieben aber erhalten. So mußten die Gemeindebürger die Verköstigung der Armen übernehmen und den Pfarrer mit Lebensmitteln und Brennholz versorgen. Hilde Eiter kann diese Verpflichtungen genau schildern: »Jede Familie des Ortes mußte dem Pfarrer Holz und Lebensmittel stellen. An genau bezeichneten Tagen war die Milch abzuliefern. Wir waren immer am 24. des Monats dran. Wir mußten dem Pfarrer die Milch in den Widum (Pfarrhof) tragen. Außerdem haben wir zweieinhalb Streumaß Erdäpfel und Butter oder Butterschmalz abgegeben. Und dann war da noch das Holz. Jede Behausung hat für den Widum eineinhalb Meter Brennholz bereitgestellt. Wir mußten das Holz schneiden, spalten und im Schuppen des Pfarrers aufstapeln.« Franz Pechtl weiß noch, wie das Holz für den Widum beschaffen sein mußte, und daß die Bauern oft selbst zu wenig Brennmaterial hatten: „Die Stämme mußten wenigstens 26 cm Durchmesser haben und 3/4m lang sein. Der Stoß war zwei Meter lang und 1,25m hoch. Dieses Holz mußten wir jedes Jahr stellen. Manchmal war das bitter. Sieben Schlitten Holz brachten wir heim, und davon gehörten bereits drei, vier Schlitten dem Pfarrer. Was uns fehlte, mußten wir sonst irgendwie zusammensuchen. Der Pfarrer hatte immer genug Holz.«

Besonderen Unmut erregte das Stellen von Vieh und Lebensmitteln während der beiden Weltkriege. Im Ersten Weltkrieg kam es in Plangeroß sogar zu tätlichen Auseinandersetzungen zwischen Gendarmen und aufgebrachten Bauern, die sich mit Erfolg weigerten, das Geforderte abzuliefern. In Leins vertrieben Kinder, weil sie weder ein noch aus wußten, auf Anraten des Bürgermeisters die Gendarmen mit Mistgabeln.

Ein Kübel Wildfleisch

In den Notstandsgebieten haben sich viele auf illegale Weise Nahrung verschafft, vor allem durch Wilderei. Hilde Eiter erzählte einen Vorfall, der zeigt, daß die Leute im Tal früher das Wildern nicht unbedingt für ein schlimmes Delikt hielten. »Als wir unser Haus bauten, mußte ich immer zeitig in der Früh zur Pitze hinuntergehen, um die Kinderwindeln zu waschen und um Wasser zu holen.

Wie ich einmal zum Stellbrett der Plangerosser Mühle komme, höre ich eine Frauenstimme: »Mußt du Teufel gerade jetzt daherkommen?« Ich hätte die Sepha gar nicht weiter beachtet, wenn sie mich nicht angeredet hätte. Die alte Frau war dabei, zwei blutige Rucksäcke, die sie gewendet und mit Steinen beschwert hatte, mit einer Bürste zu säubern. Sie fragte mich mißtrauisch, ob ich ihre Brüder gesehen hätte. Obwohl ich verneinte, fuhr sie fort: »Mädchen, wenn du den Mund auftust, hast du den Hut auf.« Sie hatte das Wildfleisch in einen Waschkessel gelegt, den sie beim Stellbrett ins Bachbett eingegraben hatte, damit das Wasser das Fleisch kühlte.

Jetzt befahl sie mir, meinen Eimer zu leeren. Und sie füllte meinen Kübel mit Wildfleisch. »Verrat mich ja nicht!« fügte sie noch einmal warnend hinzu. Ich bedankte mich, denn wir waren um das Fleisch froh. Wie ich aufbrach, sagte sie noch: »Weißt du, die Viecher rennen für alle herum, die braucht keiner zu züchten.«

Heute lebt kaum noch jemand von der Landwirtschaft

Die Landwirtschaft, die einst als Lebensgrundlage für eine breite Bevölkerungsschicht so bedeutend war, ist in den letzten Jahrzehnten drastisch zurückgegangen. Aus der Untersuchung von *Walter Schindl* (1974) geht hervor, daß im Pitztal die Zahl der in der Land- und Forstwirtschaft Beschäftigten im Zeitraum von 1951 bis 1971 von 1890 Personen auf 400 gesunken ist. Das heißt: 1951 arbeiteten noch 69,3% aller Berufstätigen in der Landwirtschaft; 1971 waren es nur noch 19,7%. Dabei ist zu bemerken, daß der Rückgang im Pitztal nicht so stark war wie in den übrigen Teilen des Landes Ti-

Er hat eine Gemse in natürlicher Größe aufgezeichnet
Der Alois D. hat viel gewildert. Er hat sicher einige tausend Schüsse abgegeben, bis sein Gewehr eingeschossen war. Er konnte Abstände von 100 bis 300 Meter genau abschätzen. Auf Papier hat er sich eine Gemse in natürlicher Größe aufgezeichnet. Dann stellte er die Zeichnung auf, um die Größe des Tieres im Glas zu vergleichen. Von ihm lernten wir Genauigkeit beim Schießen. Franz Rimml

rol, wo 1971 nur noch 11,4% der Berufstätigen als Bauern ihren Lebensunterhalt bestritten (Schindl, Das Pitztal, S. 60). Heute sind es nur noch 5%.

Die Gründe für diesen Wandel sind vielfältig. Im Pitztal zählen fast alle Höfe nach den Katasterkennwerten zu den Bergbauernbetrieben. Das bedeutet, daß diese Betriebe unter großen Benachteiligungen und Beeinträchtigungen bewirtschaftet werden. Hohe Niederschlagsmengen, lange Schneebedeckung, kalte Winde und die kurze Sonnenscheindauer im inneren Tal bedingen eine kurze Vegetationsperiode, so daß nur wenige Pflanzenarten, zumeist nur härtere und ertragsschwächere, für den Anbau in Frage kommen. Immer wieder ergeben sich Einbußen durch das Erfrieren von Saatgut und Früchten. Ein weiterer Nachteil gegenüber dem Anbau auf ebenem Boden ergibt sich aus der teilweise extremen Hanglage der Nutzflächen. Erschwerten Arbeitsbedingungen — die starke Neigung des Geländes erfordert einen größeren Arbeitsaufwand — stehen geringere Erträge gegenüber. Der Einsatz von Maschinen ist schwierig, oft unmöglich, und außerdem sind die steilen Nutzflächen häufig durch Lawinen, Muren und Bodenerosion bedroht. Neben diesen naturbedingten Erschwernissen steht die ungünstige Besitzstruktur. Durch die Erbteilungen in der Vergangenheit sind die Betriebe klein, die Nutzflächen zersplittert. Auch die Hofgebäude wurden aufgeteilt und haben noch heute vielfach mehrere Besitzer.

Ein Großteil der Talbewohner, vor allem im inneren Tal, konzentriert sich heute auf die Fremdenbeherbergung. Aus den früheren Almen wurden Ski- und Wandergebiete. In Weilern, die früher aus nur wenigen Behausungen bestanden, entstehen mehrstöckige Hotels, Sonnenterrassen und Parkplätze, die das alte Ortsbild sprengen. Bäuerliche Betriebe werden in dieser neuen Umgebung als störend empfunden. Einige wenige Bauern des vorderen Tales versuchen durch eine Anpassung an heute übliche Normen auf dem Markt mitzuhalten. Im inneren Tal, wo die Viehzucht meistens als Nebenerwerb betrieben wird, züchtet so mancher nur noch Ochsen, um dem Arbeitsaufwand, den das traditionelle Milchvieh erfordert, aus dem Weg zu gehen. Nur wenige sehen in der Landwirtschaft eine Zukunft.

Die Bauern müßten den Zwischenhandel wegbekommen

Es gibt allerdings Ausnahmen. *Hans Neuner* hat nach vielfältigen ungünstigen Erfahrungen einen Weg gefunden, der von den natürlichen Gegebenheiten ausgeht. Er konzentriert sich auf die Erzeugung von Qualitätsprodukten und setzt nicht auf billige Massenware. Sein Betrieb liegt in Audershof, einem Bergweiler bei Wenns auf 1300 m. Er bewirtschaftet elf Hektar Grund und züchtet hauptsächlich Schweine. Seine Abnehmer sind Leute, die bereit sind, für hochwertige Produkte einen guten Preis zu zahlen.

Neuner weiß um die Fehler, die in der Vergangenheit gemacht wurden: »Um 1900 hat man hier noch die verschiedensten Getreidesorten angebaut. An allen diesen Wirtschaftsformen änderte sich lange nichts. Erst um 1960 begann man, Silomais anzubauen. Diese Pflanze muß nur wachsen, braucht nicht reif zu werden. Es geht hier um die Erzeugung von möglichst viel Futtermasse.

Früher hat man das Vieh nur mit Heu gefüttert. Mit derselben Anbaufläche kannst du heute mit dem Silomais doppelt so viele Kühe halten wie früher. Jeder will heute groß sein und möglichst viel Vieh halten. Bis 1979 konzentrierten wir uns auf die Rinderzucht. Mein Vater war ein leidenschaftlicher Züchter. Er hat auch Erfolg gehabt. Seine Tiere waren die besten weit und breit. Nach 1960 ist aber der Viehpreis mit den Futterpreisen nicht mehr mitgegangen. Die Viehzucht wurde immer unrentabler. Dann haben wir Milch produziert. Das war eine Strapaze. Die 10 Hektar Heu hatten meine 15 Kühe — mein Kontingent — bis Allerheiligen aufgefressen. So mußte ich noch drei ›Huameten‹ (Güter) dazupachten. In Jerzens bewirtschafte-

Die Gerber sahen wie verkleidet aus

Wenn man geschlachtet hatte, oder wenn ein Vieh eingegangen war, brachte man die Haut zum Gerber. Fast ein Jahr hat es gedauert, bis man das Leder abholen konnte. Der Jäger in Wenns hat weit und breit das beste Leder gemacht. Ich erinnere mich an die großen, runden Holzzuber, die so groß wie meine halbe Küche waren. In diese Behälter kamen die Häute mitsamt dem Haar. Nach einer gewissen Zeit hat man sie wieder aus der Lohe herausgeholt, weiterverarbeitet, getrocknet und aufgespannt. Das war harte Arbeit, und der Geruch war furchtbar. Die Gerber trugen Lederkleidung, damit sie nicht naß wurden. Sie sahen wie verkleidet aus, so daß man Mühe hatte, sie zu erkennen. Für die Zubereitung der Lohe brauchte man viel Rinde. Riesige Fuhren sind damals vom Piller heruntergekommen. Manche Bauern lieferten im Jahr 80 bis 100 Meter Rinde. Leopold Huter ten wir drei Hektar, in Wenns drei Hektar und weitere drei Hektar in der unmittelbaren Nachbarschaft. So kamen wir auf 25 bis 30 Hektar Nutzfläche. Vom Zeitverlust, der durch die langen Anfahrtswege entstand, abgesehen, hatten wir ein weiteres Problem: Es mangelte uns an Arbeitskräften. Zuerst habe ich die Hilfe der Eltern gehabt, dann habe ich alles mit meiner Frau und mit meinen Kindern bearbeitet. 1979 kaufte ich den neuen Transporter. Ich hatte ihn zehn Jahre lang. Dann rechnete ich nach, was ich verdient hatte. Wenn ich Pacht und Maschinen abrechnete, hatte ich so gut wie keinen Gewinn erwirtschaftet. Ich erkannte, daß der Einsatz für die geringen Einnahmen zu groß war. Viele setzen noch heute auf die Übermechanisierung.«

Neuner verkaufte sein Milchkontingent. Heute züchtet er ca. 50 Schweine, ein paar Stiere und Schafe. Er muß zwar Getreide zukaufen, aber im großen und ganzen ernährt er seinen Viehstand von dem, was auf seinen Feldern wächst. Er meint, seine Landwirtschaft sei gerade groß genug, sie belaste die Landschaft nicht. Er weiß, daß er nicht mehr größer werden darf. Auf unsere Frage, ob er konkurrenzfähig sei, antwortete er: »Ich spreche die Gastronomie überhaupt nicht an, ich verkaufe nur an Privatkundschaften. Dabei würden mir die Gastwirte sicher etwas abnehmen, aber es ist für mich unmöglich, deren Forderungen zu erfüllen. Ich kann nicht für einen bestimmten Tag 50 Schweineschlegel liefern. Da ist mein Betrieb einfach zu klein. Um diese Nachfrage abzudecken, müßte ich 120 bis 150 Schweine halten. Ich darf und will aber nicht größer werden. Mit dem Luzernenklee, den ich anbaue, füttere ich meine Tiere sieben bis acht Monate. Im Klee ist Natureiweiß enthalten, das ich sonst teuer kaufen muß. Ich kaufe weder Sojaschrot noch Leinmehl. Wenn ein Schwein 100 kg hat, bekommt es nur noch Heublumen, damit das Fleisch schön durchzogen ist. Ich kaufe dann großgeschroteten Roggen, der die gute Fleischqualität bewirkt. So wird der Speck fest und schrumpft nicht. Ich habe auch schon erlebt, daß Gastwirte den Preis drückten. Einmal lieferte ich einem Hotelbetrieb Bündnerfleisch und Schinken. Ich fuhr mit der Ware 60 km weit. Zuerst mußte der Koch kosten. Der lobte mein Fleisch. Dann ging der Handel los. Der Hotelbesitzer wollte bei der großen Menge einen Preisnachlaß von 10%. Ich bin darauf eingegangen und habe einen Monat lang auf das Geld warten müssen. Da lasse ich lieber dem Privatkunden etwas nach und bekomme das Geld sofort. Wir Bauern müßten den Zwischenhandel wegbekommen. Jetzt, wo wir den Bauernladen in Imst haben, ist es schon besser.«

Neuner sieht in der Rinderzucht, die viele im Tal noch betreiben, keine Zukunft. »Ich würde sagen: Weg mit den überflüssigen Maschinen, weg mit dem Silomais in unserer Höhenlage. Das tun, was unserer Bergbauerngegend entspricht: also den Maschineneinsatz und die Kosten möglichst gering halten. Für die Maschinen müssen die Bauern Ratenzahlungen leisten, deshalb sind sie gezwungen, immer mehr Vieh zu halten. Das ist der falsche Weg. Ich würde als Minister für jeden Betrieb einen Transporter, eine Mähmaschine und eine Heuraupe subventionieren, mehr nicht. Den Traktor und das Jauchefaß soll einer haben, die anderen können sich diese teuren Hilfsmittel von ihm gegen eine Gebühr ausleihen. Heute gibt es leider zu wenig Aktivitäten, die auf die Förderung der bäuerlichen Gemeinschaft abzielen. Raiffeisen würde sich vermutlich im Grab umdrehen, wenn er sehen könnte, was aus seiner Idee geworden ist. Was steht unter dem Bild der Gründung des Bruderbundes? ›Einer für alle, alle für einen.‹ Das sollten alle beherzigen. Ich glaube, daß wir mit unserer Qualität auch bestehen können, wenn die EWG kommt, was ich nicht hoffe.«

Während im vorderen Tal für eine zeitgerechte Landwirtschaft Hoffnung besteht, sieht es in den ungünstiger gelegenen Gebieten des inneren Tales eher trist aus. Wird der Bauer dort als Landschaftspfleger weiterbestehen? *Alois Melmer*: »Mit der Landwirtschaft schaut es bei uns schlecht aus. Zu viele wollen nichts mehr davon wissen. Ein Betrieb nach dem anderen wird aufgegeben. So mancher mäht das Gras noch und gibt es der Jagd, andere verkaufen es. Wenn sie nicht mehr heuen, verlieren sie den Bergbauernzuschuß. Die Leute sind heute durch den Wohlstand verwöhnt. Der Landwirtschaft verspricht man viel, aber versprechen und Versprechen halten sind zwei Paar Schuhe. Ich fürchte, die Europäische Gemeinschaft wird diktieren. Wenn die Herren beieinander sind, werden sie uns anschaffen, was wir tun müssen. Da können wir nur noch folgen oder widerstehen.«

Während der Wohlstand für breite Bevölkerungsschichten in den letzten Jahren stetig zunahm, ist die Welt für die Tiroler Bergbauern stehengeblieben. Der Zuschuß, den einige vom Staat erhalten, reicht nicht aus, um den Weiterbestand der Betriebe zu gewährleisten. Deshalb ist in den meisten Fällen wenigstens ein Familienmitglied gezwungen, sich durch die Arbeit in einem anderen Bereich ein geregeltes Einkommen zu verschaffen. Daß diese Menschen nicht nur ihre ganze Arbeitskraft, sondern auch ihren Lohn in den Hof stecken, sieht niemand. Die Preise, die sie für ihre Produkte erzielen, sind nicht kostendeckend. Obwohl gerade die Fremdenverkehrsgebiete auf die Pflege der Landschaft angewiesen sind, ist der Bergbauer, der sie leistet, vom landwirtschaftlichen Aufschwung ausgeschlossen. Einheimische wie Urlauber halten es für selbstverständlich, daß für sie das Wandern auf den gepflegten Almen und Weiden kostenlos ist. Wen wundert es, wenn es viele junge Menschen vorziehen, ihre Betriebe aufzulassen oder abzuwandern? Unbewirtschaftete Bergbauernhöfe wirken sich ungünstig auf das Landschaftsbild aus. Wenn diese Entwicklung nicht zum Stillstand kommt, wird auch die Fremdenverkehrswirtschaft empfindliche Einbußen in Kauf nehmen müssen.

Die Leute sind einander fremd geworden

Franz Rimml warnt vor den Auswirkungen des Massentourismus auf die Landwirtschaft und das Gemeinschaftsleben: »Durch den Massentourismus sind die Leute einander fremd geworden. Es hat jetzt niemand mehr im eigenen Weiler oder in der Gemeinde Interesse oder Zeit füreinander. Keiner bleibt mehr stehen, um zu reden oder zuzuhören. Die Einheimischen entfremden sich. Um 1970 war das noch kein Problem; obwohl Fremde da waren, hat man mit jedem Menschen noch Kontakt gehabt. Es kommen immer und immer mehr Fremde. Sie stellen ihre Autos reihenweise auf die Felder. Mir gehen die Gespräche sehr ab. Man wird so kontaktlos. Manche Bauern sind durch diesen Massenansturm größenwahnsinnig geworden. Manchem alten Menschen wäre lieber, wenn er bald sterben könnte. Diese unguten Veränderungen hält man nicht aus. Man sieht es ja in Sölden. Autos und Staus, Dreck und Menschen durcheinander. Die Autos fahren direkt auf die Fußgänger los. Sie sind aggressiv, weil sie oft eine Stunde für die Ortsdurchfahrt brauchen. Und sie machen noch immer Reklame! Einige bekommen nie genug, sie wollen immer noch mehr und noch mehr Geld. Im Pitztal sind sie auf dem Weg dorthin, obwohl es vollkommen genügen würde, was sie heute im Tal haben. Was jetzt noch dazukommt, bringt alles drunter und drüber. Der Größenwahn einzelner beschert uns dieses Durcheinander und gibt uns das Gefühl: man ist nirgends mehr zu Hause. Die älteren Leute im Ötztal sagen ja offen: Wenn wir keinen Fremdenverkehr haben, verhungern wir. Alle landwirtschaftlichen Flächen sind weg. Wo ein Plätzchen war, hat man es verbaut. Immer häufiger stellen sie Häuser in die Lawinenstriche hinein, als wollten sie die Lawinen zurückdrängen. Aber die Natur läßt sich nicht binden. Das müssen diese Leute früher oder später zur Kenntnis nehmen. Das kann Jahre oder Jahrzehnte dauern, aber die Gefahren sind latent da. Und ein jeder Nachkömmling will heiraten und bauen und selbständig werden. Das wäre logisch. Es gibt keinen Platz mehr. Sie können nicht die Talsohlen und die Berghänge verbauen. Entweder es kommt zu einer Abwanderung oder sie verhungern in Krisenzeiten.«

Die Leute haben das Korn auf dem Kopf gebracht

Mein Vater hatte eine Mühle. Er versorgte die Leute der Gegend mit Mehl. Das Wasser leitete man über eine haushohe Rinne auf die großen Wasserräder, die dann die Mühle in Gang hielten. Die Bauern haben das Korn, meistens Roggen und Gerste, auf dem Kopf gebracht, und sie haben das Mehl wieder in demselben Sack auf dem Kopf heimgetragen. Jeder erhielt das Mehl vom eigenen Korn. Ich sehe noch den Vater mit der Hand voll Mehl, die er als Lohn bekommen hat. Man war mit wenig zufrieden und hätte nicht gewagt, mehr zu nehmen, als von alters her üblich war.

Leopold Huter

Braunpulver sah aus wie Mohn

Vor dem Ersten Weltkrieg benützte man Vorderlader. Man goß die Kugeln aus Fensterblei und mußte das Pulver mit einem Stab in den Lauf stopfen und mit Baummoos abdichten. Man hatte nur einen Schuß. Jäger und Wilderer sagten, man müßte so nahe am Tier sein, daß man Hörner und Ohren unterscheiden könne. Franz Rimml

Ein Maler vor dem Schrofenhof im Jahr 1912

Anläßlich der Primiz wurde der untere Teil des Holzhauses verputzt und der obere Teil nach Bregenzerwälder Art mit Schindeln verkleidet.

Oskar Schöpf

Als die Städter kamen

Auf der Suche nach exotischer landschaftlicher Schönheit kamen zu Beginn des 19. Jahrhunderts vereinzelt Reisende in die Alpengebiete. Dabei machten sie die Bekanntschaft der Bewohner unseres Landes, deren Sitten und Lebensgewohnheiten die Fremden in Erstaunen setzten. Zuerst publizierten Engländer ihre Eindrücke in illustrierten Berichten und lockten neue Besucher an.

1837 erschien die erste von einem Tiroler verfaßte Landesbeschreibung, *Beda Webers* Buch »Das Land Tirol«, das im Untertitel ausdrücklich als »Handbuch für Reisende« bezeichnet wird. Das Werk richtet sich an den einzelnen Wanderer und macht auf Gebiete aufmerksam, die von Durchreisenden bis dahin nicht berührt wurden. Im Abschnitt über das Pitztal erwähnt Beda Weber die Wildspitze, er weiß aber noch nichts vom sportlichen Ehrgeiz der Alpinisten oder von den nationalen Eroberungskämpfen, die bald nach der Jahrhundertmitte einsetzten. Hier finden wir die schlichte Erwähnung, daß die Wildspitze von Einheimischen zuerst erstiegen wurde: »Zuhinterst im Thale raget die Wildspitze im Beginn der Oetzthaler Eiswüste, 11.910 Fuss über der Meeresfläche, schwer erklimmbar vom Pitzthal aus, aber doch von Mandarfner Schützen vor einigen Jahren glücklich erstiegen.« Für Beda Weber sind die Pitztaler »freundlich und uneigennützig gegen Reisende, in allen Fällen ehrlich und treu«. Er fügt dem Lob aber die Warnung hinzu: »Sie nehmen leicht Partei, auch in geistlichen Angelegenheiten, so dass der Seelsorger behutsam vorgehen muss« (Weber, S. 778/779).

Nach der Besteigung des Mont Blanc (1786) und des Großglockners (1800) zogen immer mehr Männer aus, um weitere spektakuläre Alpengipfel zu bezwingen. Dazu gehörte auch die Wildspitze, die höchste Erhebung Nordtirols (3774 m). Einige frühe Alpinisten verfolgten wissenschaftliche Ziele, aber sehr bald zeigte sich, daß die Städter im Hochgebirge in erster Linie das Gefühl der Freiheit, körperliche Betätigung und die Befriedigung ihres sportlichen Ehrgeizes suchten.

Um die Berge einem wachsenden touristischen Publikum zugänglicher zu machen, kam es zur Gründung von Organisationen. Der älteste Verein dieser Art war der 1857 in London gegründete Alpine Club, nach dessen Vorbild 1862 der Österreichische Alpenverein entstand. Eines der Gründungsmitglieder war *Franz Senn,* ein gebürtiger Ötztaler. Als Kurat von Vent wurde ihm bewußt, welchen Wert der Tourismus für die arme Bevölkerung Tirols haben könnte, und so setzte er sich zielstrebig für eine Verbesserung der Infrastruktur in seinem Heimattal ein. Daß sich ein Geistlicher für den Fremdenverkehr stark machte, ist bemerkenswert, da der Tiroler Landtag, in ständiger Sorge um Sitten und Glaubenseinheit, eine touristische Erschließung des Landes eher unterbinden als fördern wollte.

Von der Untätigkeit des Österreichischen Alpenvereins enttäuscht, gründete Senn 1869 zusammen mit dem Münchner Jurastudenten *Karl Hoffmann,* dem Münchener Buchhändler *Trautwein* und dem Prager *Johann Stüdl* den Deutschen Alpenverein, der sich 1873 mit dem Österreichischen Alpenverein zusammenschloß. Senn baute auf eigene Kosten den Widum (Pfarrhof) von Vent zu einem Gastbetrieb aus, verfaßte eine Bergführerordnung, bemühte sich um die Verbesserung der Steige und Markierungen und kümmerte sich um den Bau von Schutzhütten und die Verbreitung von Wanderkarten. Sein Kollege und Nachfolger *Johann Georg Thöni* setzte diese Bestrebungen in Vent fort. Er war ein ausgezeichneter Photograph und verlegte zahlreiche Ansichtskarten, um für die hochalpine Landschaft des Ötztales zu werben. Um die Jahrhundertwende schuf er mehrere Distanz- und Wanderkarten, wichtige Orientierungshilfen für die frühen Alpinisten.

Das Pitztal wird bekannt

Viele Pitztaler waren trotz der Abgeschiedenheit ihres Gebietes umgängliche, weltoffene Leute. Da-

Kitzgartenschlucht talauswärts Richtung Wiese, wo das Geburtshaus des in München tätigen Malers Alois Gabl steht. Im Winter war diese Wegstrecke wegen des herunterhängenden Eises gefährlich.

durch daß sie gezwungen waren, in der Fremde Arbeit zu suchen, kamen sie weit herum. Der erfolgreiche Reiseschriftsteller *Heinrich Noe*, der wie *Ludwig Steub* ein Leben lang die Alpengebiete durchwanderte, widmete auch diesen Talbewohnern seine Aufmerksamkeit. In seinem 1876 erschienenen Buch »Winter und Sommer in Tirol« bestätigt er, was schon *Beda Weber* angedeutet hatte: »Oetz- und Pitztal, obwohl nur durch einen einzigen Höhenzug getrennt, weisen doch mehr Verschiedenheiten auf, als man bei ihrer Nachbarschaft vermuthen möchte. Und zwar stehen Menschen und Natur dabei in einem offenbaren Gegensatz. Das erstere Thal obwohl breiter, freier und leichter zugänglich, hat eine Bevölkerung, die sich bäuerisch abgeschlossener und scheuer verhält als die scheinbar noch mehr eingeschlossenen Nachbarn. Ich sage scheinbar, denn in Wirklichkeit kommen die Pitzthaler viel mehr in den Verkehr der Menschen und in die weite Welt hinaus. Sie gehören unter die beweglichste Bevölkerung des Berglandes. Im Sommer erwerben sie sich als Handlanger, Maurer und dergleichen in der Fremde ihr Dasein, im Winter durchziehen sie mit Kitzfellen das Land.«

Neben Handwerkern gingen auch Künstler auf Wanderschaft. So kamen z. B. die Geschwister *Lentsch* als Daguerreotypistinnen (Fotografinnen; Daguerreotypie: Fotografie auf Metallplatten) bis nach Ungarn und Rußland, und der 1785 in Wenns geborene Tischler und Mechaniker *Christian Josef Tschuggmall* war mit seinem mechanischen Kunsttheater in Polen und Rußland unterwegs.

Die Eröffnung der Arlbergbahn (1884) und der Bau von Schutzhütten führte Touristen schließlich auch in die entlegeneren Gebiete Tirols. Der Notar *Isidor Müller*, Schriftsteller, Photograph und Bergsteiger, veröffentlichte 1887 im Eigenverlag ein Gedichtbändchen, das den Titel »Arlbahn — Gedenk« trägt. Darin hat er die schönsten Punkte der Bahnstrecke zwischen Innsbruck und Bludenz in oft unfreiwillig komischen Versen gewürdigt. Im Anhang dieses Werkes finden wir einen Reklameteil, in dem Orte und Gaststätten empfohlen werden. Es ist eine der frühesten touristischen Werbeschriften für das Oberinntal aus der Feder eines Tirolers. Hier lesen wir über das Pitztal, das Müller von Bergtouren aus eigener Anschauung kannte: »Dieses kleine und interessante Thälchen hat bisher noch wenig Beachtung gefunden, sowohl von Seite der Touristenwelt als des auf Vergnügen reisenden Publikum. Das große benachbarte Özthal mit seinem Übergang nach Süden hat es völlig in Schatten gestellt. Allmählig bricht sich aber doch eine gerechtere Beurtheilung Bahn und man kommt zur Einsicht, daß an den großartigen Naturschönheiten, die man bisher nur als Eigenthum von Ötzthal betrachtet, ein großer Theil und zwar nicht der uninteressanteste, mehr Pitzthal als Ötzthal zueignet, so die hohe Wildspitze (Nordspitze), die Weißkugel etc., ferner daß die Gletschermassive, die das hintere Pitzthal birgt, den Ötzthaler Gletschern an Schönheit nicht nachstehen.« Es folgt eine Werbung für den Gasthof Wiese, den Geburtsort des Malers *Alois Gabl*. In den zehn »in Stand gesetzten Zimmern« gibt es »neue Betten mit Matratzen und Flaumentuchet oder Decken«. Neben gutem Essen bietet das Haus auch Führer und Träger. »Achtungsvoll« empfiehlt sich der Wirt, und er vergißt nicht anzumerken, daß er Mitglied des Deutschen und Österreichischen Alpenvereins ist. Unter den übrigen Empfehlungen preist der Photograph *Ignaz Falch* aus Grins seine Aufnahmen der Arlbergbahn an, »namentlich der in diesem Zyklus beschriebenen Objekte in Visit, Kabinet und Quart«. Müller fügt den Vers hinzu: »Guten Text erhebt ein gutes Bild — sind sie vereint, ist Aug und Herz gestillt.«

Am werbewirksamsten war das Kolossalgemälde der Wildspitze, das die in München tätigen Künstler *Michael Zeno Diemer* und *Hans Beatus Wieland* für die Landesausstellung in Innsbruck (1893) anfertigten. Es handelte sich um ein Panorama im Stil des ebenfalls von Diemer stammenden Rundgemäldes der Bergiselschlacht, das noch heute in Innsbruck zu besichtigen ist. Das Bild zeigte den Rundblick, der sich von der Braunschweiger Hütte aus

Die frühen Alpinisten waren eitle Leute

Manche Gipfel sind nach diesen Herren benannt. Viele Berge wurden aber vor ihnen von Einheimischen bestiegen. Ein Hirte hätte nie daran gedacht, nach sich einen Gipfel zu benennen. Franz Rimml

»Wo geht die Reise hin?« fragten die Bergführer

Früher gingen die Bergführer durch das ganze Tal hinaus den Fremden entgegen. Wenn ihnen Gäste begegneten, verwickelten sie diese gleich in Gespräche: »Wo geht die Reise hin? Haben Sie schon einen Führer?« Mein Vater hat den Sommer über als Bergführer gearbeitet. Das Verhältnis zwischen Gast und Bergführer war durch gegenseitigen Respekt geprägt. Der Bergführer war sogar ermächtigt, das Gepäck des Gastes auf Waffen hin zu überprüfen. Franz Rimml bietet und war im gleichen Jahr auf der Weltausstellung in Chicago zu sehen. Diemer und Wieland schufen weitere Gemälde für den Tirolpavillon der Weltausstellung von 1896 in Amsterdam und warben mit nicht weniger als sechzehn Riesengemälden 1897 in Brüssel für die Schönheit der Tiroler Landschaft.

Auch nach der Jahrhundertwende interessierten sich Künstler für die Gletscherwelt des Pitztales. Besondere Erwähnung verdienen die verinnerlichten symbolistischen Stimmungsbilder, die das Malerehepaar Emilie Mediz-Pelikan und Karl Mediz 1903 während ihres Aufenthaltes in Mittelberg schufen. Die Gemälde waren noch im selben Jahr auf einer Ausstellung in Wien zu sehen, stießen dort allerdings nicht auf die Zustimmung, die sich die beiden aus Österreich stammenden Maler erhofften. Mehr Beachtung schenkte man ihnen in Dresden, wo ihnen bereits um die Jahrhundertwende der künstlerische Durchbruch gelungen war.

Bauern und Hirten waren zuerst droben

Die Alpenbewohner begegneten den bergbegeisterten Herren aus der Stadt zuerst mit Unverständnis und Mißtrauen. Für die Einheimischen war der Aufenthalt in den Gebirgsregionen mit der Bewirtschaftung der Hochalmen verbunden, und sie konnten es sich nicht vorstellen, daß jemand die Strapazen des Bergsteigens zum Vergnügen auf sich nahm. Dennoch ist es wahrscheinlich, daß einzelne Gipfel vor den Alpinisten von Hirten erstiegen wurden, denn es kam vor, daß sie versprengtes Vieh aus den Gipfelregionen zurückholen mußten. Die Hochjoche waren von alters her Weidegebiete und Übergänge.

Franz Rimml, ein Pitztaler Bergführer, sieht in den alten Hirtenzeichen, die seine Vorgänger noch überall im Hochgebirge fanden, Beweise für diese Vermutung: »Den alten Bergführer Josef Klotz vom Rofen im Ötztal habe ich gut gekannt. Er war fest davon überzeugt, daß die Hirten noch vor den Alpinisten die meisten Gipfel bestiegen haben. Auch mein Vater sprach oft darüber. Wenn man von Trenkwald oder von Neurur aus über das Verpeiljoch geht, trifft man auf dem Steig vom Verpeiljoch zum Verpeilspitz zwei, drei alte Latten an. Das Gelände ist an dieser Stelle sehr schwierig und gefährlich, weil dort das Gestein so locker ist. So weit ich mich zurückerinnern kann, standen die Stöcke. Wir fragten die alten Bergführer. Auch sie wußten nicht, wer die Holzlatten aufgestellt hat, aber ein Mensch muß sie hinaufgesteckt haben. Von selbst kamen sie nicht hinauf. Mein Vater war um 1875 dort droben als Geißhirt tätig. Die Hölzer standen damals bereits und waren schon alt und abgewittert. Mein Vater war der Ansicht, daß sie möglicherweise kurz nach 1800 gesteckt wurden. Sie zeigen, daß jemand droben war, aber niemand hat es aufgeschrieben. Manchmal waren auch Steinhäufchen anzutreffen. Als Jäger kam ich in jeden Winkel hinein, und da fielen mir da und dort alte Steinhaufen mit Holzsplittern auf. Früher waren die Ferner viel schwerer zu besteigen, weil sie größer waren und viel mehr Spalten hatten. Alles war stärker vereist. Am Nordgipfel der Wildspitze war überhaupt kein Felsen sichtbar, das weiß ich noch. Der Nordgrat war spitz, und man hat sich Stufen gehackt. Heute steigen ja viele hinauf. Das Eis schmilzt zunehmend weg. Die frühen Forscher und Alpinisten waren eitle Leute. Manche Gipfel sind nach diesen Herren benannt. Viele Berge wurden aber schon vor ihnen von Einheimischen bestiegen. Ein Hirte hätte doch nie daran gedacht, nach sich einen Gipfel zu benennen.«

Im Buch »Die Erschließung der Ostalpen« (Berlin 1894) berichtet *Heinrich Hess* über die frühesten Versuche, die Wildspitze zu besteigen. In diesem Zusammenhang wirft er die Frage auf, ob in älterer Zeit Menschen in die Gletschergebiete vorgedrungen sind. Hess zitiert eines der ersten Werke, in denen davon die Rede ist. Es stammt von *Josef Walcher*, erschien 1773 und trägt den Titel »Nachrichten von den Eisbergen in Tirol«. Walcher beschreibt die Gletscher und die Ausbrüche, die häufig Verwüstungen anrichteten, und er erwähnt, daß die Gletscher von den Einheimischen häufig überschritten wurden. So hätten bereits 1601 der Klosterrichter *Christian Mayr* vom Schnalshof und der Anwalt *Adam Rainer* zu Schnals das Hochjoch überquert, um nach ihrem im Rofental weidenden Vieh zu sehen.

Walcher berichtet auch von Unglücksfällen: »Im Jahre 1724, den 22. August ist derjenige Mensch, der den 4. August im Jahre 1701 auf dem Wege über den Ferner verloren ging und 23 Jahr in einer Fernerkluft begraben war, mit noch unverletzter Haut, aber wie ein Brett zusammengedrückt gefunden worden. Um einen der gleichen Unglücksfall zu verhüten, pflegen sich diejenigen, die allein ohne Gefährten gehen, mit einer langen Stange zu versehen, um bey etwa ereignender Gefahr entweder den Fall zu verhindern, oder nach dem Falle sich damit retten zu können. Sind aber auf diesem Wege zwey oder mehr beysammen, so entfernen sie sich auf einige Schritte voneinander, nehmen eine starke Schnur mit sich, oder binden sie zu ihrer Sicherheit wohl gar um den Arm herum.« Auf einem Kupferstich ist die Art des Anseilens auch bildlich dargestellt. Walchers Ausführungen lassen erkennen, daß den Hirten und Jägern das Anseilen auf dem Gletscher bereits bekannt war.

Hess hält die Besteigung der Gipfel durch Hirten für unwahrscheinlich. Der Beweis, mit dem er seine Ansicht untermauert, ist die Tatsache, daß in den älteren Nachrichten kaum Bergnamen vorkommen. Auch Walcher, so vermutet Hess, habe die wenigen Gipfelbezeichnungen, die er verwendet, der Karte *Peter Anichs* entnommen. Während bei *Burglechner* (1611) die Hochgebirgsgebiete »noch in tiefer Verworrenheit« seien, hätten Anich und *Hueber* erstmalig Klarheit geschaffen: »Der grösste Fortschritt in der Tiroler Kartographie, der je gemacht wurde, war die Herstellung der Karte von P. Anich und B. Hueber 1760 bis 1770; es war dies eine für ihre Zeit so ausgezeichnete Leistung, daß vom französischen Generalstab ein Nachstich veranstaltet wurde« (Hess, S. 249). Hess übersieht, daß Anich die Bergnamen auch nicht selbst erfunden, sondern von den Einheimischen übernommen hat. Er bezweifelt, daß Männer aus Mandarfen die Wildspitze vor 1848 von der Pitztaler Seite her bestiegen haben, was in diversen Büchern behauptet worden war. Hess zitiert in diesem Zusammenhang *Anton von Ruthner*, der die Wildspitze 1861 erstieg. Der spöttische Unterton des ehrgeizigen Alpinisten ist nicht zu überhören. Ruthner: »Wir lesen in den Reisehandbüchern und selbst in Schaubachs ›Deutschen Alpen‹, dass die Wildspitze von Bewohnern von Manndorf im Pitzthale (richtig: Mandarfen) erstiegen worden ist. Sollte diese Thatsache wahr sein, so ist sie im Pitzthale vollständig in Vergessenheit gerathen. Meine Frage, wer denn die Ersteiger der Wildspitze gewesen sind, wurde mir in Plangeros dahin beantwortet, dass man von einer derlei Ersteigung nichts wisse, und Nicodem Klotz erzählt, wenn er bei besonders guter Laune ist, als einen nach seiner — allerdings eines completten Bergfreundes — Anschauung höchst komischen Schildaer Ausspruch, dass ihm die Pitzthaler auf seine Frage, ob man es nie versucht habe, vom Taschach aus auf die Wildspitze zu kommen, es gehe von da gewiss leichter als von der Fender Seite, erwidert hätten, man habe es nie versucht, weil man oben nichts zu ›thuen habe‹ …« Ruthner und Hess nahmen das für bare Münze, wir müssen uns aber fragen, ob Klotz die Geschichte nicht einfach deshalb erzählt hat, weil er die Überlegenheit der Ötztaler herausstreichen wollte oder weil seine Geschichte den Herren aus der Stadt gefiel.

Die Alpinisten erobern die Pitztaler Berge

Die Anregung, die Wildspitze über den Taschachgletscher zu ersteigen, stammt von dem bekannten Münchner Alpinisten *Hermann Schlagintweit*, der mit seinem Bruder bereits in den fünfziger Jahren des 19. Jahrhunderts schwer erklimmbare Gipfel in

Mancher Wilderer wurde Bergführer

Die Jagdbesitzer erhofften sich ruhigere Zeiten, wenn sie die Wilderer als Bergführer anstellten. Durch den Verdienst sollten sie nicht mehr auf die Wilderei angewiesen sein. Wie ein Spott wirkt dieses Bild. Schöpf hat den Bergführer mit Eispickel, Flinte und erlegter Gemse photographiert.

Franz Rimml

den West- und Ostalpen bezwang und seinen Ehrgeiz sogar auf die Erforschung Innerasiens ausdehnte. Er versuchte 1847 die Besteigung der Wildspitze, konnte aber den höheren Gipfel infolge zu starken Windes nicht erreichen. Angeregt durch die Tour der Brüder Schlagintweit unternahm 1848 *Leander Klotz* mit einem Venter Bauern einen weiteren Versuch, der gelungen sein soll, über den es aber keine schriftlichen Aufzeichnungen gibt.

Die zweite beglaubigte Besteigung der Wildspitze erfolgte am 26. August 1857 von Vent aus durch *J. A. Specht* aus Wien mit den Führern *Nicodemus, Leander* und *Hans Klotz*. Specht schildert den Hergang so: »Angeregt durch die in diesem Buche anziehenden Mittheilungen des Herrn Hermann Schlagintweit über eine versuchte Besteigung der Wildspitze, wagte ich mich gestern, 26. August 1857, in Begleitung der drei Führer Nicodemus, Leander und Hans Klotz von Rofen ebenfalls an einen Versuch, welcher vollkommen gelungen ist.

Die Besteigung ist nicht ohne Gefahr und sehr beschwerlich, doch mag ein geübter Bergsteiger mit schwindelfreiem Kopfe die Wanderung immerhin unternehmen; für seine Mühe wird er reichlich belohnt werden.

Der oben genannte Gelehrte, welcher wegen zu heftigem Wind den höchsten Gipfel nicht erreichen konnte, fand schon auf der ziemlich niedrigeren nördlichen Spitze die Aussicht »unermesslich«; »wie muss sie erst da sein, wo das Auge ungehindert nach allen Richtungen schweifen kann?« ...« (Hess, S. 257). Specht faßt zusammen: »Die Wildspitze war nun bis 1861 nur zweimal erstiegen. Zuerst betrat im Jahre 1848 ein Bruder Nicodems, ein Bauer in Fend, in Begleitung eines bei ihm in Dienste stehenden Hirten die luftige Spitze.« Die zweite Ersteigung gelang dem Berichterstatter selbst. Seinem Beispiel folgten im August 1861 Dr. Anton von Ruthner und *Friedrich von Enders*, beide aus Wien.

Nachdem 1865 der später seinem Beruf erlegene Führer *Cyprian Granbichler* beide Wildspitzgipfel allein erstiegen und auf jedem eine Stange aufgepflanzt hatte, wurde die Wildspitze alljährlich mehrmals bezwungen, dennoch empfing der höchste Punkt der Gipfelschneide, die nördliche Wildspitze, welche 1861 nur Leander Klotz und 1865 Cyprian Granbichler betreten hatten, erst im Jahre 1870 einen weiteren und zugleich den ersten touristischen Besuch.

Die Alpinisten des 19. Jahrhunderts dokumentierten nicht nur die aufsehenerregenden »Erstbesteigungen«, sondern auch weniger spektakuläre Touren mit bemerkenswerter Genauigkeit. In allen diesen, sich oft in pedantische Einzelheiten verlierenden Schilderungen ging es neben der Frage, wer einen Gipfel oder einen Übergang als erster betreten hat, auch um die Benennung des »eroberten« Gebietes. Der Photograph *Kuhpfahl* spricht in seinem Buch »Hochgebirgs- und Winterphotographie« aus dem Jahre 1907 bezeichnenderweise von »Eroberungszügen in der Firnenwelt« (S. 1).

Die Expeditionen, die wie militärische Operationen geplant und ausgeführt wurden, erinnern uns daran, daß der Alpinismus etwas mit dem kolonialen Expansionstrieb des 19. Jahrhunderts zu tun hat. Grotesk nehmen sich die Worte *Cäsars* aus, die Hess einem einfachen Ötztaler nach der Besteigung der Watzespitze (3533 m) in den Mund legt: »Ende September 1869 war Curat Senn in Plangeros und sandte am 29. September Lois (Ennemoser) auf Recognoscierung, ob und wo die Watzespitze ersteigbar sei. Lois konnte berichten: »Veni, vidi, vici!« Allein und nur mit Steigeisen und Eispickel bewaffnet betrat er den Gletscher« (Hess, S. 307).

Hess vergißt nicht, ausführlich auf die Gefährlichkeit der Bergtouren einzugehen und den Mut der Alpinisten herauszustreichen, was noch heute in Bergbüchern ein bewährtes Rezept ist: »Breite Spalten, welche sich nicht umgehen liessen, musste schwingen. Lois erreichte den Gipfel, deponirte eine Flasche und stieg, nachdem er zuvor noch die südliche Spitze erklettern musste, über einen der beiden Watzegletscher in das Kaunserthal hinab« (Hess, S. 307).

Der Schilderung dieser gefährlichen Erstbesteigung kommt allerdings kein Selbstzweck zu, son-

Es fuhr kein Postbus vom Bahnhof ins Tal

Ich erinnere mich dran, wie nach dem Ersten Weltkrieg die Touristen durchs Tal gingen und ihre Rucksäcke selbst trugen. Damals fuhr kein Bus ins hintere Tal. Wir Kinder haben die Chance gewittert, durch Botendienste zu einem Sackgeld zu kommen. Wir boten den Fremden an, ihre Rucksäcke ein Stück zu tragen. Für diesen Dienst hat man einige Pfennige bekommen. Raimund Eiter

Der Gasthof zum Roten Ochsen in Wenns

war eine beliebte Zwischenstation der frühen Alpinisten. Der Maler Alois Gabl traf hier die Männer, die sich für die Entwicklung des Fremdenverkehrs einsetzten.

dern sie hat die Aufgabe, die Bezwingung der Watzespitze durch einen »Herrn« gebührend vorzubereiten: »Am 22. September 1870 zog dann Moriz von Statzer aus Wien mit Alois Ennemoser und Gabriel Spechtenhauser von Plangeros aus, um als erster »Herr« seinen Fuss auf die stolze Watzespitze zu setzen, deren vorherige Ersteigung durch Lois von Leander Schöpf aus Mittelberg mit folgenden lakonischen Worten in Abrede gestellt wurde: »Da hinauf kommt kein Mensch, daher ist auch der Lois nicht oben gewesen« ...« (Hess, S. 308).

An diesen Besteigungen nahmen auch immer wieder Photographen teil, so der aus Landeck stammende Notar *Josef Isidor Müller, Johann Georg Thöni, Ignaz Falch,* auch Josef Schöpf, die diese Leistungen photographisch dokumentierten.

Viele verunglückten

Nachdem die Erstbesteigungen vollzogen waren und in einschlägigen Zeitschriften und Büchern gebührende Würdigung erfahren hatten, kamen immer mehr Bergbegeisterte ins Hochgebirge. Viele von ihnen suchten das Abenteuer und wollten Mutproben ablegen, die ihnen das naturferne Leben der Stadt vorenthielt. Auch heute noch geschehen zahlreiche Alpinunfälle, da die Touristen die Warnungen erfahrener Einheimischer in den Wind schlagen. In den Erzählungen alter Pitztaler Bergführer und Hüttenwirte nehmen Bergunfälle einen breiten Raum ein.

Besonders wirklichkeitsnahe schildert der frühere Hüttenwirt *Josef Dobler* aus Neurur einen tragischen Unfall, den er als Kind erlebt hat: »Mit dreizehn Jahren kam ich zu einem Bergunfall, und wenn ich tausend Jahre alt werde, den Anblick vergesse ich nie. Drei lagen auf dem Gletscher der Watzespitze, angeseilt im Dunkeln, und alle drei tot. Ich sagte: ›Vetter, um Himmels willen!‹ Da sagte mein Vetter, der Hüttenwirt, der die Seilschaft schon wegen des Schlechtwetters gewarnt hatte: ›Wer nicht hören will, muß fühlen.‹ Den Ratschlag eines Erfahrenen haben sie nicht befolgt, und das war das Ergebnis. Lieber dieses Risiko und dann krepieren als die Vorsichtsmaßnahmen einzuhalten und sich einen Bergführer zu nehmen. ›Wo ist der vierte?‹ sagte mein Vetter. Das Stück Seil war da, er war nicht mehr da. Ich habe nichts tun können, aber mein Vetter zog sie zusammen, damit man sie bei Schneefall besser sehen konnte. Des Vetters Vermutung, der noch lebende vierte hätte sich abgeseilt, um Hilfe zu holen, bestätigte sich. Wenn er durch die Rinne hinuntergeklettert war, mußte er dort irgendwo liegen. Wir gingen hin, dieser grauenhafte Anblick! Wo mein Vetter vermutet hatte, lag er. ›Jetzt langt's mir‹, sagte er und legte die Leichenteile auf einen Stein, um den Toten später bergen zu können. Was machen wir mit ihren Frauen auf der Hütte? Das war mir das ärgste. ›Ich werd schon etwas erfinden‹, sagte er. Die Frauen kamen uns im Dunkeln entgegen. ›Wo bleiben unsere Männer?‹ fragten sie besorgt. Mein Vetter sagte: ›Wir haben niemanden gefunden. Die müssen droben biwakiert haben, das sind doch erfahrene Bergsteiger, um die brauchen wir keinen Kummer zu haben.‹ Zu mir sagte er: ›Du gehst nach Plangeroß und verständigst die Bergrettung‹.«

Der Maler Alois Gabl regt den Bau einer Schutzhütte an

Einer der bedeutendsten Pitztaler war neben dem Kartographen und Kupferstecher *Matthäus Vischer* aus Wenns der Maler *Alois Gabl.* Er studierte wie seine zehn Jahre älteren Tiroler Künstlerkollegen *Franz von Defregger* und *Matthias Schmid* bei *Piloty* in München. Man nannte sie das »Tiroler Kleeblatt«.

Gabl wurde 1845 in Wiese (Gemeinde Pitztal, heute St. Leonhard) als Sohn von Wirtsleuten geboren. Er wuchs in ärmlichsten Verhältnissen auf und kam bereits als Kind zu seinem Onkel, der Maler war, nach Imst. Nach dem Besuch der Haupt- und Realschule sollte Gabl Geistlicher werden. Er fühl-

Sie kühlten das Fleisch in den Gletscherspalten

Die Leute in Mittelberg haben das Fleisch zum Kühlen in die Gletscherspalten gehängt. Man legte über die Spalte eine Stange, befestigte daran ein Seil und ließ das Fleisch etwa zehn Meter hinab. Man brauchte die Spalte nicht abzudecken, denn Vögel und Füchse drangen in diese Tiefe nicht vor. Diese Konservierungsmethode war noch nach dem Zweiten Weltkrieg üblich.

Franz Pechtl

te sich aber zur Malerei hingezogen und fand die Unterstützung des Brixner Bischofs *Vinzenz Gasser*, der ihm das Studium in München ermöglichte. Gabl malte wie Defregger Szenen aus dem Tiroler Volksleben, seine Bilder sind aber farbiger als die Defreggers und zeigen nicht selten den Hang des Malers zur Satire. Gabl setzte seinem Leben 1893 ein Ende, nachdem er durch einen Schlaganfall seiner Schaffenskraft beraubt worden war.

Gabl wird in der zeitgenössischen Reiseliteratur immer wieder im Zusammenhang mit dem Pitztal erwähnt. So schreibt Ludwig Steub 1874:

»Im Oberinnthale bei Imst geht das Pitzthal ein, ein rauhes, armes Thal, das hinten bei Plangroß an den Oetzthaler Fernern endet. Es ist früher von der reisenden Welt sehr wenig betreten worden, kommt aber nachgerade in den menschlichen Verkehr, da die Zahl der Gletschersteiger jährlich wächst. In diesem Thale wurde Alois Gabel geboren, der jetzt auf der Weltausstellung seine Bilder ›Die Militärlosung in Tirol‹ und den ›Kapuziner Haspinger‹ sehen läßt« (Kleine Schriften, Band 3, S. 379). Als diese Zeilen geschrieben wurden, stand Gabl am Anfang seiner bemerkenswerten Karriere.

Über den Geburtsort des Malers und die dort herrschenden Verhältnisse lesen wir in *Ludwig von Hörmanns* Buch »Wanderungen durch Tirol und Vorarlberg« (um 1880):

»Dies ist ein kleines, armes Gebirgsnest in einer rauhen, abgeschlossenen Gegend. Erst der Fremdenzug der neuesten Zeit hat es dem Verkehr zugänglicher gemacht und den Bewohnern einen Wohlstand gebracht, den ihnen die schluchtartige Heimat, die nur wenig Raum für Felder und Wiesen hat, nicht gewähren kann. Daher sah es damals, als unser Gabl das Licht der Welt erblickte, noch hirtenhafter drinnen aus, und man begreift, daß der Vater, obwohl der Wirth und Bäcker im Thal, dennoch kaum so viel irdische Schätze besaß, um seinen aus zehn Köpfen bestehenden Kinderschatz anständig ernähren und erziehen zu können« (Hörmann, S. 200).

Gabl malte nicht nur das Leben der Pitztaler, sondern er dachte auch darüber nach, wie man die Armut in seiner Heimat beheben könnte. Als passionierter Bergsteiger hielt er sich viele Sommer im Tal auf, und er war es, der den Standplatz der Braunschweiger Hütte vorschlug.

Im Jahrgang 1906 der Zeitschrift des Deutschen und Österreichischen Alpenvereins beschreibt *Richard Schucht*, der langjährige Vorsitzende der Sektion Braunschweig, seine ersten Bemühungen, der Errichtung einer Schutzhütte im hinteren Pitztal näherzutreten. Er begegnete dabei im Jahre 1889 im Roten Ochsen in Wenns Alois Gabl. Dieser sprach die Ansicht aus, »daß eine Hebung des Touristenverkehrs im Pitztale nur dadurch zu ermöglichen wäre, wenn eine Sektion des Deutschen und Österreichischen Alpenvereins eine Unterkunftshütte zwischen dem Pitztale und Ötztale erbauen würde«.

Die Verwirklichung dieses Planes lag natürlich in erster Linie im alpinen Interesse, denn die Übergänge vom oberen Pitztal zum Ötztal waren für die Bergwanderer zu ausgedehnt, um ohne Zwischenrast bewältigt zu werden. Schucht vermerkt in seinem Bericht den Erfolg des Unternehmens: »Mit dem Bau unseres Schutzhauses im Jahre 1892 setzte ein nicht erwarteter, lebhafter Besuch in seinen schützenden Mauern, aber auch in den Gasthäusern in Plangeroß und Mittelberg ein. Im Jahre 1892 wiesen die Fremdenbücher in Plangeroß nur 34 Personen aus; im Jahre 1893 waren es hingegen schon 134 Gäste. Eine 100prozentige Steigerung zeigte der Gasthof in Mittelberg.«

Schucht hebt auch hervor, daß Gabl die Feierlichkeiten der Hütteneröffnung im Jahre 1892 mitgestaltete: »Professor Gabl aus München, ein geborener Pitzthaler, hielt dann eine Ansprache, in welcher er die Sektion Braunschweig im Namen der Pitzthaler willkommen hieß. Darauf erwiderte ich unter Dankesworten für den schönen Empfang, daß die Sektion Braunschweig alle Kräfte daran wenden werde, das reizende Pitzthal mit seinen abwechselnden und großartigen Naturschönheiten

Nach Wenns kamen schon früh Fremde

Wenns liegt an einem Verkehrsknoten. Ein Weg führte von hier ins Pitztal, ein anderer über den Piller in Richtung Fließ. In den Gasthöfen übernachteten Viehhändler und Marktgänger aus dem hinteren Tal; Touristen machten in Wenns Zwischenstation. Ich habe mir nach dem Ersten Weltkrieg zwei Rösser gekauft und habe angefangen zu fuhrwerken. Da habe ich immer ein wenig verdient. Hie und da habe ich auch Bekannte aufsitzen lassen. Im Winter, wenn es richtig kalt war, sind die Rösser und ich halb erfroren. Ich bin neben ihnen hergelaufen, um mich aufzuwarmen. Die Wirtsleute vom Gasthof Liesele vergesse ich mein Lebtag nicht. Die warteten immer, bis ich mit der Post kam. Ich habe bei ihnen immer einen Kaffee und eine Marend (Jause) bekommen. Ich habe aber nie zahlen dürfen. Das waren Leute!

Gottfried Lechthaler

Von der Braunschweiger Hütte ging man auf die Wildspitze

Nach der Fertigstellung der Braunschweiger Hütte im Jahr 1892 kamen viele Bergsteiger. Deshalb mußte man die Hütte mehrmals erweitern und verbessern. Das Hüttentragen war eine Schinderei, für viele Einheimische aber oft der einzige Verdienst und deshalb sehr willkommen. Oft ging ich abends nach der Heuarbeit zur Hütte, nahm eine Tour auf, und zeitig vor Tagesanbruch waren wir schon in Richtung Wildspitze unterwegs.

Franz Pechtl

dem Verkehr immer mehr zu erschließen und dadurch den Wohlstand im Pitzthale zu heben. Am Abend war ein vergnügtes Beisammensein im Gasthaus »zum Ochsen«, dessen Wirthin alles aufbot, um es ihren Gästen angenehm zu machen. Die Wennser Musikcapelle und der Gesangsverein thaten das Ihre, um die so willkommenen Gäste zu unterhalten. Auch das übliche Feuerwerk hatte der Wirth »zum Ochsen« nicht vergessen.« Das war ein Jahr vor Gabls Tod. Mit seiner Gesundheit stand es damals schon nicht mehr gut.

Ein anderer Reiseschriftsteller, *Max Haushofer*, erwähnt in seinem Buch »Vom Land Tirol« ebenfalls eine Begegnung mit Gabl in Wenns und berichtet anschließend ausführlich über die Wegstrecke nach Mittelberg, den Ausgangspunkt für Tourengänger um 1895. Seine Schilderung vermittelt uns ein anschauliches Bild der Verhältnisse, als die Braunschweiger Hütte vermehrt Touristen ins Tal brachte: »Außer uns beherbergte das Haus an jenem Abend einen einzigen Gast: einen Eingebornen von Wenns, der auch seit Jahren in der Münchener Künstlerwelt einen hochgeachteten Namen erworben hatte, Professor Gabl. Der Arme! Er ging Anfangs dieselben Pfade wie Defregger. Auch er wollte das Leben seines Volkes künstlerisch wiedergeben. Aber so hoffnungsvoll sein erstes Schaffen gewesen war: sein Stern ging nach abwärts, und vor kurzem endete sein Leben in Melancholie und Selbstmord. Damals saßen wir noch den Abend vergnügt mit ihm beisammen. Und auch der nächste Tag, währenddessen es noch regnete, ließ sich ohne Ungeduld verbringen. Am dritten Tage konnten wir weiter, in's Pitzthal hinein. Dieses Thal zieht sich parallel mit dem Oetzthale, durch einen hohen Gebirgsrücken von demselben geschieden, von Nord nach Süden in die Oetzthaler Fernerwelt hinauf. Die Thalsohle steigt nur sehr allmählich an, so daß es eigentlich keine Schwierigkeit bot, eine fahrbare Straße bis an das obere Ende des Thales hinauf zu bauen. Aber die spärliche Thalbevölkerung ließ einen solchen Straßenbau bis in die neueste Zeit nicht rentabel erscheinen, obwohl nämlich das Thal so lang ist, daß ein ganz rüstiger Fußgänger einen Sommertag vom frühen Morgen bis zum späten Abend braucht, um es zu durchwandern, bietet es doch der Landwirthschaft so wenig bauwürdigen Boden, daß die Ansiedlungen hier ungleich spärlicher geblieben sind, als in dem benachbarten Oetzthal. Aus der oberen Hälfte des Pitzthales führen auch nur mehr Gletscherpässe in die Welt hinaus; denn sie ist von den gewaltigen Eiszungen umlagert, welche von der Wildspitze sich niedersenken. Nach mehrstündigem Wandern war St. Leonhard erreicht, das einzige Dorf im inneren Thale. Es ist nicht das einzige St. Leonhard in Tirol; manche Dorfkirche und manche einfache Bergkapelle sind diesem Heiligen geweiht, der an die Stelle einer Lieblingsgottheit der alten heidnischen Bajuwaren trat. In St. Leonhard waren wir zunächst am Weitergehen gehindert, weil der schmale Steig, der an der Kirche vorüberführt, durch einen Bittgang der Einwohnerschaft ausgefüllt ward. Es war einer jener halben oder ganzen Feiertage, deren es in Tirol so viele gibt; darum zogen die Pitzthaler mit wehenden Fahnen und lauten Gebeten um ihre Kirche. Wir schlüpften in die braungetäfelte Stube des schlichten Dorfwirtshauses, schauten durch die kleinen Fenster nach den Betenden und ließen uns etwas zu essen geben, da der Weg an unser heutiges Tagesziel doch noch weit war. Man wird in den alten Tiroler Wirthshäusern selten einen Platz finden, wo man im Freien essen und trinken kann. Das liebt der Tiroler nicht, so sehr es uns behagen würde ... Wir ließen die Leute von St. Leonhard in ihrer Stube und wanderten wieder hinaus. Der Weg zieht sich immer in sanfter Steigung thalaufwärts; die Häuser sind so spärlich, daß man sie leicht zählen kann; auf die Wegstunde treffen nicht mehr als zwei oder drei. Der letzte Hof ist Mittelberg. In großartiger Einsamkeit liegt er droben unter dem blauen Eisgezack des Mittelberg-Ferners; auf sanft gewellten Matten, ein unübertroffenes Bergasyl. Es gibt keine dauernd bewohnte Ansiedlung in Tirol, welche so nahe an den gewaltigsten Eismassen läge, als diese. Keine Stunde braucht man, um auf fast ebenen Wege an den Gletscher zu gelangen. Trotzdem wachsen um Mittelberg noch schöne dunkle Gruppen von knorrigen Bergfichten, und die Wiesen geben reichen Heuertrag. Wir blieben hier den Abend und den nächsten Tag, weil am Morgen Sturmgewölk um die Bergspitzen rauchte und den Weg über ein Joch nicht rathsam erscheinen ließ. Man kann ja, wenn man nicht durch das ganze Pitzthal zurückwill, von hier nur über hohe dick vereiste Gletscherpässe die Auswege finden. Merkwürdigerweise bekamen wir an jenem Tage in dem ganzen Gehöft immer nur ein menschliches Wesen zu sehen: ein schlankes, freundliches Mädchen, das uns bediente. Die Männer des Hofes waren den ganzen Tag über zur Arbeit auswärts; hoch droben auf den Bergwiesen mähten sie das Gras für den Winterbedarf« (S. 67 - 69).

Ein Postmeister aus Braunschweig kümmert sich um den Bau der Schutzhütte

Als Schuchts Pläne Gestalt anzunehmen begannen, erkannte man, daß die Schaffung eines befahrbaren Talweges Voraussetzung für den Bau der Schutzhütte war. In den Jahren nach 1884 gelang es der Sektion Braunschweig, die einzelnen Gemeinden für das Wegverbessserungsprojekt zu gewinnen. In Wenns kam es zur Gründung eines Verschönerungsvereines, der versprach, sich der Sache besonders anzunehmen.

Ursprünglich hatte die Sektion den Bau einer Hütte im Sellraintal oder im Marmolatagebiet ins Auge gefaßt, sich aber doch für einen Standort zwischen Pitztal und Ötztal entschieden. Erfahrene Alpinisten fanden, daß der Übergang vom Ötztal ins Pitztal wichtig war, so daß schließlich dem Pitztaler Projekt der Vorzug gegeben wurde. Das Areal für die Hütte und die Wege stellte die Gemeinde St. Leonhard unentgeltlich zur Verfügung, auch die Landesbehörde stimmte der Grundabtretung an die Sektion Braunschweig zu. Der Platz wurde 1891 von Schucht in Begleitung der Gebrüder *Kirschner* so gewählt, daß sich dem Betrachter vom Schutzhaus aus ein großartiger Rundblick bot. Schucht schildert ihn in seinem Bericht von 1893: »Vom Hüttenplatze, 2712 m, in unmittelbarer Nähe eines kleines Eissees, genießt man eine herrliche Aussicht auf die Wildspitze und eine große Anzahl von Bergen der Oetzthaler Alpen sowie auf den Mittelberg Gletscher, »das erhabenste Eisgebilde der deutschen Alpen«, wie im »Amthor« zu lesen ist. In der Richtung nach dem Taschach-Ferner erblickt man hoch über dem Pitzthal den einsamen, aber romantisch gelegenen Riffelsee« (Das Pitzthal, S. 5).

Den Bau der Braunschweiger Hütte führten Pitztaler aus, nämlich die bereits erwähnten Führer Kirschner, die zugleich Besitzer der Gasthöfe in Mittelberg und Plangeroß waren. Schucht spricht den Männern, die am Bau arbeiteten, ein großes Lob aus: »Bekannt sind die Pitzthaler auch als sehr gute Arbeiter. Es liegt das gleichsam schon ausgedrückt in ihrem starken Körperbau, wodurch sich fast alle auszeichnen. Doch muß man nicht vergessen, daß die Bewohner ihre Vorzüge kennen und deshalb auch stolz darauf sind. Es ist ein gerechter, nicht verletzender Stolz, da er in den rechten Schranken bleibt« (Das Pitzthal, S. 4).

Nicht immer in Schranken blieb hingegen der Stolz der deutschen Alpinisten. Noch anläßlich des 100. Geburtstags des D.A.V. — Sektion Braunschweig kritisiert man die von »Eroberungsgedanken getriebenen Engländer«, die so vermessen waren, den ersten alpinen Verein zu gründen. Und es klingt so, als wäre die Eroberung der österreichischen Alpen einzig und allein den Deutschen erlaubt gewesen. Für Schucht, der den Bewohnern des Pitztales ohne Zweifel mit Achtung begegnete, liegt das Wildspitzgebiet in den »deutschen« Alpen: »Wie aus Vorstehendem zu ersehen ist, wird die Braunschweiger Hütte die alpinen Zwecke wirklich fördern. Möge dieselbe dem schönen Kranze der Hütten, welche die Deutschen Alpen umgeben, als neues Blatt eingereiht werden« (Das Pitzthal, S. 7). Was die »Eroberungsgelüste« angeht, so standen die Deutschen den Engländern nur wenig nach.

Das Baumaterial wurde hinaufgetragen

Der Bau von Schutzhütten war früher keine leichte Sache. Während heute Hubschrauber das Material in die unzugänglichsten Hochgebirgsregionen bringen, mußten noch bis in die jüngste Zeit alle Lasten von Menschen oder Tieren über oft gefährliche Steige hinaufgeschafft werden. Mit ungläubigem Staunen nehmen wir die von alten Leuten genannten Zahlen zur Kenntnis, wenn vom Gewicht die Rede ist, und wir sind verwundert, daß sich immer genug Burschen fanden, die zu solch harter Arbeit bereit waren. Der Grund hiefür wurde bereits an anderer Stelle genannt: Es gab im Tal kaum Möglichkeiten, Geld zu verdienen. Man sprach vom »Hüttentragen«.

Franz Rimml erzählte, wie er beim Bau der Chemnitzer Hütte im Jahre 1925 als Jugendlicher schier Unvorstellbares geleistet hat: »Ich bin 15 Jahre gewesen, wie ich mit dem Tragen begonnen habe. Die Bauaufsicht hatte Kirschner Alois, ein Bruder des Traubewirtes in Plangeroß. Zwischen Weißwald und Plangeroß haben Fuhrwerke das regenfeste Material abgelegt. Zement lagerten sie in einem Stadel. Ich bin das erste Mal mit dem Franz Santeler gegangen. Er trug einmal 50 und einmal 56 Kilo. Ich trug zu Beginn zweimal 36 Kilo. Jeden Tag bin ich gegangen.

Der spätere Straßenmeister Santeler war droben Polier und sein Vater war Koch. Wer droben arbeitete, hat auch dort gegessen und in einer Holzhütte geschlafen. Maurermeister war Alois Höllrigl aus Unterrain.

Ich war dann ständiger Träger. Andere gingen nur fallweise, denn die arbeiteten in ihrer Landwirtschaft. Als sie das Dach deckten, ich war noch keine 16 Jahre, trug ich das erste Mal 80 Kilo und das zweite Mal wieder 80 Kilo auf die Hütte.

Als ich oben war, sagte Santeler: Herrgott, jetzt sollten wir das Dach zutun, wenn das Wetter umläßt, soll es innen nicht herunterrinnen. Wir bräuchten noch die fünf Rollen Dachpappe. Jede Rolle hat 16 Kilo gewogen.

Da sagte ich: Ich will's probieren. Wenn ich es schaffe, bringe ich sie noch. Dann bin ich hinuntergestiegen und habe die fünf Rollen aufgeladen und ging noch ein drittes Mal zur Hütte hinauf. Dreimal 80 Kilo, alles an einem Tag. Ich weiß gar nicht, wie ich das geschafft habe.

Im Oktober stand der Rohbau. Santeler war schon im Tal, und er sagte zu mir und drei anderen Burschen: Seid so gut, Buben, und holt das Schlosserwerkzeug herunter. Das war in diesem Sommer unser letzter Verdienst.

Die Kiste des Schlossers war schwer und versperrt. 80 Kilo wird die schon wiegen. Wie ihr die herunterbringt, weiß ich nicht, sagte er. Insgeheim dachte ich: Wenn nur ich sie bekommen könnte. Für das Kilo erhielten wir 10 Groschen, und das bißchen Geld hat mich angesehen.

Ich erhielt den Auftrag. Sie haben mir die Kiste aufgeladen, aber auf dem Weg nach unten durfte ich die Knie nicht auseinandergeben, die Last hätte mich fast erdrückt. Der Santeler hat die Kiste in Plangeroß gewogen, sie hatte 95 Kilo. Im September war ich 16 geworden, und im Oktober trug ich in zwei Stunden 95 Kilo von der Chemnitzer Hütte ins Tal. Es war schon erdeisig, und man mußte aufpassen, daß man nicht fiel.

Wenn nichts zum Hinauftragen war, trug ich Sand vom Fernerschub zur Hütte heraus. In meinem Aufschreibbuch habe ich alles genau eingetragen. Ich wollte überprüfen, ob die Auszahlung stimmte. Vom Maurermeister bekamen wir die halbe Zeit kein Geld. Im Herbst habe ich zusammengerechnet. Ich habe mit 15 zwischen 13.000 und 14.000 Kilo hinaufgetragen.

Bei der Hütteneinweihung habe ich mir droben eine Tafel Schokolade gekauft. Das übrige Geld lieferte ich zu Hause ab. Dem Dobler Heinrich aus Köfels hat einer aus Chemnitz den Hüttenschlüssel übergeben, alle standen vor der Hütte, und Heinrich sperrte auf. Dann durfte man hineingehen.«

Josef Dobler aus Neurur erinnert sich, wie er als Zehnjähriger 15 bis 16 Flaschen Bier zur Chemnit-

Wir mußten uns selbst verpflegen

Für fünf Schilling gingen wir als Lastenträger unter Lebensgefahr von Mandarfen aus über Mittelberg auf die Braunschweiger Hütte. Wir bekamen Tee, aber zu essen gab es nichts. Wir mußten uns selbst verpflegen. Johann Neururer aus Mandarfen trug einen 118 kg schweren Balken, mein Balken wog 120 kg. Diese Last trugen wir von der Brücke in Mittelberg bis auf die Braunschweiger Hütte.
Franz Rimml

zer Hütte schaffen mußte, die damals ein Verwandter bewirtschaftete. Der Vorsitzende der Sektion, *der Herr Stranz*, kam einmal zu Besuch. »Beim Aufstieg sagte er zu mir: Das darfst du nicht tun! Es ist schädlich, da gehst du so buckelig. Du mußt deinem Onkel sagen, daß du krank bist, sag, du schaffst das nicht. Ich antwortete ihm: Da hilft nichts, droben ist ja nichts zu saufen. Stranz hat mir schwer zugeredet, ich solle mich schonen und das Tragen bleiben lassen. Mein Vetter sagte aber: Der Sumser! Der weiß das nicht. Die Stadtfratzen sind nicht so belastbar. Freilich war es nicht gut für mich.«

Auch auf der Hütte brauchte man Marken

Josef Doblers Vetter, *Heinrich Dobler* aus Köfels, war Bergführer und Hüttenwirt auf der Chemnitzer Hütte. Altersbedingt übergab er diese 1947 seinem Neffen. Man hatte bis zu diesem Zeitpunkt alles auf dem Rücken hinaufgetragen. Josef Dobler versuchte Tiere einzusetzen. Aus seiner Erzählung geht hervor, wie schwierig es war, in der Nachkriegszeit die Hütte zu bewirtschaften: »Ich habe dann Tragtiere gehabt, aber es hat nicht gut funktioniert. Nach dem Krieg hatten wir die Markenwirtschaft. Wenn einer keine Marken hatte, was hast du dem gegeben? Es war ja nichts da außer einer Erbswurstsuppe und Kartoffeln. Ich natürlich, ein Fuchs, habe den Küchentisch bereichert. Da haben wir im Frühjahr 10 bis 15 Schafe ins Weißmaurach aufgetrieben, und die hat im Frühjahr einer gezählt. Gut, ich habe die Schafe aufgetrieben.

Die wenigen Bergsteiger, die damals gekommen sind, hatten zwar Geld, aber keine Lebensmittelmarken, und wenn ich gesehen habe, daß die Leute Hunger haben, dann »håan i a Schafle åabgekragelt«, was meinst du, was da los war! In dieser fleischlosen Zeit Schöpsenbraten und Schöpsengulasch! Dann habe ich einmal, man kann es jetzt sagen, vom Puikogelmassiv einen versprengten Gemsbock geholt. Der ist nicht von selbst heruntergefallen, da mußte ich mit dem Gewehr ein bißchen nachhelfen. Das war ein Küchentisch: Gamsbraten, Gamsgulasch und Schöpsernes ohne Marken. Zu den Leuten sagte ich: Das dürft ihr ja nicht verraten.

Im Herbst, als man die Schafe ins Tal trieb, waren fünf bis sechs Tiere weniger als im Frühjahr. Da kam die Kontrolle vom Amt in Imst. Der Herr hat nicht begreifen können, warum jetzt im Herbst weniger Schafe da sind als im Frühjahr. Die bekommen ja Junge. Diese waren kaum oder nicht vorhanden. Ich sagte: Was meinen Sie, was da im Sommer los ist. Da gibt es Gewitter, Blitz und Steinschlag, und schon sind wieder einige Schafe zugrunde gegangen. Er hat es nicht gern geglaubt, aber er hat es glauben müssen. So hat man weitergewurstelt.«

Das Hüttentragen wurde manchem zu schwer

Da das Hinauftragen der Lasten beschwerlich war, dachte Dobler daran, Esel und Maultiere zu verwenden. Josef Dobler: »Meine Frau sagte: Mit dem Tragen bringst du dich langsam um. Ich habe im Sommer über 7.000 Kilo Brennmaterial auf dem Rücken hinaufgetragen. Dann haben wir beschlossen, ein Tragtier zu kaufen. Der Weg war an vielen Stellen recht schmal und gefährlich. Ich fragte mich schon, ob man ihn einem Tragtier zumuten könnte.

Zuerst habe ich einen Tragsattel gekauft, der hat damals viel Geld gekostet. Danach ging ich nach Imst zum Markt und hab mir das Tragtier besorgt. Ich hatte keine Erfahrung mit solchen Tieren. Ich kaufte ein kleines schwarzes Pferd, und der Verkäufer hatte eine Feder schief auf dem Hut. Er war ein Karrner, ein kurioser Mensch. Ich fragte ihn, ob das Tier zum Tragen geeignet wäre. Ja, ja, hat er gesagt, ziehen und tragen, kann alles. Das Tier hat ca. 7.000 Schilling gekostet. Das war nach dem Krieg viel Geld. Ich dachte mir: wenn das Vieh leistet, was er verspricht, ist es das sicher wert. Voller Freude bin ich nach Hause gefahren.

Dann kam das Frühjahr, und ich hatte gerade eine Operation gehabt. Ich war froh um das Tragtier. Dann habe ich es gleich einmal ausprobiert. Fürs erste habe ich ihm probeweise 50 Kilo aufgeladen. Wir haben zwar etwas länger gebraucht als sonst, aber ich war zufrieden, es hat funktioniert. Wie ein Herrgöttle bin ich mir vorgekommen. Ich habe mehr aufgeladen, auch wertvollere Sachen: Zigaretten und Nudeln usw., ca. 80 bis 90 Kilo. Das müßte ein Pferd schon schaffen. Ab und zu habe ich das selbst getragen. Bei der Roatwand habe ich das Vieh rasten lassen. Dann ist es nicht mehr gegangen, nicht mehr! Ich habe alles probiert, ganz langsam am Strick gezogen, dann fest gezogen, es ist mir nicht mehr gegangen. Herrgott, war mir die Sache zu blöd. Weißt du, was dann war? Das Tier hat sich überdreht und stürzt über eine drei Meter hohe Stützmauer, schmeißt sich samt allem über diese Mauer hinunter … Zum Glück habe ich den Strick auslassen können, sonst hätte es mich mitgerissen. Alles ist kopfüber in die Stauden gefallen, da hat man nur noch Zigaretten, Nudeln, Haxen und Roß gesehen. So viel Geld hatte ich investiert und jetzt lag alles da drunten, alles hin. Danach lieh mir der Wirt der Kaunergrathütte ein Pony, das hat die Sache besser bewältigt. Den Winter über habe ich es gefüttert, und im Sommer hat er es mir zum Säumen überlassen.«

Als Bergführer konnte man ein wenig verdienen

In der Frühzeit des Alpinismus, als die Wege schlecht und nur in seltensten Fällen Markierungen vorhanden waren, konnten die Touristen nicht auf die Ortskenntnisse der Einheimischen verzichten. Mehr und mehr Burschen interessierten sich für den neuen Beruf des Bergführers, da sie auf diese Weise im Tal Geld verdienen konnten und nicht mehr auf die Wanderarbeit im Ausland angewiesen waren.

Die Ausbildung erfolgte in Kursen, die vom Deutschen und Österreichischen Alpenverein abgehalten wurden. Der Bergführer erhielt ein Abzeichen, und die politische Behörde stellte ihm ein Ausweisbuch aus. Die einzelnen Sektionen schickten Kontrolleure, welche die Tätigkeit der Führer überwachten, und gingen Beschwerden nach. Die Tarife waren amtlich festgesetzt. Das soziale Gefälle zwischen Bergsteiger und Führer ist nicht zu übersehen. Daß so manchem Führer infolge der anstrengenden Tätigkeit die Begeisterung abging, können wir heute durchaus nachvollziehen, damals wurde aber diese Einstellung von den Herren aus der Stadt nicht selten als Faulheit gedeutet.

Richard Schucht stellte in seinem 1903 erschienenen Büchlein »Die Wildspitze« den Ötztaler und Pitztaler Führern ein gutes Zeugnis aus. Er hebt hervor, daß sie an den Erstbesteigungen maßgeblich beteiligt waren und erkennt an, daß sie in der Vergangenheit wertvolle Dienste bei der Auskundschaftung wichtiger Übergänge geleistet haben. Schucht warnt die Touristen aber vor »wilden« Führern, die oft nicht einmal den Weg wüßten und so die Bergsteiger in gefährliche Situationen brächten. Schucht ermahnt den Touristen zur Vorsicht: Er solle das Führerbuch einer »gründlichen Prüfung« unterziehen.

Ferner macht Schucht darauf aufmerksam, daß der Führer sich selbst zu verpflegen habe. Er nimmt nur den »guten« Führer aus, den der Bergsteiger »an seinem Mahle gern teilnehmen« läßt. Wenn der Tourist dem Führer etwas zukommen lassen wolle, so solle es nicht in Form einer Zeche geschehen, sondern in der Zuwendung von Bargeld (Schucht: Die Wildspitze, 1906, S. 56).

Während in Schuchts Gipfelführer die Tarife für längere Bergtouren aufgelistet werden, bringt das »Verzeichniß der autorisierten Bergführer des Pitzthales nebst Touren-Verzeichniß« (1900) auch jene für Führungen durch das Tal. Den autorisierten Bergführern, es waren damals 19, stand damals folgende Entlohnung zu: Von Imst nach Wenns: 3 Kronen; von Imst nach St. Leonhard oder Piösmes:

7 Kronen. Von Imst nach Plangeroß: 9 Kronen. Von Imst nach Mittelberg: 11 Kronen. (Für einen gewöhnlichen Marschtag, der bis zu zehn Gehstungen umfaßte, zahlte man 10 Kronen.) Die Trägergebühr betrug 70 % des Bergführer-Tarifs. Das Einkommen der Bergführer erscheint uns heute als niedrig, dennoch war es für Menschen viel, die bis dahin mit ihrer Arbeit im Tal kaum etwas verdienen konnten.

Josef Schöpf photographiert für die Touristen

Alte Leute behaupten, Schöpf habe vom Photographieren leben können. Das ist natürlich nicht ganz richtig. Wenn auch immer mehr Familien Bilder machen ließen, so konnte Schöpf an diesen Aufträgen nicht viel verdienen.

Besser ging das Geschäft mit den Fremden. Um ihre Touren zu dokumentieren, brachten sie zwar ihre eigenen Photographen mit oder besaßen selbst Apparate. Dem einheimischen Photographen blieb somit hauptsächlich die Herstellung von Ansichtskarten, für die es einen wachsenden Markt gab, als mehr und mehr Bergsteiger und Sommerfrischler ins Tal kamen. Interessant ist auch der Umstand, daß die Touristen nicht nur an Angehörige und Bekannte Karten verschickten, sondern daß auch eine schwunghafte Korrespondenz zwischen Einheimischen und Gästen entstand.

Josef Schöpf folgte Vorbildern, aber er hat immer wieder Personen und Dinge ins Bild gebracht, die seine Berufskollegen nicht für bildwürdig hielten. Er scheute keine Strapazen, wenn es darum ging, im Hochgebirge zu photographieren. Auf dem Bild, das die Erweiterung der Braunschweiger Hütte festhält, sehen wir Hermann Schöpf mit seinem Fahrrad. Wer den Aufstieg durch diese Felsplatten kennt, weiß, was das bedeutet. Schöpf trug sein Fahrrad auch übers Pitztaler Jöchl, wenn er im Ötztal Aufnahmen machte.

Es existieren zahlreiche Ansichtskarten, die auf solchen Touren im früher erschlossenen Ötztal für Werbezwecke bei ihm angefordert wurden. Dabei kehrte Schöpf besonders gern im Gasthof zur Sonne in Sölden ein, in dem Pitztaler Mädchen in der Waschküche und als Mehlspeisköchinnen beschäftigt waren.

Franz Rimml erinnert sich an seine Jugendzeit: »Im Gasthof Sonne und im Gasthof Alpenverein in Sölden trafen sich früher die Pitztaler. Ich bin noch selbst in der Sonne über Nacht gelegen. Der Inhaber, der *Isidor Rimml*, war ein Pionier des Fremdenverkehrs. Er hat in Hochsölden als erster eine Alphütte ausgebaut und hat dort mit dem Sommerfremdenverkehr begonnen. In Gurgl war der *Angelus Scheiber*. Im Ötztal gab es um 1900 noch keinen einheimischen Photographen, so hat sich Schöpf vermutlich für die Sache interessiert und wollte mit dem Tourismus ins Geschäft kommen. Er hat die Gaststätten aufgenommen, und auf seiner Gesamtansicht von Sölden sieht man die Veränderungen. Es ist heute alles verbaut, und wo früher der Gasthof Alpenverein stand, ist jetzt ein Parkplatz. Die Pitztaler kehrten dort gern ein. Bei den Grüners waren die Pitztaler Führer gern gesehen, und sie beschäftigten bevorzugt Mädchen aus unserer Gegend. Sie haben im Ötztal besser verdient. Meine Schwester war auch dort. Ich habe die Mädchen oft in der Küche oder in der Waschküche besucht.«

Ich habe das Abwaschen schon gelernt

Josefine Santeler, geb. 1904 in Silz, heiratete 1927 den Pitztaler Hüttenträger und Bergführer *Polykarp Santeler* (geb. 1897, gest. 1944). Nach der Tausendmarksperre fand er als Holzfäller in Immenstadt (Bayern) Beschäftigung, und schließlich bestritt er als Weber den Lebensunterhalt seiner Familie. Josefine arbeitete in den zwanziger Jahren im hintersten Pitztal als Küchenhilfe.

Sie schilderte die Verhältnisse in der Zwischenkriegszeit: »1923 war ich das erste Mal in Mittelberg. Ich mußte der Familie Falbesoner »umedum halfn«, weil die Kinder noch klein waren. Mittelberg war damals Ausgangspunkt für Touren auf die umliegenden Schutzhütten. Die Hüttenträger haben vor der Türe ihre Ruckkörbe niedergestellt, dann sind sie in Richtung Ferner gegangen. Mensch, haben die viel getragen! Mancher ist jeden Tag auf die Braunschweiger Hütte gegangen. Am Taschachhaus war der Rimml Hüttenwirt.

Damals kamen hauptsächlich vornehme Städter aus Deutschland und auch aus England. Es waren bessergestellte Leute. Die Bergführer begleiteten dann die Gäste von Mittelberg aus hinein ins Taschachgebiet oder zur Braunschweiger Hütte. Dann sind sie von dort aus auf die umliegenden Berggipfel gestiegen. Manchmal haben die Bergführer einige Tage in Mittelberg verbracht, um auf Gäste zu warten. Früher hat es geheißen: »Mittelberg ist ein Goldgrübchen«, denn alles ist da eingekehrt und hat hier übernachtet. Die Bergführer sind von Mittelberg aus früher auch bei Schlechtwetter gegangen, wenigstens bis auf eine der Hütten, und am folgenden Tag auf die Wildspitze. Am Abend kamen sie dann wieder bis ins Tal.

Von Mai bis September waren die Falbesoner damals in Mittelberg, dann wurde der Betrieb den Winter über geschlossen. Solange Polykarp Bergführer war, hat er schon etwas verdient. Aber die Sommerfrischler kamen oft nur für kurze Zeit. Manche haben im vorhinein bei ihm die Touren fixiert. Das waren sozusagen Stammgäste, die ihm geschrieben haben.

Die Traglast auf die Braunschweiger Hütte konnten viele nicht allein heben. Polykarp trug einmal

Sölden um 1908

Josef Schöpf verlegte zahlreiche Ansichtskarten, die von den frühen Gastwirten zu Werbezwecken bestellt und an Touristen verkauft wurden.

die Fahnenstange durch den Kamin, ein Steilstück am alten Weg zur Braunschweiger Hütte. Er wäre beinahe nicht hinaufgekommen, es ging ja kerzengerade hinauf. Er hat oft von Touren erzählt, vor allem, wenn wir gemeinsam Photos anschauten.

Einmal ist er mit drei Bankbeamten gegangen. Sie haben das Gehen am Eis als Witz aufgefaßt und rutschten übermütig herum. Polykarp hat sie dann auf die Gefährlichkeit ihres Verhaltens aufmerksam gemacht. Es konnte nicht gutgehen. Einer von ihnen fiel dann tatsächlich in eine Spalte, und Polykarp mußte ihn sichern, bis er ganz blutige Finger hatte.

Dann ist von der Hütte Hilfe gekommen. Von dort aus hatte man die Gesellen mit dem Fernglas im Auge behalten. Polykarp hat auch von Alleingängern erzählt, die sie aus Gletscherspalten bergen mußten. Der leichteste Führer mußte sich bei der Rettungsaktion in die Spalte abseilen lassen.

Ein Bergführer hat nach einer Tour ganz wunde Füße gehabt. Er konnte nicht mehr gehen. Da sagte die Mittelberger Zenzl zu mir: »Ich pflege ihn nicht! Wenn du ihn pflegst, kann er da bleiben, bis er wieder gehen kann.« So habe ich ihm halt das Kamillenbad gerichtet. Die Bergführer haben für die Gäste auch die Koffer und sonstiges Gepäck auf die Hütten getragen.

Das Brot haben wir beim Bäcker Schranz in St. Leonhard bekommen. Mich hat die Zenzl oft geschickt: »Kannscht leicht auße Brot hole!« Dann bin ich zu Fuß hinaus, und zu Fuß wieder hinein.

Der Schranz ist manchmal mit dem Roß gekommen, oder der Fuhrmann Ludwig Haid von der Au hat das Brot gebracht, auch andere Sachen und die Post.

Wenn mehr Gäste auf die Hütten gegangen sind, ist oft das Brot ausgegangen. Dann hat es geheißen: ›Du muosch durchaus Brot hole.‹ Gute sechs Stunden war ich jedes Mal unterwegs. Die Zenzl war da nicht zimperlich!

Zum Abspülen hat dann haufenweis Geschirr auf mich gewartet. Ich war todmüde und wollte nur noch ins Bett, aber das hat es nicht gegeben, ich habe noch das Geschirr abwaschen müssen. Leicht war es nicht in Mittelberg, aber die Gegend war schön. Ich wäre gern einmal ins Taschach gegangen, aber der Weg war zu weit, und ich hatte nie Zeit, weil es immer Arbeit gab. Da habe ich das Abspülen schon gelernt.«

Die Straße war schlecht

Obwohl die Bemühungen, eine bessere Straße durchs Pitztal zu bauen, noch ins 19. Jahrhundert zurückreichen, blieb der Talweg auf langen Strecken im Urzustand. In Baedekers Reiseführer »Österreich« aus dem Jahre 1926 lesen wir: »Das Pitztal, in seinem untersten Teil eine enge Schlucht mit zahlreichen Wasserfällen, verdient wegen des großartigen Talschlusses einen Besuch. Die neue Fahrstraße von St. Leonhard war 1926 bis über Wenns hinaus fertig (auch Kraftpost in 1/2 St. für 2 1/2 S). Der nur für kleine Wagen fahrbare alte Fahrweg geht bis (9 St.) Mittelberg. Wagenbestellung beim Gasthof Post in Wenns; Fußwanderung vorzuziehen« (S. 378).

Erst nach dem Zweiten Weltkrieg wurde die Straße nach Mittelberg einigermaßen für Autos befahrbar. Viele erinnern sich noch an die Ankunft der ersten »Luxusautos« vor dem Lieselewirt in St. Leonhard in den dreißiger Jahren. Anschaulich schildert der Postchauffeur *Otto Mayer* die Pitztaler Zustände der jüngsten Vergangenheit: »Ab Dezember 1951 bin ich als Buschauffeur ins Pitztal gefahren. Die Straßenverhältnisse waren schlecht, die Strecke vom Bahnhof durch den Arzler Wald war noch nicht asphaltiert. Wir hatten kleine Busse. Zuerst lenkte ich einen Achtzehnsitzer, dann einen Bus mit 25, später einen mit 29 und schließlich einen mit 33 Sitzen. 1951 blieben die Gäste noch aus. Erst ab 1955 kamen vereinzelt wieder Touristen ins hintere Tal. Im vorderen Pitztal waren im Sommer schon eher Fremde anzutreffen. Einheimische fuhren morgens mit dem Bus zur Arbeit. Privatautos hat es im Tal kaum gegeben.

In Trenkwald war lange Endstation für die Postbusse, und man hat dort gewendet. Da mußten wir Chauffeure eine Weile warten, und manchmal kamen dann Gäste aus Mittelberg, Mandarfen oder Plangeroß, die zu Fuß gingen, mit dem Pferdegespann oder mit dem Jeep transportiert wurden. Nachdem die Gäste in den Bus gestiegen waren, haben wir dann das Frachtgut umgeladen. Mehl, Nudeln, Jungschweine und was sie im hinteren Tal gebraucht haben. Der »Moaschter« (Walser aus Stillebach) mit seinem Fuhrwerk war jedes Mal auf dem Markt in Imst anzutreffen. Wir sind uns auf dem Weg begegnet. Autos sah man nur selten.

Oft beförderte ich nur zwei, drei Leute: den Rauchfangkehrer, den Exekutor (Gerichtsvollzieher) und die Polizei. Was die im Tal wollte, war mir immer ein Rätsel, denn Einbrüche sind früher kaum vorgekommen.

Konkurrenz zwischen Fuhrwerk und Postauto gab es nur bedingt, nur wenn der »Moaschter« mit seinen Pferden bis Imst fuhr. Er hat seinen Wagen mit Jungschweinen überfüllt, was nicht Platz hatte, kam in den Bus. Die Bauern haben ihn gebeten, dies oder jenes mitzunehmen.«

Zuerst kamen nur wenige Touristen

Die Bedingungen für die Entwicklung des Tourismus im hintersten Tal, ohne Strom, ohne Licht, ohne fließendes Wasser, ohne Warmwasser waren bis nach 1950 denkbar ungünstig. Die wenigen Gäste mußte man oft kilometerweit abholen. Franz Rimml erinnert sich an diese Tätigkeit: »Wir holten die Fremden in St. Leonhard, später in Trenkwald und in Plangeroß ab und brachten sie zum Postauto zurück. Früher gab es viele Dienste, für die man nichts verrechnete. Man war das vom Tagwerken her gewohnt. Für solche Arbeiten etwas zu verlangen, daran hat kein Mensch gedacht. Die Mutter hat immer gesagt: Als ihr klein wart, hat der Vater verdienen gehen müssen, und ich habe allein die Landwirtschaft bestellt. Ich mußte andere Leute bitten: Helft mir da und dort. Ich habe ihnen das Essen gegeben und Vergeltsgottausendmal gesagt. Das war alles. Ich war froh, wenn ich Hilfe hatte, und jetzt helft ihr den Leuten. Sie brauchen euch, und ihr geht. Da haben wir gehen müssen. So ist man aufgewachsen. Als die Gäste kamen, war es genauso.«

Ungünstig war, daß zwischen dem ersten und dem zweiten Grasschnitt das Bergheu gewonnen werden mußte. Diese zwei Monate waren aber die Zeit, in der die Talwanderer und Alpinisten kamen. Franz Pechtl, der noch vor dem Ersten Weltkrieg geboren wurde, erlebte den Wandel vom Individualtourismus zum Massentourismus: »Wenn die Touristen kamen, war die Zeit des Bergheuens. Bis ca. 1920 kann ich mich zurückerinnern. Damals gab es im hinteren Pitztal etwa 40 Führer. Sie hatten aber kaum Arbeit. Und gerade zu diesem Zeitpunkt wollten mein Bruder Johann und ich Bergführer werden. Bedarf gab es allerdings keinen!

Zwölfmal ging ich zum Gasthof Liesele (Sonne) in St. Leonhard, um mich zu bewerben. Von 1925 bis zum Zweiten Weltkrieg ließ ich keine Bergführertagung aus. Erst nach dem Krieg gaben sie mir das Trägerbuch. Am Anfang der Bergführerei nahmen die meisten Gäste einen Führer und einen Träger. Der Führer ging ohne Last, der Träger mußte das Gepäck der Touristen schleppen. Der Träger war die Vorstufe zum Bergführer.

Als Bergführeranwärter bekam man einen Schein und ein Abzeichen. Ich erhielt beides nach dem Zweiten Weltkrieg, als ich keine Zeit mehr zum Bergführen hatte. Da waren kleine Kinder da und

◁
Man mußte früh von zu Hause fortgehen

Viele Mädchen haben sich als Magd, Hausgehilfin oder Kellnerin verdingt. In Innsbruck und Zirl war ich in Gasthäusern Küchenmädchen. Die Arbeit war hart, und daheim warteten sie auf die paar Groschen, die man verdiente.
Theresia Grassl

Mein Vater mußte die Äpfel auseinanderschneiden

Richard Schucht hat für das Tal viel getan. Zu Weihnachten hat er immer für die Kinder Äpfel geschickt. Es waren aber zu viele Kinder. Mein Vater, der damals Bürgermeister war, mußte die Äpfel auseinanderschneiden, damit jedes Kind ein Stück bekam.

Theofrieda Neururer

Viel zu tun gab es damals in den Gasthäusern nicht

Vor dem Ersten Weltkrieg gab es kaum eine Kellnerin, die im hinteren Tal Arbeit fand. Die Leute hatten keinen Schilling im Sack. Am Sonntag gingen ein paar Männer ins Gasthaus. Wir Jungen spielten Karten, nur die Alten tranken manchmal einen Schnaps. Wenn wieder einmal wenig konsumiert worden war, konnte es im Winter vorkommen, daß der Kachelofen der Wirtsstube kalt war und die Fenster offen standen. Franz Pechtl die Landwirtschaft. Da konnte ich nicht Sommer wie Winter einfach wochenlang von zu Hause weg sein. Die Erledigung meines Ansuchens hatte sich so lange hinausgezögert, weil man keine neuen Bergführer einstellen wollte. Die alten Bergführer waren immer gegen Neuaufnahmen, weil sie selbst nicht viel zu tun hatten. Sie haben gebremst. Dem Führerreferenten aus Innsbruck war das egal.

Aus dem hinteren Tal kamen meist fünf bis sechs Bergführeranwärter. Wir saßen beim Lieselewirt in der Stube, während im Hinterzimmer die Bergführer alles unter sich ausmachten, und wenn die Tagung zu Ende war, hat man zu uns hereingerufen: »Kennts huam giahn!« Die Bergführer hatten wieder abgelehnt. Zwölf Jahre hintereinander zu Fuß zwölf Kilometer hinaus und zwölf Kilometer ins Tal zurück, den ganzen Tag vertan — die Tagung dauerte von ca. neun Uhr vormittag bis zum späten Nachmittag. Immer wieder umsonst! Immer wieder abgelehnt...

Das Verhältnis zu den Gästen war anders als heute. In den zwanziger und dreißiger Jahren kamen nur Doktoren, Universitätsprofessoren, Rechtsanwälte, Richter, also gebildete Leute mit ihren Frauen. Sie gingen meist einzeln mit einem Führer. Erst durch die KdF-Reisen kamen dann Gäste aus sämtlichen Schichten.

Die Bergführer waren fast alle in der Landwirtschaft tätig. Ab August war das ganze Tal vier bis fünf Wochen auf dem Berg droben, um das Bergheu zu ernten, das wir im Winter ins Tal schaffen mußten. 14 Tage bis drei Wochen sind wir damit beschäftigt gewesen. Man hat die Nachbarn um Hilfe gebeten. Wer keine eigenen Leute hatte, mußte Holzschneider und Mistzieher suchen. Alle haben umsonst gearbeitet, nur ums Essen. Für das Holzschneiden, das Heu- und das Mistziehen hat man das Essen bekommen. Da hat man einfach gefragt, und man hat auch leicht Leute bekommen. Beim Heuziehen war es oft schlecht, weil man für diese Arbeit gleichzeitig an mehreren Orten Leute brauchte. In Mandarfen, Plangeroß, Weißwald, Köfels und Trenkwald hat man wochenlang gezogen. Allein hast du es nicht machen können. Man war auf die Nachbarschaft angewiesen. Wir von Mandarfen gingen oft nach Plangeroß Heu ziehen. Da hat niemand einen Groschen bezahlt. Die Leute, bei denen nur ein Mann im Haus war, benötigten öfter fremde Hilfe. Beim Bergheuen war die Zusammenarbeit unentbehrlich. Zuerst zogen ca. zehn Leute das Heu vom Berg herunter, doch es war noch lange nicht zu Hause, wenn das Heu im Tal war. Du mußtest jede Burt (Heubündel) einzeln auf dem Schlitten heimziehen. Aus diesen Bauern rekrutierten sich die frühen Bergführer...

Es hat in der Gemeinde St. Leonhard nur wenige Gastwirtschaften gegeben: Den Gasthof Wiese, den Lieselewirt, die alte Post (den Fisser), die Traube in Plangeroß und den Gasthof Mittelberg, wo sich die Bergführer trafen. Zu Beginn der dreißiger Jahre gab es im ganzen hinteren Tal ca. 80 Fremdenbetten, ohne fließendes Wasser, ohne alles. Jetzt werden es ca. 3.000 Betten sein. 70% davon sind Komfortzimmer. Das ist schon ein Wandel...

Um 1932 begannen wir, Gästezimmer zu vermieten. Dann kam die Tausendmarksperre. Von 1932 bis 1938 brauchte man kein neues Bett aufzumachen. Die Deutschen sind komplett ausgeblieben. Im Winter hat dann Katteres Hansl (Johann Neururer, Mandarfen), der Skilehrer auf einer Hütte im Paznaun war, so viele Leute aus der Tschechoslowakei, aus Ungarn, Holland und Belgien angeworben, daß er 1937 und 1938 Vollsaison hatte. Wir hatten damals 10 bis 12 Betten geschlagen voll. Fließendes Wasser gab es keines. Vor 1930 war vor dem Gasthof Andreas Hofer ein Ziehbrunnen. Da hat man pumpen müssen. Tief im Boden war Wasser. Der Brunnen war sechs bis acht Meter tief und rund mit trockenen Steinen ausgemauert. Das Vieh hat man im Sommer und im Winter beim Bach getränkt, das waren die Kühe gewohnt. Der Bach ist nie zugefroren. Früher ist dieses Wasser dort vorbeigeflossen, wo jetzt der Parkplatz der Rifflseebahn ist...

In den dreißiger Jahren haben wir dann in Eigenregie die Wasserleitung gebaut. Dann konnte man in jedem Haus einen Wasserhahn installieren. Klo-

Mittelberg, der Weiler am Abschluß des Tales.

Der Weiler Tieflehn war früher eine Alm mit Sennerei.

Köfels im Pitztal.

spülung gab es noch keine. Für den Stall errichteten wir den Wasserzulauf erst später. Den Gästen hat man eine Waschschüssel und einen Krug Wasser ins Zimmer gestellt, das war alles. Nach dem Krieg haben wir das Bad eingerichtet, mit einem Ofen für das Warmwasser. Damals kamen Leute aus Tieflehn und Plangeroß zweimal im Jahr zu uns herauf zum Baden. Für das Wärmen des Wassers haben sie bezahlt, oder sie haben das Holz mitgebracht. Die Talbevölkerung war arm, hat aber gegessen und gelebt. Heute ist oft schlechter essen, weil du vor Hektik nicht die Zeit dazu hast.«

Das Taschachhaus war die erste Hütte im Tal

Schon vor der Braunschweiger Hütte bestand das Taschachhaus. Neben der alten Taschachhütte errichtete die Sektion Frankfurt einen stattlichen Neubau. Von hier hat man einen herrlichen Blick auf den Taschachferner, die Petersenspitze, die Hochvernagtwand und die Ölgrubenspitze. Das Taschachhaus hatte schon vor dem Ersten Weltkrieg sechs Schlafräume mit 18 Betten und ein Speisezimmer.

Hilde Eiter erinnert sich an die Zeit, als ihr Onkel, der Bergführer Josef Rimml aus Plangeroß, Hüttenwirt war und Anna Menz mit ihren Töchtern das Schutzhaus vorbildlich bewirtschaftete: »Die Seppn Hilde (Menz) hat aufgepackt und ist jeden Sommer ins Taschach gegangen. Mit den Rössern hat Josef Rimml von Plangeroß aus 45 Jahre lang hineingesäumt. Es gab die Seilbahn noch nicht. Später säumte Jakob Eiter von Weißwald aus jeden Tag bis zur Hütte. 45 Jahre lang führte mein Onkel das Taschachhaus, bis es Füruter Sepp, der Agathes, 1949 übernommen hat.

Die alte Hüttenwirtin, die Seppn Anna, war in Plangeroß immer krank, hatte offene Füße. Wenn sie auf der Hütte sein konnte, war sie aber sofort gesund. Zuletzt haben sie die Anna auf dem Maultier hineintransportiert. Sie hat immer durch das Fernglas vom Küchenfenster der Hütte aus gesehen, ob Gäste kamen. Dann traf sie Vorbereitungen. Sie mußte Feuer machen und Essen richten. Es gab Erbsensuppe und Würstchen. Sie hat jeden Gast persönlich an der Hüttentür in ihrem langen Rock empfangen. Die Schürze tat sie zur Seite, damit sie sauber ausschaute.

Die haben zusammengehalten und gespart. Fleisch haben sie wenig gehabt, und wenn sie eines hatten, wurde es im Taschachgletscher eingegraben. Es gab keinen Strom. Sie sagte mir: Das Fleisch schlagen wir im Essigtuch ein, die Fliegen mögen den Essiggeruch nicht. Der Gletscher war ihr Kühlschrank. Ihre Tochter Hilde ist heute 85 Jahre alt und lebt in Jugoslawien. Sie heiratete einen Professor und kam letztes Jahr nach 45 Jahren wieder nach Plangeroß. Als ich mit ihr zur Taschachalpe fuhr, gingen wir hinauf zu dem Stein, von wo aus man die Schutzhütte sehen kann. Da sang sie »Großer Gott, wir loben dich« und begann zu weinen. Sie hat noch jeden Stein gekannt. Die Hilde hat auf der Hütte schon als Mädchen die Geißen gemolken.«

Von der Bank bekamen wir kein Geld

Selbst nach dem Zweiten Weltkrieg spielte der Tourismus als Wirtschaftszweig im Tal eine geringe Rolle. *Franz Auer* berichtet: »Wir sind in Trenkwald ganz ärmlich aufgewachsen, haben die Felder gemäht und alle Arbeiten von Hand getan. Auch die Nachbarn wurden geholt, um gemeinsam den Heuwagen schieben zu können. Es war ungünstig.

Im Winter hätten wir Zeit gehabt zum Verdienen zu gehen, aber es hat sich nichts geboten. Kein Verdienst, gar nichts. Du hättest einen Winterschlaf machen können. Mit 32 Jahren hatte ich noch keinen einzigen Pfennig. Wir haben gehört, im Ötztal könnte man mit Skifahren Geld verdienen.

Wir kamen dann dazu in die Kriegszeit, und nach dem Krieg waren die Zustände ganz schlecht. Im Sommer wäre schon eine Arbeit zu bekommen gewesen, aber da war die Landwirtschaft, und man hat in der übrigen Zeit schon versucht, sich durchs Hüttentragen im Fremdenverkehr dienstbar zu machen. Ich habe lange zur Station des Materialaufzuges, der zur Braunschweiger Hütte führt, getragen.

Mein Bruder Hans übernahm dann die Hütte, und ich war bei ihm Lastenträger. 1942 war die Seilbahn durch die Heereshochgebirgsschule vom deutschen Militär gebaut worden. Bei uns hier erhielten die Soldaten die Hochgebirgsausbildung. Österreich bestand damals nicht mehr. In Trenkwald standen noch die Baracken, in denen die Soldaten untergebracht waren.

Nach dem Krieg war kein Geld da, und der Winter wäre für uns die Zeit gewesen, etwas zu verdienen. In der Heuzeit mußten wir zu Hause sein. Im Spätherbst habe ich oft alle Dreckarbeit getan. In Imst habe ich als Kohlenträger gearbeitet, denn es war ja nicht leicht, eine Anstellung zu bekommen, wenn du kein ständiger Arbeiter warst. Was wir taten, galt als zerrüttetes Verhältnis. Entweder du bliebst zu Hause oder du durftest nicht wählerisch sein. Damals ging die Hütte Ende Februar auf, und dann begann die Trägerei.

1949 habe ich den Sommer über beim Straßenbau gearbeitet, und man hat sich für den Fremdenverkehr zu interessieren begonnen. Ich wollte Bergführer werden. Am Taschachhaus wurde ein Bergrettungskurs angeboten, und ich habe mich gemeldet. Dieser achttägige Kurs war die Grundvoraussetzung für die Bergführerei.

Gleich im März 1954 habe ich den Skiführerkurs besucht. Durch die Hüttenträgerei hatte ich mir ein wenig Geld gespart, das für den Kurs gerade reichte. Im Herbst 1954 haben die Amerikaner, es war noch Besatzungszeit, dem Alpenverein geschrieben und Skilehrer angefordert. Da wir den Winterlehrgang gemacht hatten, haben wir diese Arbeit bekommen.

Von 1954 bis 1955 war ich in Saalfelden bei den Amerikanern. Wir haben gut verdient und gut gegessen. Die Wirtschaftslage war damals bekanntlich recht armselig.

1955 kam es zum Staatsvertrag, und die Amis sind abgezogen. Damit war diese Arbeit zu Ende. Ich wäre gern noch länger geblieben. Mein Bruder Hans war 1955/56 schon in Obergurgl bei den staatlich geprüften Skilehrern. Noch im selben Jahr kam ich dort unter.

Ich machte den Sommerlehrgang und 1959 auch die Skilehrerprüfung. Daraufhin war ich noch zwei Jahre in Obergurgl, und dann begann auch im Pitztal langsam der Tourismus. Der Skischulleiter Füruter Sepp hat uns dann angesprochen, wir sollten jetzt hier etwas aufbauen. Dann sind wir geblieben und jahrelang von Trenkwald zu Fuß die zehn Kilometer gegangen oder auch mit dem Motorrad gefahren.

1962 konnte ich mir ein altes Auto kaufen. Im Sommer habe ich Touristen geführt, so hatte ich das Geld, um mir diese Schulen leisten zu können. Mit 42 Jahren habe ich geheiratet. Nachdem 1962 der Hüttenwirt Roman Gundolf gestorben war, übernahm mein Bruder den Betrieb. Nach dem Krieg war auch in Innsbruck eine Hochgebirgsschule gegründet worden. Die Gäste buchten für eine Woche, und so war auch bei Schlechtwetter mit Betrieb zu rechnen.

Ich sollte die Leute führen. Vorher hatte ich in der Schweiz, in den Dolomiten und in der Brentagruppe privat geführt, und das hatte mir zugesagt, weil ich viel herumgekommen bin. Immer am selben Ort zu sein, das hat mir zuerst gar nicht gepaßt. Aber ich wollte verdienen, und so habe ich keine Tour ausgelassen. In einer Bank in Innsbruck konnte ich im Herbst das ganze Geld abheben. Da kam eine nette Summe zusammen, den ganzen Sommer habe ich keinen Schilling abheben müssen. Meinen Lebensunterhalt habe ich mit Privatführungen leicht verdient.

1966 ließen wir unser Grundstück in Mandarfen ins Grundbuch eintragen, im Jahr darauf begannen wir mit dem Bau einer Fremdenpension, aber von keiner Bank konnten wir zunächst einen Schilling bekommen. Erst später erhielten wir einen Bürgschaftskredit, den mein Vater, der damals schon alt

Unterrain im Pitztal.

Scheibrand, Geburtsort des Arbeiterphotographen Johann Santeler, 1898 - 1974.

Ritzenried, Gemeinde Jerzens.

Gasthof Sonne, Liesele.

Gasthof Alte Post, Fisser.

Gasthof Wiese, Geburtshaus des Malers Alois Gabl, 1845 - 1893.

war, widerwillig unterschrieb. In fünf Jahren mußte ich das Darlehen zurückzahlen. Lange wohnten wir im unfertigen Haus. Mit dem Bergführen hat man gut verdient. Früher kamen reiche Leute, Postdirektoren, Doktoren und Professoren. Oft begleitete ich einen Gast drei Wochen durchs Hochgebirge. Nur wenige konnten sich einen Urlaub in den Bergen leisten. Heute ist das anders. Manche kommen sogar per Autostopp, häufig ohne Geld.

1971 wurde die Rifflsee-Bergbahn gebaut. In der Folge kam es zu einer Belebung des Tourismus. Viele Bauern entschlossen sich umzubauen, um Fremdenzimmer zu schaffen.«

Durch den Massentourismus geht viel kaputt

Seit dem Bau der Gletscherbahn 1984 veränderte sich die Struktur im hinteren Tal schlagartig. Besonders ältere Leute, die im Tourismus und in der Landwirtschaft ihre Erwerbsmöglichkeiten gesichert sahen, befürchten jetzt, daß die Region durch die Monokultur des Tourismus krisenanfällig wird. »Es geht jetzt stur aneinander vorbei«, stellt Hilde Eiter fest. »Der Massentourismus muß verkraftet werden. Autos überall, Gestank und Hektik, Größenwahn und Pleiten. Keine Zeit für Kinder und Familie, keine Zeit, in Würde zu altern. Der Tourismus ist schon recht, aber mit Maß.«

Der Fortschritt muß dem Menschen dienen, und die Natur darf dabei nicht zugrunde gehen. Es gibt Grenzen der Expansion, und diese werden in diesem Hochtal von der Natur gesetzt. Über ein Drittel der Bäume sind schon jetzt krank. Wenn durch Hausbrand und Autoabgase der Bannwald abstirbt, ist das Ausmaß der Katastrophen in den Tälern nicht auszudenken. Die Weichen für die Zukunft werden jetzt gestellt.

Viele meinen, es sei hart und kalt zwischen den Menschen geworden. Außer Profit gebe es nichts mehr. Nicht nur die frühere Wirtin Hilde Eiter klagt über die negative Entwicklung der zwischenmenschlichen Beziehungen: „Ach, wenn nur nicht jeder so hoch dran wäre! Viele nehmen dir keinen Gruß mehr ab, grüßen, das wäre wohl das wenigste, was man erwarten könnte. Oft wäre mit einem guten Wort schon viel getan. Es wird noch so weit kommen, daß die jetzigen Besitzer alles an die Banken verlieren und daß ihnen nichts mehr gehört. Sie müssen dann für andere schuften, und wenn dir und deiner Familie dabei nichts mehr gehört, so ist das auch kein Leben. Viele bauen zu groß und zu geschmacklos, das Neue sollte doch halbwegs zur Gegend passen. Wir haben augenblicklich milde, schneearme Winter, und man baut in gefährliche Zonen. Es ist noch nicht lang her, da warf die Lawine Bäume auf ein Haus in Mandarfen. Es kann auch ärger kommen. Oft konnte man früher keine Kartoffeln anbauen, weil der Talboden meterhoch mit Dreck, Schnee und Bäumen bedeckt war. Heute hat man die Bagger zum Aufräumen, aber früher mußte man mit der Wiegsäge die Bäume herausschneiden und mit dem Schubkarren den Dreck wegräumen, aber das kann alles wieder kommen.«

Auch *Alois Melmer* aus Piösmes hält eine touristische Monokultur für gefährlich: »Meiner Meinung nach ist Tourismus gut und recht, aber wenn sich die Leute ausschließlich darauf verlassen und sich nur auf Fremde einstellen, ist das falsch. Das ist kein Zustand auf Dauer. Ein gemäßigter Tourismus sichert Existenzen, aber den Massentourismus halte ich für gefährlich. Seit dem Bau der Gletscherbahn setzt man nur noch auf den Wintertourismus. Aber der Rückgang des Gletschers wird mehr und mehr zum Problem. In zwanzig oder dreißig Jahren kann man das möglicherweise alles vergessen, wenn das Eis weiterhin so rapid zurückschmilzt. Ich weiß noch, wie sich die Gletscherzunge fast bis ins Tal herunterschob. Man ging damals noch von St. Leonhard aus mit dem Kreuz nach Mittelberg. Es war eine Prozession gegen Gletschergefahren, denn oft verwüstete ein ausgebrochener Eissee das Tal. Der Pfarrer hat dann die Prozession abgeschafft. Es störte ihn, daß die Liebespaare auf dem Heimweg in den Büschen verschwanden.«

△
Viele Männer gingen in die Fremde

Es hat früher im Tal wenig Arbeit gegeben. Man ist im Frühjahr fortgegangen. Auch die von Zaunhof gingen als Holzer, Maurer, Wegmacher usw. nach Bayern, einige haben in der Ziegelei in der Schweiz gearbeitet. Dort hast du es nicht gut getroffen. Wenn es trocken war, ist es schon gegangen. Wenn es aber regnete, warst du im Ziegelstadel von oben bis unten voll Lehm. Da hast du nicht arbeiten können. Einige haben nichts erspart und andere nicht viel. Man mußte Kostgeld zahlen. Wer normal gegessen hat, hat seinen Lohn mit Essen aufgebraucht.

Gottfried Lechthaler

▷
Wenn sie tanzen wollten, mußten sie ins vordere Tal hinaus.

Im Winter war hier wenig los

Früher hat es durch das Tal nicht viel Verkehr gegeben. Ab und zu sind Fremde mit ihren Rucksäcken vorbeigewandert. Die meisten von ihnen sind im Sommer gekommen. Im Winter war hier wenig los. Die Straße war oft gesperrt, und vor den Lawinen ist man nicht sicher gewesen. Es hat streckenweise einen Schneepflug gegeben, Rösser haben ihn gezogen. Wenn viel Schnee lag, ist man am besten daheimgeblieben. Zur Kirche sind wir schon gegangen. Von Rablesau führte ein schmaler Steig nach Jerzens. — Heute lebt Jerzens hauptsächlich vom Wintertourismus. Rudolf Schöpf

Der Förster und Jäger Franz Rimml, der lange Zeit in der Lawinenkommission tätig war, warnt vor der Sorglosigkeit, mit der man heute zu Werke geht: »Auch in einem ganz normalen Winter kann es im Tal gefährlich werden. Man stelle sich folgende Situation vor: auf dem Gletscher befinden sich tausende Touristen, es ist neblig. Da gehen plötzlich die beiden Lawinen zwischen Mittelberg und Mandarfen nieder. Wird es dann möglich sein, so vielen Personen Hilfe zu leisten?« Auch Hilde Eiter redet offen über die Probleme, so wie es in der Öffentlichkeit geschehen sollte, denn nur so könnten die wesentlichen Fragen zur Sprache kommen: »Der Tourismus hat dazu geführt, daß die Leute im Tal weiterleben können. Das ist sicher positiv zu bewerten. Aber der Massenansturm läßt dem einzelnen keine Zeit mehr, weder für die Familie noch für die Landwirtschaft. Besonders die Frauen leiden unter der Doppelbelastung. Sie müssen ja neben den Fremden auch die eigene Familie versorgen.

Früher sind die Leute zufriedener gewesen, und die Touristen waren nicht so anspruchsvoll. Vielleicht verwöhnt man die Fremden auch falsch. Man konfrontiert sie nicht mit den Problemen der Einheimischen. Ältere Gäste haben mehr Einsicht als junge. Sie verstehen, daß der Zimmervermieter auch einmal Ruhe braucht. Viele junge Urlauber sagen aber: Wir bezahlen dafür, wir wollen bedient sein.

Wenn einer seinen Urlaub in den Bergen verbringt, soll er die Berge genießen und nicht den ganzen Tag in den Bars herumlungern. Dort schauen sie das Geld nicht an, das Zimmer soll aber nichts kosten. Manche Touristen sind am Ende ihres Urlaubs oft kaputter als am Anfang. Nach einer anstrengenden Tagesreise im Auto am Freitagabend ankommen und am Sonntag wieder heimfahren, das kann keine Erholung sein. Da nehmen viele einen so langen Weg auf sich, nur um ein bißchen Ski zu fahren. Ist halt eine Mode. Wer weiß, eines schönen Tages interessiert sich keiner mehr dafür. Es wird viel Reklame gemacht, und so denkt mancher: Das möchte ich auch einmal kennenlernen.

Die Kinder der Leute, die im Gastgewerbe arbeiten, sind oft unglücklich, weil keiner für sie Zeit hat. Wie sollen sie einen Halt im Leben finden, wenn die Eltern nie mit ihnen reden und nie mit ihnen spielen? Wir haben früher auch viel Arbeit gehabt, aber für die Kinder habe ich mir wenigstens am Abend Zeit genommen. Einmal wollte mein Bub rasch sein Mittagessen, er wollte Ski fahren gehen. Ich war gerade dabei, die Gäste zu bedienen und sage zu ihm: »Muesch wårten, i bin dabai, den Laitn 's Essen z'schöpfen.« Da stellt sich mein Bub vor mich hin und sagt: »Såg, Mueter, sain miar kuane Lait?« Da habe ich zu ihm gesagt: »Recht håasch, Bue.« Das habe ich mir gemerkt.

Die heutigen Kinder werden den Alten einmal Vorwürfe machen. Sie bauen Hotels, höher als der Kirchturm. Und die alten Namen der Gasthöfe sind ihnen nicht mehr gut genug. Die alte Substanz verlottert, für echte Kultur will man nichts ausgeben. Nur Geld verdienen und dabei nichts vom Leben haben, das ist nichts. Wenn eine Krise käme, würden die Fremden ausbleiben. Dann müßte man wieder bescheidener leben und wieder mehr zusammenhalten. Wir sollten wieder zum richtigen Maß zurückfinden.«

△

Prozessionen waren früher für die Einheimischen da

Wald war durch seine Lage am Eingang des Pitztales begünstigt. Das Klima ist hier milder als im inneren Tal. Die Nähe zu Imst war ein Vorteil für Arbeitssuchende. 1909 brannte der Ort zum Großteil ab. Die St. Thomaskirche wurde zerstört und der Turm mit einem Notdach versehen. Nur langsam hat sich das Dorf von der Katastrophe erholt. Prozessionen spielten in solchen Notzeiten eine große Rolle. Die Fremden haben sich gescheut, so offen zuzuschauen wie heute.

Leopold Huter

▷

Der frühe Tourismus linderte die Armut der Talbewohner

Ötz war vor 1884 ein relativ kleiner Ort mit Häusern, die durchweg dem Stil des 16. Jahrhunderts angehörten. Mit dem Bau der Arlbergbahn hat sich das Ortsbild verändert. Man räumte die Straßen auf, renovierte die Häuser, und die frühen Touristen bewunderten die schönen Fassaden. Bis in die dreißiger Jahre kamen noble Gäste, die Weitblick ins Dorf brachten und versuchten, positiven Einfluß auszuüben. Der frühe Tourismus linderte die Armut der Talbewohner.

Hans Jäger

Das Abrüsten wurde gefeiert.

Noch 300 Tage mußten diese Männer in Trient beim Militär verbringen.

Von allen Seiten wurden wir verhetzt

Der Militärdienst war für die jungen Männer vor dem Ersten Weltkrieg eine wichtige Lebensstation, ein vom Staat vorgeschriebener Lebensabschnitt, der von den meisten als Selbstverständlichkeit hingenommen wurde. Aus den Erzählungen alter Menschen geht hervor, daß für manchen die Militärzeit eine nicht unwillkommene Unterbrechung des Alltags darstellte, der in den Tälern Tirols nicht nur von Mangel und harter Arbeit, sondern auch von Eintönigkeit geprägt war. Die Berichte über den Wehrdienst nehmen in der Erinnerung alter Männer breiten Raum ein, und sie werden nur noch von jenen, die von der Knappheit der Lebensmittel und vom Krieg handeln, übertroffen. Die Einheiten, denen die Rekruten der Habsburgermonarchie zugeteilt waren, befanden sich durchweg in größeren Orten, so daß sich den jungen Männern die Gelegenheit bot, über die Enge ihres Alltags hinauszukommen und sich in einer bedeutenderen Welt umzusehen. Der Kameradschaft kam ein hoher Stellenwert zu, und nur wenige blickten auf diesen Lebensabschnitt mit Groll zurück, obwohl das österreichische Militär eine unerbittlich harte Schule des Gehorsams war. Eine fast optimistische Stimmung liegt auf den meisten Photos, die Josef Schöpf in Trient von Soldaten machte. Die stereotyp wiederkehrenden Tafeln mit der Aufschrift »Noch 300 Tage« weisen allerdings unverhohlen auf das herbeigesehnte Ende des Kasernendaseins hin. Vergleichbares findet sich in manchen Liedern, die dieses Thema betreffen. Eines davon — es trägt den Titel »Reservistenlied« — hat eine junge Frau aus dem Bezirk Imst in ihr handgeschriebenes Gesangbuch eingetragen. Es enthält die Worte: »Gott sei Dank, jetzt ist es aus.« In der letzten Strophe verabschiedet sich der Wehrdiener spöttisch vom Strohsack, vom Wasser und Kommißbrot. Die Schreiberin hat den Text im Jahre 1914 kurz vor Ausbruch des Ersten Weltkrieges in ihre Sammlung aufgenommen.

Die Musterung und die Militärzeit waren wichtig genug, um im Bild festgehalten zu werden. Bevor ein junger Mann von seiner Familie Abschied nahm, ließ er sich häufig mit seinen Angehörigen photographieren. *Josef Neururer* aus Grenzstein, einem Bergweiler bei Wenns, hat noch nach dem Zweiten Weltkrieg die Bauern seiner Umgebung mit Aufnahmen bedient. Er erzählte, bei welchen Anlässen sich die Leute ablichten ließen: »Man hat die Familie aufgenommen, solange sie beieinander war. Auch ich habe solche Bilder gemacht. Da hat es geheißen: der Bub kommt zum Militär oder: das Mädchen geht in die Schweiz, jetzt geht alles auseinander. Komm und mach ein Photo von der ganzen Familie. Das habe ich oft getan, bevor der Schwarm auseinandergeflogen ist.«

1868 wurde in Österreich-Ungarn die allgemeine Wehrpflicht eingeführt, was auch für Tirol eine Neuregelung des Militärwesens brachte. Seit 1879 mit Deutschland und seit 1882 mit Italien verbündet, beteiligte sich die Habsburgermonarchie als Großmacht am Wettrüsten, das in den siebziger Jahres des 19. Jahrhunderts verstärkt einsetzte. Um mit den übrigen europäischen Ländern im Kampf um Rohstoffe, Absatzmärkte und Gebiete Schritt halten zu können, arbeitete man in Wiener Militärkreisen zielstrebig am Aufbau eines schlagkräftigeren Heeres, damit man für eine kriegerische Auseinandersetzung größeren Ausmaßes gerüstet war. Die Tiroler Landesverteidigungsordnung stand diesen neuen Bestrebungen eindeutig im Wege. In der alten Zeit hatte es nämlich in Tirol keine Wehrpflicht im österreichischen Heer gegeben. Zur Verteidigung des eigenen Landes war im Kriegsfall die Miliz zuständig. Die einzelnen Gerichtssprengel stellten die Leute, die an gewissen Tagen des Jahres zu Waffenübungen herangezogen wurden. Nur in höchster Not kam es zur Einberufung des Landsturms, und nur in diesem Fall waren alle wehrfähigen Männer zum Kriegsdienst verpflichtet. Zwangsrekrutierungen, die lange Dienstzeit im stehenden Heer, Exerzieren und Kasernen waren bei der Tiroler Bevölkerung unbeliebt. Nicht zufällig war eines der Motive der Erhebung von 1809 der Versuch Bayerns gewesen, in Tirol Zwangsaushebungen vorzunehmen. Es gehört zur Ironie der Geschichte, daß die Habsburger im Jahre 1816, also nur zwei

Sie haben gemeint: In ein paar Tagen sind wir wieder da …

Viele waren stolz, wenn sie zu den Kaiserjägern kamen, denn das war die Auslese. Als der Erste Weltkrieg ausbrach, sah ich einrückende Soldaten auf Lastautos vorbeifahren. Sie sangen und jauchzten. Als dann kein Ende des Krieges abzusehen war, hörte ich Erwachsene sagen: »Håbe se gmuant, in a påår Tåg sei mer wieder då.« Die Mutter sang mit uns oft, was schon ihr Vater mit seinen Kindern gesungen hatte: »Rumpldipummpumm, der Kaiser schlöit um, mit Händ und mit Fiaß, mit roschtige Spieß, håt Fenschter eigschlåge, håt's Blei dervoutråge, håt Kugle draus gosse und Baure derschosse …«

Agnes Schatz

Jahre, nachdem Tirol wieder an Österreich zurückgefallen war, die Gründung eines Jägerregiments durchsetzten, das in allen Teilen der Monarchie zum Einsatz kommen konnte und dessen Mitglieder zwangsrekrutiert wurden. Es gab damals allerdings noch viele Ausnahmen, und wer es sich leisten konnte, durfte einen Ersatzmann stellen. Der ehrende Name »Kaiserjäger« sollte davon ablenken, daß man im Grunde gegen den Willen der Tiroler verfuhr. Die Kaiserjäger hatten später den Ruf einer Elitetruppe, und dabeizusein galt als Auszeichnung.

Nach Einführung der allgemeinen Wehrpflicht absolvierten die Tiroler den Militärdienst grundsätzlich bei den Kaiserjägern bzw. bei den Landesschützen, die aber nur noch den Namen mit den früheren Landesverteidigern gemeinsam hatten. Die vier Kaiserjägerregimenter — Josef Schöpf diente zuerst im dritten und später im ersten — kämpften im Ersten Weltkrieg wie die Schützenregimenter mit erschreckend hohen Verlusten zuerst an der russischen und später an der italienischen Front.

»Für Gott, Kaiser und Vaterland« lautete die Devise, und die Notwendigkeit, für diese Werte mit der Waffe einzustehen, wagte niemand in Frage zu stellen. Die Tiroler waren bekannt für ihre Treue zur katholischen Kirche, für ihre fast devote Verehrung der Habsburgerdynastie und für ihre Heimatliebe. Auch die Geistlichkeit, die großen Einfluß auf die Leute hatte, ließ sich für das Militärische begeistern, vor allem, wenn es darum ging, das althergebrachte Schützenwesen zu fördern und die Erinnerung an 1809 wachzuhalten. *Alois Fink*, in den Jahren vor dem Ersten Weltkrieg Pfarrer von St. Leonhard, war dafür bekannt, daß er alle Gemeinden, in denen er wirkte, mit Schützenfahnen versorgte. Es sei auch daran erinnert, daß Bruder Willram (Pseudonym des Priesters *Anton Müller*), einer der damals populärsten Dichter Tirols, mit einer heute nicht mehr nachvollziehbaren Begeisterung Kriegslyrik verfaßte. Wenn er auch in diesen nach dem Ersten Weltkrieg zu Recht umstrittenen Gedichten seinen persönlichen Anschauungen Ausdruck verlieh, so hat doch die Tatsache, daß er in der Rolle des volksverbundenen Mönchs auftrat, viele gläubige Menschen veranlaßt, den Krieg für gottgewollt zu halten. *Alfons Rauch*, der sich noch an die Einberufung des Josef Schöpf erinnert, findet zornige Worte für jene, die damals für den Krieg Propaganda gemacht haben. »Es hat geheißen: Für Gott, Kaiser und Vaterland. Für den Herrgott Krieg führen? Da fragt man sich wohl, ob es einen Herrgott und eine Gerechtigkeit gibt.« Zu spät kam der Aufruf *Papst Benedikts XV.*, dem Blutvergießen Einhalt zu gebieten.

Von offizieller Seite hat die Kirche den Krieg zwar nicht empfohlen, aber sie hat ihn als Notwendigkeit hingestellt und verteidigt. »Krieg hat es immer gegeben und wird es auch in Zukunft geben, solange der Menschen Herzen nicht mit jener Liebe erfüllt sind, die der Heiland gepredigt«, schreibt der Autor eines in einem geistlichen Verlag 1913 erschienenen Jugendbuches. Er geht sogar so weit zu behaupten, daß der Krieg im Menschen christliche Tugenden erschließe: »Selbst die Feindesliebe, die schönste Blüte der christlichen Religion kommt zum Ausdrucke, wenn das Toben der Schlacht vorüber ist und wenn nun auch der verwundete feindliche Krieger gepflegt und betreut wird« (Allerlei vom Kriege, Klagenfurt 1913, S. 150). Unschwer erkennen wir in diesen Zeilen die Absicht, junge Menschen auf eine kriegerische Auseinandersetzung einzustimmen. Neben der fragwürdigen Argumentation stehen sentimentale Erzählungen, die vorbildhaftes Sterben auf österreichischen und deutschen Schlachtfeldern zum Inhalt haben. Wie weit verbreitet solches Gedankengut vor dem Ersten Weltkrieg war, zeigt auch das Gesangbuch der bereits erwähnten Frau aus dem Tiroler Oberland. Sie hat in den Jahren zwischen 1912 und 1917 nicht weniger als vierzehn zum Teil unerträglich sentimentale Kriegslieder aufgezeichnet, und wir müssen annehmen, daß diese gesungen wurden.

Gottfried Lechthaler aus Wenns, der den Ersten Weltkrieg als Kaiserjäger mitgemacht und Josef

Schöpf vier Monate vor dessen Tod in Galizien kennengelernt hat, erinnert sich an die Stimmung, die zu Beginn des Krieges herrschte: »Man war ja aufgehetzt. Von allen Seiten wurde man verhetzt. Was hat man uns da vorgemacht! Selbst die Bischöfe weihten die Waffen. Das hätten sie nicht tun sollen.«

Die Kriegserklärung Österreichs an Serbien wurde zuerst allgemein mit Jubel begrüßt, und Tirol machte da keine Ausnahme. Der Einrückungsstichtag war der 4. August 1914, aber es meldeten sich schon ab dem 1. August so viele Freiwillige, daß man nicht alle in den Kasernen unterbringen konnte. Lechthaler schildert seine Erlebnisse so: »Zuerst hat es geheißen: mit Begeisterung. Ich bin zum ersten Marsch gekommen. Es hat mir aber nicht besonders pressiert. Da hat mich ein Unterjäger, der mich kannte, angeredet: »Jå, Lechthaler, bisch du no in Zivil?« Ich gab ihm zur Antwort: »I hån no kua Mondur.« — Darauf er: »Geah mit, i gib der schuan uane«. Ich habe nicht so recht gezogen. Der Unterjäger ließ nicht locker: »Geah nu mit, geahsch decht mit ins, wo mer ins kennen inanånder!« So bin ich mit ihm gegangen, habe eine Montur gefaßt und bin mit ihnen fort.«

Die vier Kaiserjägerregimenter kamen gleich nach der allgemeinen Mobilmachung nach Galizien. Während Deutschland im Westen gegen Frankreich vorging, sollte Österreich-Ungarn die russischen Armeen im Osten hinhalten. Auch die 3.400 Männer des dritten Kaiserjägerregiments, dem Josef Schöpf zugeteilt war, wurden am 8. August 1914 in Viehwaggons nach Galizien transportiert. Lechthaler berichtet: »104 Stunden waren wir auf der Bahn, bis nach Galizien. Das war damals ein Betrieb! In Galizien hat man uns auswaggoniert. Dann konntest du Brot fassen. Auf dem Brot war fingerdick Schimmel drauf, es war warm verpackt worden. Niemand hat davon gegessen. So ist dir nichts anderes übrig geblieben, als Rungeln (Rüben) und Kabesblätter (Kraut) zu fressen. Wenn einer seine Reserve angerührt hat, haben sie ihn, die Hände auf dem Rücken, an einen Baum gebunden. Nach zwei Stunden ist da ein jeder zusammengebrochen und zur Seite gekippt.«

Wir können die einzelnen Abschnitte des Kriegsgeschehens durch die erhaltenen Akten und Berichte Betroffener nachvollziehen. *Viktor Schemfil*, der die verlustreichen Kampfhandlungen des 3. Kaiserjägerregiments eingehend schildert, vermittelt bedrückende Einzelheiten. Die Verluste waren gleich zu Beginn außerordentlich schwer. In den ersten sechs Wochen verloren die Kaiserjägerregimenter 9.700 Mann, das waren 64% der Mannschaft, und es handelte sich um die jüngsten und die am besten ausgebildeten Jahrgänge (Huter, S. 31). Beim Militär waren sie auf absoluten Gehorsam gedrillt worden, auf die Vernichtungsmaschinerie der modernen Kriegsführung hatte man sie aber nur mangelhaft vorbereitet. So stürmten die österreichischen Truppen in dichten Reihen gegen das Artilleriefeuer der waffenmäßig überlegenen Russen vor und boten mit ihren hellen Uniformen nur zu gut sichtbare Zielpunkte. Außerdem verschanzten sie sich anfangs nicht in Schützengräben.

Der einfache Soldat erlebte den Krieg als Grenzsituation. Die Männer, die an einem der beiden Weltkriege teilgenommen haben, erinnern sich besonders an die bedrohlichen und entbehrungsreichen Abschnitte ihres Fronteinsatzes. Der Hunger, die eigene Verwundung oder Krankheit, der Tod von Kameraden und das Töten-Müssen stehen in ihren Berichten im Vordergrund. Josef Neururer erinnert sich an die Erzählungen seines Vaters: »Mein Vater ist nach Galizien gekommen, in die Karpaten. Er hat mir erzählt, wie sie dort unter der großen Kälte gelitten haben. Einmal sind sie in eine Säge gekommen. Das war ein Raum, den sie beheizen konnten. Mein Vater hat immer wieder betont, wie fein es gewesen sei, einmal in eine warme Stube zu kommen. Wenn es in Galizien anfängt zu schneien, seien die Flocken so groß wie eine Hand, hat mein Vater gesagt. In einer Stunde habe es einen Meter Schnee gehabt, und dann sei alles stecken geblieben.« Naururers Vater erzählte auch von seiner Verwundung: »In den Karpaten ist mein Vater verwun-

Ein Krieg ist nie eine Lösung

Da war natürlich das Militär, die Offiziere, die wollen nichts anderes tun, als Krieg führen. Das ist ihr Beruf, dafür sind sie ausgebildet worden. Man hätte schon den Ersten Weltkrieg nie anfangen dürfen. Das war ein Fehler der Habsburger. Das sind halt die »Hoachen«, die lassen sich etwas nicht gefallen, und dann muß es das ganze Volk entgelten. Der Erste Weltkrieg war furchtbar. Trotzdem ist ihm so bald ein zweiter, noch gräßlicherer Krieg gefolgt. Was hat die Schuld? Warum ist das so? Niemand will den Krieg, und jeder muß ihn dann haben. Manche meinen, der Krieg sei eine Lösung. Ein Krieg ist nie eine Lösung. Was herausgekommen ist, hast du wohl gesehen: Millionen Tote.

Josef Neururer

det worden. Immer wieder hat er berichtet, daß ihm ein Fließer, der ihn aus der Schußlinie trug, das Leben gerettet hat. Da hat es keine Wege und nichts gegeben. Sie haben ihn zum Verbandsplatz getragen. Dort konnte mein Vater sehen, wie viele Leute der Krieg kostete. Er hat gewußt, wie viele hineinmarschiert sind, und aus der geringen Zahl der Verwundeten konnte er auf die Toten schließen. So viele sind vormarschiert, und so viele sind draufgegangen.«

In Schemfils Buch werden die furchtbaren Zustände, mit denen die Tiroler Kaiserjäger im Ersten Weltkrieg konfrontiert waren, nicht verschwiegen. Gleich zu Beginn, als nach den verlustreichen Angriffen der eilige Rückzug durch Galizien notwendig geworden war, setzte Regen ein, der das Gelände aufweichte und unpassierbar machte. Sämtliche Fahrzeuge, mit ihnen die Fahrküchen, blieben im Morast stecken, abgehetzte Pferde mußten zurückgelassen werden. Tagelang war die Mannschaft ohne Verpflegung, und man gönnte den Leuten kaum Ruhepausen. Oft waren die Männer so übermüdet, daß sie auf das Essen verzichteten. Schließlich brachen Darmkrankheiten aus.

Aus der Ehrenurkunde, die für Josef Schöpf 1915 ausgestellt wurde, wissen wir, daß er im 3. Regiment die »Feuertaufe« bei Uhnow — Belz erhielt und daß er an der Schlacht bei Lemberg zum Einsatz kam. Beim Rückmarsch an den San erkrankte er im Oktober an der Ruhr. Nach einem Spitalaufenthalt gewährte man ihm einen Erholungsurlaub in der Heimat. Im Dezember 1914 mußte er erneut an die russische Front einrücken. Er wurde aber nicht mehr seinem Stammregiment zugeteilt, sondern dem ersten. Als Patrouillenführer mußte er dann an den Kämpfen in den Karpaten teilnehmen.

Schemfil beteuert, das 3. Regiment habe »jederzeit seine ihm gestellten Aufgaben glänzend gelöst« (Schemfil, S. 47), dann gibt er aber doch zu, daß in einzelnen Abschnitten die Marschdisziplin nur durch das energische Eingreifen der Offiziere aufrecht erhalten werden konnte. In den Erzählungen der von uns Interviewten gibt es auch die Erinnerung an Unmut und Meuterei. Josef Neururer: »Mein Nachbar hat in den Karpaten in der Früh immer die Erfrorenen einsammeln müssen. Und nach den Kampfhandlungen lagen in den Gräben viele Tote und Verwundete, unter ihnen zahlreiche junge Burschen. Dann ist der Feldkurat dahergekommen und hat die Überlebenden ermahnt, besser auf die jungen Kameraden aufzupassen. Die Soldaten haben halblaut geschimpft: Er kommt aus dem warmen Bett, und wir stecken im Schnee, das ist der Unterschied.«

Fast zynisch klingt das Lob, das Viktor Schemfil dem 3. Kaiserjägerregiment spendet, indem er resümiert: »Obgleich das Regiment die Tüchtigsten seiner Offiziere, die kräftigste und bestausgebildete Mannschaft am Schlachtfelde ließ, obgleich körperliche Anstrengungen, Mangel an Verpflegung und Ruhe in nie geahntem Maße auftraten, hat es an innerem Kampfwerte auch für die späteren Kriegsperioden nichts eingebüßt« (Schemfil S. 47).

Die Berichte alter Menschen haben bestätigt, daß im Ersten Weltkrieg nur wenige desertierten, was unter den oben geschilderten Umständen bemerkenswert ist. Dennoch gab es Ausnahmen. *Josef Holzknecht* aus Wenns berichtete, sein Ziehvater habe seine Truppe ohne Erlaubnis verlassen: »Mein Ziehvater hätte Geistlicher werden sollen, dann ist er aber hinter die Frauen gekommen und hat sich auszahlen lassen. 1915 wurde er zum Kriegsdienst an die italienische Front einberufen. Er desertierte aber nach kurzer Zeit. Die Gendarmen haben ihn in Südtirol gestellt, und er sollte nach Innsbruck vors Kriegsgericht gebracht werden. Seine Schwester, die von den Schwierigkeiten ihres Bruders erfahren hatte, faßte den Plan, sich für ihn einzusetzen. Sie fing die Gendarmen, die ihren Bruder nach Innsbruck bringen sollten, am Brenner ab und bewirtete sie mit Speck und Schnaps. Ihr Bruder trank dabei so viel, daß er vernehmungsunfähig war. Man hielt ihn in Innsbruck für übergeschnappt und beantragte seine Entmündigung. So kam er mit dem Leben davon. Sonst wäre er verurteilt und erschossen worden.«

Wir haben viel gehungert

Das Vaterland hat uns schlecht gehalten. Von 1917 bis 1918 bin ich am Pasubio an der Südfront gewesen. Im Stellungskrieg hat man tagsüber in der Kaverne bleiben müssen, wo es pausenlos von der Decke geregnet hat. Wir haben viel gehungert. Das Vaterland hat uns schlecht gehalten. Wir haben Sachen zu essen bekommen, die man den Schweinen geben würde. Dann fielen wir in italienische Gefangenschaft. Tagelang haben wir auf unserem Marsch nichts zu essen bekommen. Ich hätte nicht mehr aufwärts gehen können, der Wind hätte mich umgeweht. Beim Austeilen des Essens haben sie einmal vorn, einmal hinten und einmal in der Mitte begonnen. Die letzten zwölf sind leer ausgegangen. Wenn du drangekommen bist, hast du pro Tag zwei Löffel Reis gekriegt. Andrä Gabl

Nicht jeder durfte dort schießen

Ich habe noch die Mauerreste des allgemeinen Schießstandes von Plangeroß gesehen. Einen weiteren Schießstand gab es beim Fisser in St. Leonhard. Da war eine Zielerhütte, und ca. 100 Meter davon entfernt stand eine Zielmauer, an der die Zieltafeln befestigt waren. Von der Hütte aus hat man auf die Tafeln gezielt. Die Veranstaltungen waren immer am Sonntag nachmittag. Nicht jeder durfte dort schießen. Ob sich Frauen hätten beteiligen dürfen, weiß ich nicht, ich habe dort jedenfalls nur Männer gesehen.

Franz Rimml

Gottfried Lechthaler erzählte, wie er Josef Schöpf durch Zufall bei einem Morgenappell im Jänner 1915 kennenlernte. In seinem Bericht hob er drei Situationen besonders hervor: Die Kameradschaft des Josef Schöpf, den Hunger der Soldaten und seine verzweifelte Lage im Lazarett: »Wir haben damals unter dem Hauptmann Zabransky gedient. Als wir wieder einmal nichts zu beißen hatten, kaufte Zabransky privat ein Schwein, das wir niederrauften und mit unseren Sackmessern zerteilten. An der Front hatten wir kein geeignetes Schlachtmesser bei der Hand. Nicht einmal zum Abhaaren nahmen wir uns Zeit. Wir haben die Borsten einfach am Feuer weggebrannt. Josef Schöpf und ich waren gerade dabei, unsere Fleischstücke hinter einer Baumgruppe über unserem Feuer zu braten, da kam plötzlich der Hauptmann ganz aufgeregt daher und befahl, alle Feuer sofort zu löschen. Er fürchtete, die Russen könnten auf uns aufmerksam werden und herüberschießen. Der Rauch hätte unseren Standpunkt verraten können. So hatten wir das rohe Fleisch in der Hand und diesen Hunger im Bauch.«

Lechthaler wurde 1915 verwundet, dann erkrankte er an Typhus: »Ich sollte nach Pilsen verlegt werden, doch dort hatte man das Spital geschlossen. Ich mußte zu meiner Kompanie zurück. Ich konnte aber meine Leute nicht finden und irrte in Gorlice herum. Dann entdeckte ich eine Fahne des Roten Kreuzes. Dort war ein Verbandsplatz. Ein Arzt, der mich bereits für tot hielt, drückte mir die Kinnlade nach oben. Später fragte mich ein Pfarrer, ob ich nicht beichten wolle. Der Typhus hatte mir sehr zugesetzt. Als ich die Gelegenheit hatte, mich im Spiegel zu sehen, erschrak ich. Das war nicht ich: mager, keine Farbe, nur mehr 40 kg Gewicht. Eine Schwester, die mich gut pflegte, gab mir Milchnudeln. Das Fieber ging schließlich zurück. Vom Hauptmann habe ich mir durch meine Aufsässigkeit ein Glas Rotwein ertrotzt ...«

Josef Schöpf fiel am 3. Mai 1915 bei Janovice beim Angriff auf die sogenannte Hufeisenstellung, in einem Abschnitt der Durchbruchsschlacht von Gorlice-Tarnow. Die österreichischen Armeen standen damals in einem Bogen von der rumänischen Grenze bis ins Gebiet nördlich der Weichsel zum Angriff auf die geschwächten russischen Truppen bereit. Mit stolzen Worten rief der Feldmarschallleutnant *Roth* am 30. April 1915 die Kaiserjäger zur Schlacht. Den Angriff auf die Hufeisenstellung schildert *Ernst Wißhaupt* so: »Um drei Uhr früh stand das Gros des 1. Regiments gefechtsbereit. Eine halbe Stunde später begann das Höllenkonzert unserer Artillerie. Ein unausgesetztes Sausen und Heulen erfüllte die Luft, die Erde erbebte unter der Erschütterung der Explosionen der Granaten aller Kaliber. Nicht nur die russischen Stellungen, sondern auch die Räume dahinter lagen unter mächtigem Feuer. Dreieinhalb Stunden trommelten unsere Geschütze. Um 7 Uhr früh verstummte plötzlich das Vernichtungsfeuer, worauf sofort die Angriffsbataillone des 3. Regiments gegen die russische Hufeisenstellung zum Sturm vorbrachen.« Den anstürmenden Jägern schlug ein »Hagel« von Infanteriegeschossen entgegen. Und Wißhaupt führt seine an Weltende und Naturkatastrophen erinnernde Schilderung fort: »Ohne Rücksicht auf das feindliche Abwehrfeuer drangen die Kompanien vorwärts. Die Verluste waren enorm. Die 11. Kompanie (des 3. Regiments) verlor in kürzester Zeit sämtliche Offiziere und Dreiviertel ihres Standes« (Wißhaupt, S. 404).

Das Hufeisen wurde eingenommen. In der Nacht auf 3. Mai versuchten die Russen aber, die verlorenen Stellungen wieder zurückzugewinnen. Wißhaupt im Pathos des Heldenepos: »Ein eiserner Orkan brauste den anstürmenden Kaiserjägern entgegen. Hingemäht vom bleiernen Hagel, der kein Fleckchen Erde unbestrichen ließ, sanken die Scharen bei diesem Heldengange dahin« (Wißhaupt, S. 407).

Während Viktor Schemfil ein nüchterner Berichterstatter ist, der nur ab und zu in weihevolle Stimmung verfällt, schlägt Wißhaupt fast immer jenen pathetischen Ton an, der von Kriegsruhm kündet und den Leser zu neuen Ruhmestaten ruft. Im-

Der Hügel war grau vor Leuten

Bei der Offensive in Galizien sind die besten Leute krepiert. Tagelang bekamen sie nichts zu essen. Einmal war ein ganzer Hügel mit jungen Soldaten übersät. Alle tot. Ganz grau vor Leuten war der Hügel. Oh, diese schrecklichen Kriege, diese schrecklichen Kriege! Geweint hat der Major, wie er das sah. In beiden Kriegen sind so viele umgekommen. Der Kaiser hat so viel Geld für Kanonen und Waffen ausgegeben, für die armen, verschuldeten Bauern hatte er nichts übrig. Johann Larcher mer wieder vermittelt Wißhaupt den Eindruck, als sei ein Krieg so etwas wie ein Kampf gegen Naturgewalten, ein schicksalhaftes Geschehen, dem der einzelne mit heroischem Mut begegnen muß. Anstatt den Wahnsinn des Krieges anzuprangern, anstatt nach Schuldigen zu fragen, versetzt er den Leser in die schwülstig-feierliche Welt des Heldenepos, die jegliche Kritik verstummen läßt. Wißhaupts Werk über die Kaiserjäger erschien 1936. 1939 verfaßte er eine Würdigung von Hitlers Polenfeldzug. Auf der Ehrenurkunde für Josef Schöpf lesen wir: »Den kommenden Geschlechtern zum steten Gedenken an den Kampf deutscher Männer gegen 31 Nationen der Erde.«

Wir wissen nicht, ob Schöpf an der Front photographiert hat. Die erhaltenen Aufnahmen stammen fast ausschließlich aus seiner Militärzeit in Trient. Die Interviewpassagen, die wir zu den Bildern stellten, betreffen meist den Krieg. Der Gegensatz zu den heiteren Stimmungen der Photos ist beabsichtigt.

Während die Männer an der Front einer gnadenlosen Tötungsmaschinerie ausgesetzt waren, verschlechterte sich die wirtschaftliche Situation in allen Teilen der österreichischen Monarchie rapid. Überall mußten die Frauen als Arbeitskräfte einspringen, was vor allem in der Landwirtschaft mit schwerer Arbeit verbunden war. Die Lebensmittel wurden knapp. Wenn auch die Bauern besser dran waren als die Stadtbewohner, so spitzte sich auch in jenen ländlichen Gebieten, in denen schon in Friedenszeiten Mangel geherrscht hatte, die Lage zu. Als immer häufiger Vieh requiriert wurde, kam in den ärmeren Tälern Zorn auf. In Plangeroß berichten alte Leute heute noch von dem offenen Widerstand, mit dem die Bauern des Pitztales den Gendarmen begegneten. In einem anderen Fall setzten sich sogar Kinder gegen die Gendarmen zur Wehr. *Leopold Huter*, dessen Vater und ältere Brüder im Krieg waren, erzählt: »Unsere Mutter ist 1912 gestorben, als ich sechs Jahre alt war. Der Vater und zwei meiner Brüder mußten 1914 in den Krieg ziehen. Wir Kinder blieben allein auf dem Bauernhof. Während des Ersten Weltkrieges haben die Bauern Korn, Heu und Vieh stellen müssen. Wir haben die Gendarmen mehrmals im Haus gehabt, denn bei den Leuten, die sich schlecht wehren konnten, haben sie öfter zugegriffen. Einer von ihnen hat mit einem Stock an der Holzdecke der Stube Kerben angebracht. So wußte er, wie oft er da gewesen ist. Ich habe 35 Kerben gezählt. In unserer Not gingen ich und mein älterer Bruder zum Bürgermeister. Wir klagten ihm, daß wir das Letzte stellen müßten und daß wir nichts mehr hätten. Der Bürgermeister gab uns folgenden Rat: »Wenn se no amål köime, nå nehmets d'Mischgåble und geahts af ene los.« Als die Gendarmen wieder kamen, haben wir sie mit der Mistgabel vertrieben. Nachher ließen sie uns in Ruhe. Sie haben wohl auch gesehen, wie es um uns stand. Ich würde die Mistgabel, mit der wir sie vertrieben haben, sofort wiedererkennen. So etwas merkt man sich.«

Die Zeit zwischen den beiden Weltkriegen war geprägt durch Arbeitslosigkeit, Inflation und krassen Mangel. Die Monarchie wurde durch die Erste Republik abgelöst, die zunehmend autoritäre Züge annahm. In dieser Atmosphäre der Repression, Perspektiv- und Hoffnungslosigkeit war es für die Bevölkerung oft schwer, sich zurechtzufinden. Die Verhetzung, von der Lechthaler sprach, nimmt sich gegenüber dem, was nun geschah, wie ein schwaches Vorspiel aus, denn über die neuen Medien wurden schon bald Nationalsozialismus und Völkerhaß propagiert. Eine verbale Aufwertung des kleinen Mannes, verbunden mit Arbeitsprogrammen, die manchen Österreicher über die Grenze schielen ließ, konnten die wirklichen Absichten eines sich von einer Demokratie zu einer offen terroristischen Diktatur wandelnden Deutschlands nur zu leicht verschleiern. So gelang es Vertretern des Finanzkapitals, die nach kriegerischer Expansion und Weltbeherrschung strebten, die arbeitenden Massen für ihre Interessen einzuspannen, und Hitler vertrat ihr Programm. Nach dem Überfall im März 1938 wurde der Name Österreich ausgelöscht. Unzählige Österreicher verbluteten neuerlich, diesmal für fremde Großmachtinteressen.

Er hat mich nie im Stich gelassen

Beim Morgenappell in Gorlice Ende Jänner 1915 habe ich gehört, wie man den Namen »Josef Schöpf« ausgerufen hat. Ich habe mich erkundigt, ob er ein Pitztaler sei. Schöpf war größer als ich, und beim Marschieren hat er oft Rücksicht auf mich genommen, denn ich war schwächlich und bin oft hintennach getorkelt. Er hat mich nie im Stich gelassen. Er erzählte mir, er sei im Zivilleben Photograph. Josef Schöpf habe ich aus den Augen verloren. Gottfried Lechthaler

Literatur

Allerlei vom Kriege: Verlag der St. Josef-Bücherbruderschaft. Klagenfurt 1913

Gert Ammann: Das Tiroler Oberland. Österr. Kunstmonographie, Bd IX. Salzburg 1978

Karl Baedeker: Südbaiern, Tirol und Salzburg. Handbuch für Reisende. 19. Aufl., Leipzig 1880, 26. Aufl., Leipzig 1894

Karl Baedeker: Österreich. Handbuch für Reisende. 30. Aufl., Leipzig 1926

Anton Bär: Das Pitztal. Eine landeskundliche Untersuchung. In: Veröffentlichungen des Museums Ferdinandeum, Heft 18, 1938, Innsbruck 1939, S. 349 - 463

Lioba Beyer: Der Siedlungsbereich von Jerzens im Pitztal. Untersuchungen zur Entwicklung und Struktur von Flur und Ort in einem nordtiroler Alpental. Selbstverlag des Instituts für Geographie und Länderkunde. Münster 1969

Lioba Beyer: Siedlungsbewegungen und Wandel des Ortsbildes im innersten Pitztal. In: Festschrift Ilg, Innsbruck 1964

Karl Böhm: Die Gefallenen Tirols 1914-1918 und 1939-1945. Band I: Nord- und Osttirol 1914-1918. Schlern-Schriften 200. Innsbruck 1962

Pierre Bourdieu: Eine illegitime Kunst. Die sozialen Gebrauchsweisen der Fotografie. Frankfurt 1981

Harald Dobner: Negative Auswirkungen der massentouristischen Erschließung von strukturschwachen Gebirgstälern — aufgezeigt am Beispiel des Pitztals. Facharbeit aus Geographie. Maschinschr., o. O., o. J. (1982)

Benedikt Erhard, Willi Pechtl: Menschen im Tal. 2. Auflage. Innsbruck 1990

Josef Fontana u. a.: Geschichte des Landes Tirol. Bde 3, 4/II. Bozen, Innsbruck 1988

Festschrift zur Feier des 75-jährigen Bestehens der Braunschweiger Hütte, 1967

Max Haushofer: Vom Land Tirol. In Bildern von Franz von Defregger. München o. J.

Heinrich Hess: Die Oetzthaler Gruppe. In: Die Erschließung der Ostalpen. Hrsg. vom Deutschen und Oesterreichischen Alpenverein. II. Band. Die Centralalpen westlich vom Brenner. Berlin 1894

Ludwig von Hörmann, Hermann von Schmid, Ludwig Steub, Karl von Seyffertitz, Ignaz Zingerle: Wanderungen durch Tirol und Vorarlberg. Stuttgart o. J. (um 1880)

Hundert Jahre Sektion Braunschweig. Festschrift zum hundertjährigen Bestand der Braunschweiger Hütte. 1984

Franz Huter: Ein Kaiserjägerbuch. 1. Teil. Die Kaiserjäger und ihre Waffentaten 1816 - 1918. Innsbruck o. J.

Reiner Klingholz: Alttiroler Alltag auf Glas. In: Merian, 42. Jg., Nr. 4, April 1989, S 78-82

Gustav Kuhpfahl: Hochgebirgs- und Winterphotographie. Halle a. S. 1907

Gustav Kuhpfahl: Die Photographie in den Alpen. In: Zeitschrift des Deutschen und Österreichischen Alpenvereins. Wien 1910

Adolf Lässer: St. Leonhard im Pitztal. Schlern-Schriften 149. Innsbruck 1956

Alois Lechthaler: Heimatkundliches aus dem Pitztal. Eigenverlag, o. J.

Albrecht Lehmann: Erzählstruktur und Lebenslauf. Autobiographische Untersuchungen. Frankfurt, New York 1983

Leseübungen in verschiedenen Schriftarten für die Schüler der Landschulen. Innsbruck 1783

Liederbuch der Maria Malaun. Mils 1912-1921. Handschrift in Privatbesitz

Isidor Müller: Arlbahn — Gedenk. Innsbruck 1887

Thomas Neumann: Sozialgeschichte der Photographie. Neuwied und Berlin 1966

Lutz Niethammer: Lebenserfahrung und kollektives Gedächtnis. Die Praxis der »Oral History«. Frankfurt a. Main 1985

Heinrich Noe: Winter und Sommer in Tirol. Bilder mit Staffage. Wien 1876

Alfredo de Paz: Überlegungen zu einer Soziologie der Fotografie. In: Fotogeschichte. Beiträge zur Geschichte und Ästhetik der Fotografie, Jg. 7, Heft 25, 1987, S. 43-56

Willi Pechtl: Photographie im Tiroler Oberland 1850-1950. Ausstellungskatalog, 1987

Gertrud Pfaundler: Tirol Lexikon. 2. Auflage, Innsbruck 1983

Pitztaler Talkunde. Eigenverlag, 1959

Meinrad Pizzinini, Michael Forcher: Alt-Tiroler Photoalbum. Salzburg 1979

Willy Puchner: Die Anordnung zur Pose. Private Photographie als historische Quelle. In: Photographie und Gesellschaft. Zeitschrift für photographische Imagologie. Hrsg. Gerhard Jagschitz und Carl Aigner. Wien 1989, S. 10-49

Viktor Schemfil: Das k. u. k. 3. Regiment der Tiroler Kaiserjäger im Weltkrieg 1914-1918. Nach den Kriegsakten des Regiments. Bregenz 1926

Walter Schindl: Das Pitztal. Untersuchungen über die Entwicklung von Bevölkerung, Landwirtschaft und Fremdenverkehr. Diss. Innsbruck 1974

Richard Schucht: Das Pitzthal. Teil I. In: Zeitschrift des Deutschen und Österreichischen Alpenvereins 1900. Teil II. In: Zeitschrift des Deutschen und Österreichischen Alpenvereins 1906

Richard Schucht: Die Wildspitze. Alpine Gipfelführer XI. Stuttgart und Leipzig 1906

Richard Schucht: Das Pitzthal und die Braunschweiger Hütte. München 1893

R. Seyerlen: Stephan Kirchler. Ein Tiroler Bergführer. Separat-Abdruck der Zeitschrift »Der Tourist«. Wien 1888

Johann Jakob Staffler: Das deutsche Tirol und Vorarlberg topographisch mit geschichtlichen Bemerkungen. Innsbruck 1847

Alfred Steinitzer: Das Land Tirol. Innsbruck 1922

Ludwig Steub: Kleine Schriften. Band 3. Stuttgart 1874

Georg Tinkhauser, Ludwig Rapp: Topographisch-historisch-statistische Beschreibung der Diözese Brixen. 3. Band. Brixen 1886

Otto Uhlig: Die Schwabenkinder aus Tirol und Vorarlberg. Innsbruck 1978

Versammlungsprotokoll des Kath. Stammvereins zu Innsbruck 1851. Aus dem Nachlaß des Mons. Josef Greuter. Handschrift in Privatbesitz

Verzeichnis der autorisierten Bergführer des Pitzthales nebst Touren-Verzeichniß und Tarif. Innsbruck 1900. Mit Ergänzungsblatt von 1929

Beda Weber: Das Land Tirol. Ein Handbuch für Reisende. 1. Band. Innsbruck 1837

Ernst Wißhaupt: Die Tiroler Kaiserjäger im Weltkriege 1914-1918. 2 Bände. Wien 1936

Hermann Wopfner: Bergbauernbuch. Von Arbeit und Leben des Tiroler Bergbauern in Vergangenheit und Gegenwart. Innsbruck 1951, 1954, 1960

Franz Zach: Geschichte des Weltkrieges. Heldenzeit der verbündeten Mittelmächte. Verlag der St. Josef-Bücherbruderschaft, Klagenfurt 1918

Hinweise zu den Photographien

Danksagung

Photographien stellten uns zur Verfügung: Emma Füruter, Weißwald; Hans Hafele, Feichten, Kaunertal; Hans Hessel, Zams; Katharina Gundolf, Froschputzen; Elisabeth Helbock, Brennwald; Edith Krismer-Schmid, Piösmes; Maria und Josef Larcher, Scheibrand; Franz Neururer, Untereggenstall; Rosa Neururer, Untereggenstall; Christl Santeler, Scheibrand; Oskar Schöpf, Schrofen; Klaus Strobl, St. Leonhard; Heinrich Thurner, Obsteig; Markus Wilhelm, Sölden; Paula Walser, Piösmes.

Folgenden Personen danken wir für Hinweise und Interviews: Franz Auer, geb. 1927, Mandarfen; Josef Dobler, geb. 1919, Neurur; Christoph Crepaz, geb. 1964, Seefeld; Elisabeth Eiter, geb. 1934, Tieflehn; Herbert Eiter, geb. 1924, Zaunhof; Hilde Eiter, geb. 1928, Plangeroß; Raimund Eiter, geb. 1913, Zaunhof; Hans Frank, geb. 1908, gest. 1987, Bad Ischl; Andrä Gabl, geb. 1899, gest. 1990, Schönwies; Karl Götsch, geb. 1919, Imst; Theresia Grassl, geb. 1903, Imst; Lina Haid, geb. 1902, Piösmes; Josef Holzknecht, geb. 1911, Trenk; Leopold Huter, geb. 1906, Schweizerhof; Hans Jäger, geb. 1937, Ötz; Johann Larcher, geb. 1900, Außerwald; Maria Larcher, geb. 1900, St. Leonhard; Gottfried Lechthaler, geb. 1889, gest. 1989, Wenns; Otto Mayr, geb. 1926, Imst; Agatha Melmer, geb. 1926, Piösmes; Alois Melmer, geb. 1914, Piösmes; Hans Neuner, geb. 1946, Audershof; Josef Neururer, geb. 1926, Grenzstein; Theofrieda Neururer, geb. 1900, gest. 1991, Untereggenstall; Franz Pechtl, geb. 1920, Mandarfen; Sieglinde Pechtl, geb. 1920, Mandarfen; Alfons Rauch, geb. 1899, gest. 1987, Scheibrand; Franz Rimml, geb. 1909, Umhausen; Josefine Santeler, geb. 1904, Silz; Maria Santeler, geb. 1943, St. Leonhard; Theresia Santeler, geb. 1902, St. Leonhard; Agnes Schatz, geb. 1908, gest. 1990, Imst; Hedwig Schatz, geb. 1917, Imst; Oskar Schöpf, geb. 1928, Schrofen; Rudolf Schöpf, geb. 1896, Rablesau; Klaudia Trenkwalder, geb. 1961, Imst; Leopoldine Walser, geb. 1906, Köfels; Paula Walser, geb. 1930, Piösmes; Jakob Wörter, geb. 1902, Imst.

Erich Hackl, Wien, Hans Jäger, Ötz, Maria Ruetz und Herta Tamerl danken wir für Anregungen und die Durchsicht des Manuskripts.

Der Gemeinde St. Leonhard sei für die finanzielle Unterstützung und dem Photographen Heinz Rhomberg, Imst, für die guten Abzüge von den Glasnegativen gedankt.